Timothy Garton Ash

Die Akte »Romeo«

Persönliche Geschichte

Aus dem Englischen
von Udo Rennert

Fischer Taschenbuch Verlag

Veröffentlicht im Fischer Taschenbuch Verlag GmbH,
Frankfurt am Main, September 1999

Lizenzausgabe mit freundlicher Genehmigung
des Carl Hanser Verlages, München Wien

Gesamtherstellung: Clausen & Bosse, Leck
Printed in Germany
ISBN 3-596-14146-X

Für D., T. und A.

Folgende Namen in diesem Buch sind Pseudonyme: Andrea, Claudia, Flash Harry, Frau Duncker und Frau R. Drei »Inoffizielle Mitarbeiter« der Stasi werden nur mit ihren Decknamen genannt: »Michaela«, »Schuldt« und »Smith«. Falls jemand versucht sein sollte, die wirklichen Personen hinter diesen Namen aufzudecken – was in einigen Fällen kaum Schwierigkeiten bereiten dürfte –, so möchte ich ihn bitten, aus Gründen, die in diesem Buch deutlich werden sollen, dieser Versuchung nicht nachzugeben.

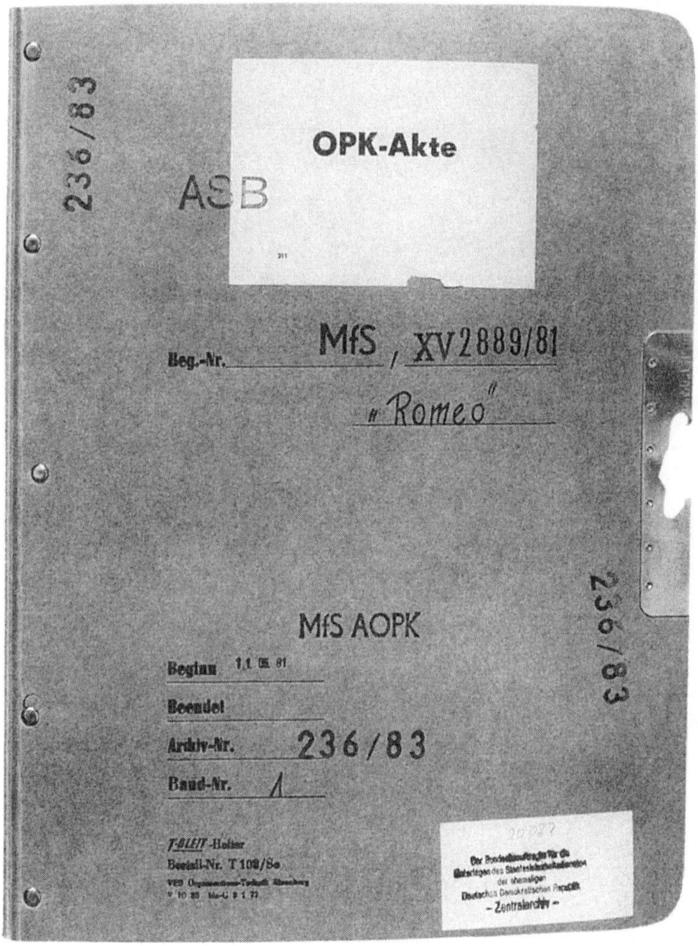

236/83
ASB
OPK-Akte
Reg.-Nr. MfS , XV2889/81
„Romeo"
236/83
MfS AOPK
Beginn
Beendet
Archiv-Nr. 236/83
Band-Nr. 1
- Zentralarchiv -

»Guten Tag«, sagt die emsig beschäftigte Frau Schulz, »Sie haben eine sehr interessante Akte.« Und da liegt sie, ein lederfarbener Aktenordner von etwa fünf Zentimeter Stärke und mit einem Stempel auf der Vorderseite: OPK-Akte, MfS, XV 2889/81. Darunter steht von Hand in akkuraten Druckbuchstaben »Romeo«.

Romeo?

»Ja, das war Ihr Deckname«, sagt Frau Schulz und kichert.

Ich setze mich an einen kleinen Resopaltisch im engen Zimmer von Frau Schulz, ihrem Büro in der Zentrale des Bundesbeauftragten für die Unterlagen des Staatssicherheitsdienstes der ehemaligen Deutschen Demokratischen Republik: dem Ministerium der Akten. Während ich den Ordner aufschlage, fällt mir plötzlich wieder ein denkwürdiger Augenblick meines Lebens in der DDR ein.

Eines Abends, irgendwann im Jahr 1980, als ich als Student in Ostberlin wohnte, kehrte ich zusammen mit einer Freundin in mein Zimmer zurück, das in einem heruntergekommenen Mietshaus im Stadtteil Prenzlauer Berg lag. Es war ein Zimmer mit Aussicht, oder genauer gesagt, mit Einblick. Eine verglaste Flügeltür führte auf einen Balkon, und wenn die Gardinen aufgezogen waren, konnten die Leute von gegenüber direkt in mein Zimmer sehen.

Als wir uns auf dem schmalen Bett umarmten, machte Andrea sich plötzlich los, entkleidete sich, ging zur Balkontür und zog die Stores auf. Bevor sie zu mir zurückkam, schaltete sie noch die helle Deckenlampe ein. Hätte sich das alles in Oxford abgespielt, so hätte ich mich vielleicht über das helle Licht und die geöffneten Vorhänge etwas gewundert. Dies aber war Berlin, und deshalb machte ich mir darüber weiter keine Gedanken.

Bis ich von der Existenz der Stasi-Akte erfuhr. Da erinnerte ich mich plötzlich an die Szene und fragte mich, ob Andrea damals für die Stasi gearbeitet und die Stores vielleicht aufgezogen hatte, damit man uns von der Wohnung auf der anderen Straßenseite aus fotografieren konnte.

Vielleicht schlummern diese Fotos jetzt in der Akte da vor mir, die von Frau Schulz bereits durchgesehen war. Wie hatte sie sich ausgedrückt? »Sie haben eine sehr interessante Akte.«

Während ich hastig die Seiten umblättere, stelle ich erleichtert fest, daß sie keine solchen Fotos enthält und Andrea darin nicht als Spitzel auftaucht. Dafür gibt es aber andere Dinge, die mich berühren.

Hier ist zum Beispiel ein Observationsbericht, in dem ein Ausflug geschildert wird, den ich allem Anschein nach am 6. 10. 1979 von

16:07 Uhr bis 23:55 Uhr nach Ostberlin gemacht hatte. Der Deckname, den die Stasi mir damals gegeben hatte, lautete weniger romantisch »246816«.

16.07 Uhr
wurde »2 4 6 8 1 6« nach Verlassen der GÜST Bahnhof Friedrichstraße zur Beobachtung aufgenommen. Die zu beobachtende Person begab sich zum Zeitungskiosk in der oberen Bahnhofshalle und kaufte eine »Freie Welt«, ein »Neues Deutschland« und eine »Berliner Zeitung«. Danach lief das Objekt im Bahnhof suchend umher.

16.15 Uhr
begrüßte »2 4 6 8 1 6« in der oberen Bahnhofshalle eine weibliche Person mit Handschlag und Wangenkuß. Diese weibliche Person erhält den Decknamen »K a p p e«.
»K a p p e« trug eine dunkelbraune Umhängetasche. Beide verließen den Bahnhof und gingen, sich unterhaltend, zum Berliner Ensemble am Brechtplatz.

16.25 Uhr
betraten beide die Gaststätte
Ganymed
Berlin-Mitte
Am Schiffbauerdamm.

Nach ca. 2 Minuten verließen die zu beobachtenden Personen die Gaststätte und gingen über die Friedrichstraße, Unter den Linden zum Operncafe.

16.52 Uhr
betraten »2 4 6 8 1 6« und »K a p p e« die Gaststätte
Operncafe
Berlin-Mitte
Unter den Linden.

Sie nahmen im Cafe Platz und tranken Kaffee.

18.45 Uhr
verließen sie das Cafe und gingen zum Bebelplatz. In der Zeit von

18.45 Uhr
bis
20.40 Uhr
sahen sich beide sehr interessiert den Fackelzug zu Ehren des 30. Jahrestages der DDR an. Anschließend gingen »2 4 6 8 1 6« und »K a p p e« über die Straße Unter den Linden, Friedrichstraße zur Straße Am Schiffbauerdamm.

21.10 Uhr
betraten sie dort die Gaststätte Ganymed. In der Gaststätte standen sie nicht unter Kontrolle.

23.50 Uhr
verließen beide die gastronomische Einrichtung und begaben sich auf direktem Wege zur Ausreisehalle der GÜST Bahnhof Friedrichstraße, die sie

23.55 Uhr
betraten. »K a p p e« wurde an die HA VI zur Dokumentation übergeben. Die Beobachtung wurde beendet.

Personenbeschreibung vom Objekt »2 4 6 8 1 6«

Geschlecht:	männlich
Alter:	20–25 Jahre
Größe:	ca. 1,75 m
Gestalt:	schlank
Haar:	dunkelblond, kurz
Bekleidung:	grüne Kutte, blauer Rollkragenpullover, braune Kordhose, braune Schuhe

Personenbeschreibung der Verbindung »K a p p e«

Geschlecht:	weiblich

Alter:	30–35 Jahre
Größe:	1,75–1,78 m
Gestalt:	schlank
Haar:	mittelblond, wellig
Bekleidung:	dunkelblauer Stoffmantel, rote Kappe, blaue Jeans, schwarze Stiefel
Beiwerk:	dunkelbraune Handtasche

Ich sitze da an dem Resopaltisch und staune über diese minutiöse Rekonstruktion eines Tages in meinem Leben und über den Stil, der an einen Schulaufsatz erinnert: kein Satz ohne Verb; die gespreizte Wendung »gastronomische Einrichtung«. Ich erinnere mich an das Ganymed in verblichenem Gold und Rot, an das alte Operncafé und die pickligen Jugendlichen in blauen Hemden bei ihrem Gedenkmarsch zum 30. Jahrestag der Gründung der Deutschen Demokratischen Republik. Sie trugen paraffingetränkte Fackeln, die in der diesigen Abendluft Funken hinter sich herzogen. Ich habe wieder diesen eigenartigen Ostberliner Geruch in der Nase, eine Mischung aus dem Rauch nicht ganz verbrannter Briketts aus den altmodischen Kohleöfen, den Abgasen aus den Zweitaktmotoren der kleinen Trabis, billigen osteuropäischen Zigaretten, feuchten Stiefeln und Schweiß. Nur an eines kann ich mich einfach nicht mehr erinnern: Wer war sie, mein kleines Rotkäppchen? Oder mein großes: 1,75–1,78 Meter, das ist fast meine Größe. Schlank, mittelblondes welliges Haar, 30 bis 35 Jahre alt, schwarze Stiefel? Ich sitze da unter den forschenden Blicken von Frau Schulz und empfinde entsetzliche Treulosigkeit gegenüber meiner eigenen Vergangenheit.

Erst als ich wieder daheim bin, wirklich daheim in Oxford, komme ich endlich darauf, wer sie war – beim Lesen meines eigenen Tagebuchs aus jener Zeit. Tatsächlich entdecke ich die vollständige Aufzeichnung einer kurzen, intensiven, unglücklichen Romanze: von Tagen und Nächten, Telefonanrufen und Briefen. Hier am Ende des Tagebuchs sind sogar noch zwei von ihren Briefen, sorgfältig in den Umschlägen aufbewahrt, deren Briefmarken die Aufschrift tragen: »Post – damit Sie in Verbindung bleiben«. Zwischen den Blättern des einen Briefes liegt ein Schwarzweißfoto, das sie mir geschickt hatte, als alles vorbei war, damit wir uns aneinander erinnern. Wuschelhaare, hohe Backenknochen, ein recht angespanntes Lächeln. Wie konnte ich sie vergessen?

In meinem Tagebuch von jenem Tag im Oktober 1979 findet sich Claudia »frech mit roter Baskenmütze und blauem Uniformregenmantel«. »Übergang Friedrichstraße«, steht da, »durchsucht bis auf die Sohlen meiner Schuhe (Duckers. Der Polizist sehr beeindruckt).« Jetzt erinnere ich mich daran, wie mich am Grenzübergang Bahnhof Friedrichstraße ein grauuniformierter Grenzbeamter in eine mit einem Vorhang verhängte Kabine geführt hatte, wo ich den Inhalt meiner Taschen auf einen kleinen Tisch legen mußte und er jedes Stück eingehend untersuchte und mich sogar zu bestimmten Eintragungen in meinem Taschenkalender befragte. Dann forderte er mich auf, meine schweren braunen Lederschuhe von Ducker & Son aus der Turl Street, Oxford, auszuziehen. Während er ihr Inneres musterte und sie dann prüfend in der Hand wog, sagte er anerkennend: »Sehr gute Schuhe.«

»Arm in Arm, eng umschlungen m. [Claudia] ins Operncafé«, heißt es im Tagebuch weiter. »Wir kommen uns noch näher ... Der Fackelzug. Der kalte, kalte Ostwind. Unsere Wärme. Das Labyrinth – eingekreist. Durch die Kolonnen schlüpfen, den Polizisten entwischen. Schließlich ins ›Ganymed‹. Passables Essen. C. erz. von ihrem ›Jobben‹. Ihrer politischen Aktivität. Wir gehen über die Friedrichstraße wieder zurück. Dann bei Diener ... ca. 03:00 Uhr in der Uhlandstr. Daniel, verzweifelt und blaß vor der Wohnungstür – ausgesperrt!«

Daniel Johnson, der Sohn des Schriftstellers Paul Johnson, ist heute eine etablierte Figur bei der *Times*. Damals war er ein vehement intellektueller Cambridge-Absolvent und saß an einer Doktorarbeit über die Geschichte des deutschen Pessimismus – für den er zu seiner großen Freude immer wieder neue Beispiele ausfindig machte. Wir teilten uns eine geräumige Wohnung in einem wilhelminischen Mehrfamilienhaus, Uhlandstraße 127 in Wilmersdorf. Daniel hatte seine Schlüssel vergessen.

Das »Labyrinth« und die »Kolonnen« bezogen sich wahrscheinlich auf die in Formation marschierenden Fackelträger der Freien Deutschen Jugend, die grandios in die Irre führende Bezeichnung der kommunistischen Jugendorganisation. Was ihre »politische Aktivität« anging, so gehörte Claudia äußerlich sofort erkennbar der achtundsechziger Generation an. An jenem Abend erzählte sie mir, daß sie vor Bereitschaftspolizisten in Sprechchören einen Spottvers angestimmt hätten, der die für die Achtundsechziger charakteristische Mischung aus politischem und sexuellem Protest aufwies:

»Auf den Straßen sind sie Bullen,
In den Betten sind sie Nullen.«

Ich habe sie, einige Zeit später, ein letztes Mal gesehen, auf dem Friedhof in Berlin-Dahlem, als Rudi Dutschke beerdigt wurde. Sie trug noch immer ihre rote Baskenmütze. Oder habe ich mir dieses letzte Erinnerungsstück nur eingebildet?

Der Beobachtungsbericht der Stasi, meine Tagebucheintragung: zwei Versionen von einem Tag in einem Leben. Das »Objekt«, das mit dem kalten, unbeteiligten Blick des Geheimpolizisten beschrieben wird, und meine eigene subjektive, emotionale Selbstbeschreibung. Aber was für ein Geschenk an die Erinnerung ist eine Stasi-Akte. Noch ergiebiger als die Madeleines von Proust.

I

Das »OPK« auf dem Deckblatt steht für »Operative Personenkontrolle«. Nach der Ausgabe des *Wörterbuchs der politisch-operativen Arbeit* von 1985, bearbeitet von der »Juristischen Hochschule des Ministeriums für Staatssicherheit«, sollte eine Operative Personenkontrolle Personen überwachen, bei denen ein »Verdacht der Begehung von Verbrechen« bestand, die eine »feindlich-negative Haltung« einnahmen oder vom Gegner zu feindlichen Zwecken »mißbraucht« werden konnten. Das zentrale Ziel einer OPK bestand in der Beantwortung der Frage »Wer ist wer?« Jede Akte beginnt mit einem »Eröffnungsbericht« und einem »Maßnahmeplan«.

Der mir geltende Eröffnungsbericht trägt das Datum vom März 1981. Erstellt von einem Leutnant Wendt, enthält er meine Personalien sowie die Angabe, daß ich seit 1978 in Westberlin studiere und von Januar bis Juni – tatsächlich bis Oktober – in der »Hauptstadt der DDR wohnhaft« war. Ich reise häufig von Westberlin in die DDR und nach Polen. Ich habe »Kontakte zu operativ interessanten Personen« hergestellt. Folglich »existieren Verdachtsmomente dafür, daß der G. [für Garton Ash, ansonsten »das Objekt« oder »Romeo«] seine offiziellen Funktionen als Forschungsstudent bzw. Journalist zielgerichtet zur Durchführung nachrichtendienstlicher Handlungen ausnutzt«.

Im Anschluß daran geht Leutnant Wendt die Informationen durch, die von Abteilung II/9 (Spionageabwehr) zu diesem Zweck von allen übrigen Abteilungen des Ministeriums eingeholt und zusammengestellt wurden. Das Rohmaterial folgt später in der Akte: Beobachtungsberichte; Zusammenfassung des Materials aus den Akten meines Freundes Werner Krätschell, eines evangelischen Pfarrers, und über die britische Botschaft; Fotokopien von Artikeln, die ich für den *Spiegel* über Polen geschrieben hatte; Kopien meiner eigenen Notizen sowie von polnischen Druckschriften, die man während einer heimlichen Durchsuchung meines Gepäcks auf dem Flughafen Schönefeld fotografiert hatte, als ich nach Warschau flog; selbst Kopien der Referenzen, die mir meine Tutoren in Oxford für den British Council geschrieben hatten, finde ich hier. Alles in allem enthält der Ordner 325 Seiten.

Wendts Bericht stützt sich besonders auf die Informationen der Inoffiziellen Mitarbeiter (»IM«) der Stasi. Diese wurden in mehrere Kategorien eingeteilt, unter anderem »zur Bearbeitung im Verdacht der Feindtätigkeit stehenden Personen« (IMB), »für einen besonderen Einsatz« (IME), »zur Führung anderer IM« (FIM), »zur politisch-operativen Durchdringung und Sicherung des Verantwortungsbereichs« (IMS) und »zur Sicherung der Konspiration und des Verbindungswesens« (IMK). Seit 1989 sind die Initialen IM in den deutschen Sprachschatz eingegangen. »SS« ist in jeder europäischen Sprache der Inbegriff für die dröhnende, gewalttätige, unverhüllte Brutalität der Nazis. »IM« ist zum Synonym für die alltäglichen, bürokratischen Formen der Infiltration, Einschüchterung und Kollaboration geworden, wie sie für die deutsche kommunistische Diktatur charakteristisch war; die verborgene Korruption des reifen Totalitarismus. In den frühen neunziger Jahren kam es regelmäßig vor, daß prominente ostdeutsche Politiker, Wissenschaftler, Journalisten oder Pfarrer in den Akten als IM enttarnt wurden und daraufhin aus dem öffentlichen Leben verschwanden. IM ist der böse schwarze Fleck.

Doch zunächst einmal müssen sie erkannt werden. Denn die Geheimpolizei hat nicht nur die Opfer, sondern auch ihre Spitzel mit Decknamen versehen. Die meisten Spitzel taten es sogar selbst, denn es gehörte zum Initiationsritual eines künftigen IM, daß er für sich einen Decknamen wählte. Nach der Vereinigung stellte sich heraus, daß Lutz Bertram, ein bekannter blinder Rundfunkredakteur, unter dem Decknamen »Romeo« für die Stasi gearbeitet hatte. Wären wir uns damals über den Weg gelaufen, dann hätte Romeo über Romeo berichten können.

Mein Eröffnungsbericht enthält zusammengefaßt Informationen, die von den IM »Smith«, »Schuldt« und vor allem »Michaela« und ihrem Ehemann, der KP (Kontaktperson) »Georg«, dem früheren Ehemann von »Alice, genannt die ›Rote Lizzy‹«, gesammelt wurden. Leutnant Wendt vermerkt, daß die »Rote Lizzy« früher mit Kim Philby, dem berühmtesten britischen Spion für die Sowjets, verheiratet war.

Er ist der Meinung, daß »der G. zielstrebig und wissenschaftlich gründlich« arbeitet, jedoch »eine bürgerlich-liberale Haltung und keinerlei Engagement gegenüber der Arbeiterklasse [zeigt] ... Äußerlich macht der G. einen recht saloppen Eindruck und stellt insgesamt einen ›typischen britischen Intelligenzler‹ dar.« (Dieses eigenartige Kompliment stammt von IM »Smith«.) Ich hätte jedoch Kontakte zu Menschen gesucht, »die von nachrichtendienstlichem Interesse sein dürften [und] Legenden [angewandt], wobei zum Teil Widersprüche auftraten«. Bei meinen Reisen nach Polen hätte ich »mit hoher Wahrscheinlichkeit Verbindungen zu antisozialistischen Kräften« unterhalten. Diese Verdachtsmomente »begründen und rechtfertigen die Bearbeitung des [G.] nach § 97 StGB«. Dieser Paragraph besagt, daß jeder, der »Nachrichten oder Gegenstände, die geheimzuhalten sind, ... für eine fremde Macht ... oder für einen Geheimdienst oder für ausländische Organisationen ... sammelt, ... mit Freiheitsstrafe nicht unter fünf Jahren bestraft [wird] ... In besonders schweren Fällen kann auf lebenslängliche Freiheitsstrafe oder Todesstrafe erklärt werden.«

Der sich anschließende »Maßnahmeplan« besteht aus vier Teilen. Erstens geht es um den Einsatz von IM, angefangen mit »Smith«: »Unter Berücksichtigung der subjektiven und objektiven Möglichkeiten des IM sind Voraussetzungen für eine Wiederaufnahme des abgerissenen Kontaktes des IM zu Garton-Ash zu schaffen.« Ein entsprechender Vorschlag ist bis zum 15. April 1981 zu erarbeiten. Verantwortlich: Leutnant Wendt. »Schuldt« und »Michaela« sollen ebenfalls erneut eingesetzt werden. Schriftlicher Vorschlag hierzu bis 1. Mai. Außerdem ist ein »IM der HVA I – Betreuer des G. an der HUB [Humboldt-Universität Berlin] – in die operative Bearbeitung« einzubeziehen.

Die HVA war der Auslandsnachrichtendienst der DDR. Ihr voller Name lautete Hauptverwaltung Aufklärung. Unter der Leitung von Markus »Mischa« Wolf erlangte sie in John Le Carrés Roman *Der Spion, der aus der Kälte kam* literarischen Ruhm. Ihre erste Abteilung, die HVA I, war verantwortlich für die Ausspähung der westdeutschen Regierung in Bonn.

Als nächstes sieht der Plan eine »operative Beobachtung und Ermittlung« vor. Zu den Maßnahmen, die hier ergriffen werden sollen, gehört eine Klärung der Verbindung zu dem Ehepaar, von dem die Humboldt-Universität für mich das Zimmer mit Aussicht (oder Einblick) gemietet hatte. Neben der »Einleitung von Beobachtungsmaßnahmen« sollen Fahndungsmaßnahmen bei der Hauptabteilung VI eingeleitet werden, verantwortlich für den grenzüberschreitenden

Verkehr, sowie eine Postkontrolle durch die Abteilung M. »Westberliner Anschrift des G.«, heißt es dort, aber damit sind wahrscheinlich Briefe gemeint, die von meiner Westberliner Wohnung kommen, da die Stasi nur unter besonderen Umständen in der Lage war, die Post von Einzelpersonen im Westen zu öffnen. Und schließlich soll Leutnant Wendt einen Bericht darüber ausarbeiten, ob diese Operative Personenkontrolle zu einem »Operativen Vorgang« (OV) ausgebaut werden soll. OV war die oberste Kategorie der Operationen, die sich auf Gegner und Kritiker des Regimes bezogen. Mein Freund Werner Krätschell zum Beispiel tritt hier als OV »Buche« in Erscheinung.

Schließlich gibt es noch die »Zusammenarbeit mit anderen Diensteinheiten«. Hier wird eine Koordinierung mit Hauptabteilung XX/4 (verantwortlich für die Infiltration der Kirchen) im Hinblick auf meinen Kontakt mit Pfarrer »Buche« vorgeschlagen. Empfohlen wird auch eine »Nachfrage bei den sowjetischen Sicherheitsorganen über mögliches aktuelles Interesse des britischen Geheimdienstes an Informationen zur Sache Philby«. »Konkrete Koordinierung« soll mit der AG 4 erfolgen, »um zu prüfen, inwieweit es möglich ist, Inoffizielle Mitarbeiter an den G. während seiner Aufenthalte in der VR Polen anzuschleusen«. AG 4 war eine Stasi-Arbeitsgruppe, die man eingerichtet hatte, um die alarmierende Entwicklung der Solidarność-Revolution in Polen zu verfolgen und womöglich zu beeinflussen. Verantwortlich: Major Risse.

Gezeichnet: Leutnant Wendt und Oberstleutnant Kaulfuss, Leiter der Abteilung 9, verantwortlich für die Bekämpfung aller westeuropäischen Geheimdienste.

Das war also ihr »Maßnahmeplan«. Mein Maßnahmeplan besteht nun darin, ihren Nachforschungen über mich nachzuforschen. Ich werde ihre Ermittlungen in dieser Akte verfolgen und versuchen, die Spitzel und die mit meinem Fall befaßten Offiziere aufzuspüren, andere Akten heranziehen, die Stasi-Akte mit meinen eigenen Erinnerungen, Notizen und dem Tagebuch, das ich laufend führte, ebenso vergleichen wie mit der politischen Zeitgeschichte, die ich seitdem über diese Periode geschrieben habe. Und ich werde sehen, was dabei herauskommt.

Die umständliche offizielle Bezeichnung »Bundesbeauftragter für die Unterlagen des Staatssicherheitsdienstes der ehemaligen Deutschen Demokratischen Republik« wird allgemein als Gauck-Behörde abgekürzt, so benannt nach Joachim Gauck, dem tatkräftigen und redegewandten ostdeutschen Pfarrer, von dem sie geleitet wird. Meine Akte stammt aus dem Hauptarchiv der Gauck-Behörde in Berlin, dem ehemaligen Zentralarchiv des Ministeriums für Staatssicherheit. Das Ministerium verfügte über einen ausgedehnten Komplex von Bürogebäuden, der anderthalb Straßenblöcke der Normannenstraße in Ostberlin einnahm. Die Amtsräume und die Privatwohnung des Ministers sind in dem Zustand belassen worden, in dem er sie zurückgelassen hat: sein Schreibtisch mit den vielen Telefonen (geheim, streng geheim, strengstens geheim), sein ordentliches kleines Schlafzimmer, ein Tablett mit Tonfiguren, die ihm von Kindern des Kindergartens »Richard Sorge« überreicht wurden. Darauf sieht man eine Banane, einen Zwerg, einen kleinen Hund mit dem Namensschildchen »Jeanine« und eine Zitrone von »Christin«.

Die meisten übrigen Gebäude wurden inzwischen umbenannt. Alle Außenfenster waren ursprünglich verschlossen, so daß keine Geheimdokumente von einem Doppelagenten hinausgeschmuggelt oder durch einen verantwortungslosen Windzug ins Freie geblasen werden konnten. Heute lassen sich die Fenster wieder öffnen. Dort, wo die Kaulfuss' und die Wendts ihrem trübseligen Geschäft nachgingen, befinden sich heute normale Büroräume, ein Supermarkt, Ritters Sport-Sauna und ein Arbeitsamt. Doch das Archiv arbeitet weiter.

Im zentralen Karteiraum trappeln Frauen mittleren Alters in hellrosa Pullovern und Nylonhosen auf Plastiksandalen zwischen den riesigen Karteimaschinen hin und her. Ich sage »Maschine«, weil sie von einem Motor angetrieben werden. Die eigentlichen Karteikästen sind an Achsen aufgehängt wie die Gondeln eines Riesenrads auf dem Jahrmarkt. Man drückt den Knopf für K, und das große Rad dreht sich knirschend, bis die Kartei mit K ganz oben ist. Das F16-Register – die Abkürzung bezieht sich auf den Karteikartentyp – enthält echte Namen, doch diese sind nach dem eigenen phonetischen Alphabet der Stasi angeordnet, so daß beispielsweise Möller, Moeller, Mueller und Müller alle in eine Rubrik fallen. Wenn man einen dieser Namen bei einem abgehörten Telefongespräch aufschnappt, ist die Schreibweise nicht von vornherein eindeutig. Von hier aus machen sich die Damen in Rosa auf den Weg, um das F22-Register – das nach Registriernummern angeordnet ist – und manchmal auch die einzelnen Arbeitsbücher des

Offiziers zu überprüfen, bevor sie die eigentlichen Akten in speziellen Aktenregalen in einem der sieben zusätzlich abgestützten Stockwerke des Gebäudes finden. Klipp-klapp, klipp-klapp machen die Plastiksandalen auf den Gängen, während das Archiv sein tägliches Quantum an vergifteten Madeleines ausspuckt.

Am Ende des Ganges zeigt man den Besuchern den »Traditionssaal«. Orden, Lenin-Büsten, Leistungsurkunden, Spruchbänder mit Lobsprüchen auf die Arbeit der »Tschekisten«, die sowjetische Bezeichnung für die Geheimdienstoffiziere: »Tschekist sein kann nur ein Mensch mit kühlem Kopf, heißem Herzen und sauberen Händen« (F. Dzierżyński). Auf dem Tisch in diesem Raum steht etwas, das aussieht wie Marmeladengläser. Jedes Glas trägt ein sauber beschriftetes Etikett und enthält ein kleines Stück schmutziggelben Baumwollkord. Das sind Proben von individuellen Körpergerüchen, die man genommen hatte, damit im Bedarfsfall Spürhunde auf den Geruch angesetzt werden konnten. Nach dem Stasi-Wörterbuch lautete die korrekte Bezeichnung dafür »Geruchskonserve«. Ich stehe dort und denke: Vielleicht ist irgendwo in diesem riesigen Gebäude mein eigener vergangener Geruch noch immer wie Marmelade konserviert?

Ganz in der Nähe befindet sich der sogenannte »Kupferkessel«, ein höhlenartiger, mit Kupfer ausgekleideter Raum, in dem das Ministerium ein neues Computersystem hatte unterbringen wollen, das die Daten über sämtliche DDR-Bürger enthalten sollte. Das Kupfer sollte den Computer gegen äußere elektronische Störungen abschirmen. Heute enthält der Kupferkessel Hunderte mit Papier vollgestopfter Säcke: Dokumente, die in den Wochen zwischen dem beginnenden Massenprotest im Herbst 1989 und dem Sturm auf das Ministerium im Januar 1990 zerrissen wurden. In der plausiblen Vermutung, daß die Stasi die wichtigsten und brisantesten Dokumente als erstes vernichten wollte, versucht die Gauck-Behörde, diese Dokumente Schnipsel für Schnipsel wieder zusammenzufügen.

Es ist ein unheimlicher Ort, diese Gauck-Behörde: ein Ministerium der Wahrheit in den Räumen des ehemaligen Ministeriums der Angst. In dieser Verwaltungszentrale in Berlin-Mitte sind lange, hallende Gänge mit neuer westdeutscher Beleuchtung und PVC-Bodenbelag ausgestattet, aber noch immer liegt ein schwacher Rest dieses unverkennbaren Ostberliner Geruchs in der Luft. Vergrämte bierbäuchige Pförtner am Eingang, komplizierte Besucherausweise, Vorschriften, Kleingedrucktes, Formulare in dreifacher Ausfertigung und Gebühren – der ganze schwerfällige Apparat der deutschen Bürokratie. Und die Gewohnheiten eines aufgeblähten Wohlfahrtsstaates. Wie in so vielen anderen deutschen Institutionen ist anscheinend jeder zweite öffentliche Bedienstete gerade beim Frühstück, in Urlaub oder »beim Arzt«. Das altehrwürdige Erkennungszeichen des deutschen Angestellten »Mahlzeit!« ertönt in den Gängen. »Darf ich mal Ihren Reißwolf benutzen?« fragt eine Sekretärin die andere. Einen Augenblick lang stellt man sich ein Nachfolgeministerium vor, das diese zerschnipselten Dokumente in einer Art unendlicher Regression wieder zusammensetzt.

Mittlerweile ist jedes Blatt eines jeden Dokuments, das man zu sehen bekommt, von den Archivaren der Behörde mit einem sauberen Stempel über den sorgfältigen handgeschriebenen Stasi-Nummern neu durchnumeriert worden. Es ist wie eine Parodie deutscher Gründlichkeit. Aus einem Extrem ins andere. Wahrscheinlich hatte keine Diktatur in der neueren Geschichte eine so umfangreiche und fanatisch gründliche Geheimpolizei wie die DDR. Keine Demokratie der Neuzeit hat mehr unternommen, das Erbe der vergangenen Diktatur zu enthüllen, als das neue Deutschland.

Ein besonderes Gesetz, das im Dezember 1991 vom Bundestag des neu vereinigten Deutschland verabschiedet wurde, regelt bis ins einzelne, in welcher Weise von diesen Akten Gebrauch gemacht werden darf. Frau Schulz hat meine Akte vor mir gelesen, weil sie in peinlich genauer Umsetzung des Gesetzes die Seiten fotokopieren muß, auf denen die Namen von Stasi-Opfern oder unschuldigen Dritten stehen, um diese Namen auf den Kopien zu schwärzen. Danach werden die Kopien erneut kopiert, um ganz sicherzugehen, daß die Namen nicht doch entziffert werden können, wenn man die Blätter gegen das Licht hält. Außerdem soll sie alle Passagen abdecken, die ganz persönliche Informationen über andere Personen enthalten, die mit der Ermittlung unmittelbar nichts zu tun haben. Aber was ist nicht relevant für das Verstehen einer Geheimpolizei, deren Arbeit genau darin bestand, die persönlichsten Details aus dem Privatleben anderer zu sammeln und auszunutzen?

Die Wirkung einer solchen Aktenlektüre kann verheerend sein. Ich denke an den mittlerweile berühmten Fall von Vera Wollenberger, der Friedenskreis-Aktivistin aus Werner Krätschells Gemeinde in Pankow, die durch ihre Akte erfuhr, daß ihr Ehemann Knud vom ersten Tag ihres Kennenlernens an Informationen über sie weitergegeben hatte. Sie machten am Sonntag einen gemeinsamen Spaziergang mit den Kindern, und schon am Montag schüttete Knud alles vor seinem Führungsoffizier aus. Sie dachte, sie sei mit Knud verheiratet, und stellte fest, daß sie einen IM »Donald« zum Mann hatte. (Vera bezeichnet ihn in ihren Erinnerungen als »Knud-Donald«. Heute sind sie geschieden.) Oder ich denke an den Schriftsteller Hans Joachim Schädlich, der feststellte, daß sein älterer Bruder ihn bespitzelt hatte. Erst die Akten öffneten ihnen allen die Augen. Hätte man die Akten nicht geöffnet, wären sie noch immer Bruder und Bruder, Mann und Frau – ihre Liebe würde vielleicht noch bestehen, eine feste Burg auf einem Fels aus Lügen.

Es gibt auch weniger schwerwiegende Nebenwirkungen. Nachdem das Gesetz in Kraft getreten war, gingen Studenten der Humboldt-Universität in Ostberlin stolz zu ihren Freundinnen und sagten: »Natürlich habe ich Einsicht in meine Akte beantragt. Es wird entsetzlich sein, was ich dort finde, aber ich muß es einfach wissen.« Die süße Sabine war sehr beeindruckt. Dann kam die niederschmetternde Nachricht von der Behörde: Soweit wir feststellen können, existiert über Sie keine Akte. Tiefe Demütigung. Sabine wandte sich einem anderen zu, der eine hatte.

Wenn ich anderen von meiner Akte erzähle, sagen sie merkwürdige Dinge wie: »Sie Glücklicher!« oder: »Was für ein Privileg!« Wenn sie selbst etwas mit Osteuropa zu tun hatten, sagen sie vielleicht: »Ja, ich muß auch mal Einsicht in meine Akte beantragen« oder: »Meine wurde anscheinend vernichtet« oder: »Die Gauck-Leute haben gesagt, meine sei wahrscheinlich in Moskau.« Man könnte das Syndrom frei nach Freud als Aktenneid bezeichnen.

Tatsächlich nimmt sich meine Akte gegenüber denen vieler anderer geradezu bescheiden aus. Was ist mein einzelner Ordner gegen die 30 Ordner des Schriftstellers Jürgen Fuchs? Was sind meine 325 Seiten gegen die rund 40000, die sie auf Wolf Biermann verschwendet haben? Doch kleine Schlüssel können große Türen öffnen, und dies ist ein Weg in sehr viel größere Räume. Wo immer es eine Geheimpolizei gegeben hat, nicht nur in Deutschland, wenden viele Menschen ein, diese Akten seien völlig unzuverlässig, voll von Entstellungen und Erfindungen. Wie könnte ich diese Behauptung besser überprüfen als auf dem Weg nachzusehen, was sie über mich gesammelt haben? Schließlich muß ich am besten wissen, was ich wirklich getan habe. Und was haben sich meine Offiziere und die auf mich angesetzten Spitzel dabei gedacht, als sie mich bearbeiteten? Können die Akten und die Männer und Frauen, die hinter ihnen stehen, uns etwas Neues über den Kommunismus, den Kalten Krieg und den Sinn oder Unsinn des Spitzelwesens sagen? Diese systematische Öffnung der Geheimpolizeiakten für jeden Bürger, dessen Name auf einem der Deckel steht und der etwas erfahren will, ist ohne Beispiel. Noch nie und nirgendwo hat es etwas Vergleichbares gegeben. War dieses Vorgehen richtig? Was hat es für die Betroffenen bedeutet? Die Erfahrung könnte uns sogar etwas über Geschichte und Erinnerung lehren, etwas über uns selbst, über die menschliche Natur schlechthin. Wenn der Aufbau dieses Buches einen ichbezogenen Eindruck macht, so verfolgt es doch eine weiterreichende Absicht. Ich bin nur ein Fenster, ein Beispiel, ein Mittel zum Zweck, das Versuchskaninchen in diesem Experiment.

Um das aber zu erreichen, muß ich nicht nur eine Akte erkunden, sondern auch ein Leben: das Leben des Menschen, der ich damals war. Das ist nicht dasselbe wie »mein Leben«. Was wir gewöhnlich »mein Leben« nennen, ist eine fortwährend umgeschriebene Version von unserer eigenen Vergangenheit. »Mein Leben« ist die Autobiographie in unserem Kopf, mit der und durch die wir alle leben. Was wirklich geschehen ist, steht auf einem anderen Blatt.

Indem ich mich auf die Suche nach einem verlorenen Ich begebe, bin ich zugleich auf der Suche nach einer verlorenen Zeit. Und ich suche nach Antworten auf die Fragen: In welcher Weise hat das eine das andere geformt? Wie verhalten sich historische Zeit und persönliche Zeit, das Öffentliche und das Private, große Ereignisse und unser eigenes Leben zueinander? Indem er über die ausgedehnten Bereiche der menschlichen Erfahrung schreibt, die von der herkömmlichen politischen Geschichte übergangen werden, zitiert der Historiker Keith Thomas Samuel Johnson:

> »How small of all that human hearts endure
> That part which laws or kings can cause or cure.«*

* »Wie klein ist doch von all dem, was Menschenherzen erleiden, der Teil, den Gesetze oder Könige verursachen oder heilen können.«

Doch im Rückblick sehe ich, wie sehr die Erfahrung zumindest meines eigenen Herzens durch die »Gesetze und Könige« von heute verursacht wurde: durch die unterschiedlichen politischen Systeme in Ost und West und den Konflikt zwischen ihnen. Vielleicht brachte Johnson letztlich keine universelle, sondern eine rein partikulare Wahrheit zum Ausdruck. Glücklich das Land, wo diese irgendwann einmal Geltung besaß.

2

Nach Berlin brach ich auf an meinem 23. Geburtstag, dem 12. Juli 1978. Es ging über die Fährhäfen Harwich und Hoek van Holland und dann im Schnelltempo über die Autobahn nach Helmstedt, wo der »Eiserne Vorhang« zwischen West- und Ostdeutschland verlief. In meinem neuen dunkelblauen Alfa Romeo hielt ich penibel die Geschwindigkeitsbeschränkung von 100 Stundenkilometern auf der vorgeschriebenen Transitstrecke durch die DDR nach Westberlin ein. Hier wohnte ich anderthalb Jahre, bis ich am 7. Januar 1980 durch den Checkpoint Charlie nach Ostberlin fuhr und dort das besagte Zimmer bezog. Meine ursprüngliche Absicht war es, eine Doktorarbeit über Berlin im Dritten Reich zu schreiben.

Für diesen Zeitraum, vom Juli 1978 bis Januar 1980, verzeichnet die Zeittafel, die ich als Anhang meiner Geschichte Deutschlands und des geteilten Kontinents* erstellt habe, bedeutende politische Ereignisse vom »Gipfeltreffen der führenden Industrienationen (G7) in Bonn« bis »Präsident Carter kündigt Sanktionen gegen die Sowjetunion an, setzt die Ratifizierung des SALT-Abkommens aus und droht mit Boykott der Olympischen Spiele in Moskau«. Dazwischen stehen die Wahl von Karol Wojtyla zum Papst Johannes Paul II. und sein erster Besuch als Papst in Polen, die ersten Direktwahlen zum Europäischen Parlament, der NATO-Doppelbeschluß (die Stationierung neuer atomarer Mittelstreckenraketen in Europa, falls die Verhandlungen mit den Sowjets scheitern sollten) und die sowjetische Invasion in Afghanistan im Dezember 1979. Wir sehen heute, daß dies das Vorspiel zur letzten großen Konfrontation des Kalten Kriegs war: Reagan gegen Breschnew, amerikanische Marschflugkörper gegen sowjetische SS20-Raketen, die polnische Revolution im Osten und die Friedensbewegung im Westen.

Mein Tagebuch enthält eine ganz andere Zeittafel. Anstelle des G7-Gipfels notiere ich ein langes Gespräch mit dem Dichter James Fenton über deutsche Literatur, den britischen Historiker Macaulay

* *Im Namen Europas*, München 1993; Frankfurt a. M. 1995.

und die (entfernte) Möglichkeit eines Journalismus als Kunstform. Statt des Gipfeltreffens auf Guadeloupe im Januar 1979, das zum NATO-Doppelbeschluß führte, treffe ich mich zum Mittagessen mit Jay Reddaway, einem Freund aus Studententagen, im Café Moskau in Ostberlin und verbringe anschließend einen Abend in Westberlin, der anscheinend feuchtfröhlich im Bilitis anfängt und nach einem Abendessen bei Foofie's mit weiteren Schnäpsen im Ax Bax endet. Der Papst in Polen erscheint auch im Tagebuch, doch die ersten Direktwahlen zum Europäischen Parlament finden mich beim Frühstück im Café Einstein mit anschließendem Besuch einer Kunstgalerie und beim vergeblichen Versuch, einen Artikel für den *Spectator* abzuschließen.

Während die historische Zeittafel trocken-traurig vermerkt »Gromyko in Bonn«, befinde ich mich in Franken, trinke zuviel Rauchbier und besuche den Schauplatz des Nürnberger Reichsparteitags. In meinem Tagebuch suche ich den folgenschweren NATO-Doppelbeschluß vergebens. Zum Zeitpunkt der sowjetischen Invasion in Afghanistan fahre ich im Nachtzug nach Heidelberg, um dort Albert Speer in seinem Lebkuchenhaus zu besuchen. Jimmy Carter droht der Sowjetunion Sanktionen an, während ich mit Vorbereitungen für eine Party beschäftigt bin. Soviel zu einem Leben »in der Hitze des Kalten Kriegs« – um die gewollt paradoxe Metapher meines Freundes Mark Wood, des Ostberlin-Korrespondenten von Reuters, zu verwenden.

Für diese eineinhalb Jahre sind die Erkenntnisse der Stasi über mich fragmentarisch. Es gibt den Beobachtungsbericht über meinen Ostberliner Abend mit »Kappe«. In einem zusammenfassenden Bericht der Abteilung XX/4 (Kirchen) haben sie »Kappe« zutreffend identifiziert, ebenso zwei weitere Westberliner Kontakte, Ingrid und Heinrich (Nachnamen jeweils von Frau Schulz geschwärzt), und meine Westberliner Telefonnummer aufgeführt. Außerdem geben sie an, daß ich in einem Ort namens »Winbredow« (richtig: Wimbledon) geboren bin, bezeichnen mein Oxforder College als »St. ansowts« (richtig: St. Antony's) und irren sich um drei Monate bei der Zeitangabe einer Polenreise. Des weiteren steht in dem »Auskunftsbericht«, daß ich mit dem Engländer Morris (Nachname geschwärzt), der an einem Buch über den Kirchenkampf arbeite, mehrere Reiseziele gemeinsam besucht habe. »Es wurde festgestellt, daß G. umfangreiche Kenntnisse über Kulturdenkmäler und -stätten, Kultur- [sic] und Kulturschaffende der DDR sowie speziell zur Bauhausproblematik besitzt. Im Juni 1979 gab sich G. erstmals als sogenannter freier Mitarbeiter der englischen Wochenschrift ›Spekta‹ aus, der einen Bericht über den antifaschistischen Widerstandskampf schreiben wolle.« Der Mann vom Spekta.

Diese Informationen stammen hauptsächlich aus der eigenen Ermittlung von Abteilung XX/4 in Sachen Pfarrer »Buche« und aus einem vierseitigen Bericht eines Leutnants Küntzel des Erfurter Amtes über ein Treffen mit Kontaktperson »Georg« und IMV »Michaela«. Der Buchstabe V hinter dem IM bedeutet, daß »Michaela« zur höchsten Kategorie der Stasi-Spitzel gehörte, die im unmittelbaren Kontakt mit dem Gegner eingesetzt wurden. Leutnant Küntzel berichtet, daß am 30. Juni 1979 Dr. Georg (Nachname geschwärzt), der im Schloß (Name geschwärzt) in Weimar wohnte, von einer unbekannten Person mit englischem oder amerikanischem Akzent aufgesucht wurde, der sich als Tim Gartow-Ash vorstellte, ein freier Mitarbeiter der englischen Wochenschrift »Spacktator«.

Wie man sieht, ist das Schwärzen der Nachnamen in der Akte oft wenig effektiv, denn es gab nicht viele Dr. Georgs, die in einem Schloß in Weimar wohnten. Andererseits sichert das Gesetz über die Stasi-Unterlagen nur unschuldigen Dritten oder Opfern Anonymität zu, nicht aber den Mitarbeitern der Stasi. Ein Blick in mein Tagebuch gibt mir Aufschluß über die Identität von Dr. Georg sowie über die Tatsache, daß die Stasi sich wieder im Datum geirrt hat.

Dr. Georg war einer jener älteren jüdischen Kommunisten, die zu den interessantesten Menschen gehörten, mit denen man in der DDR, ja überhaupt im ganzen kommunistisch beherrschten Osteuropa ein Gespräch führen konnte. Wahrscheinlich wußte ich schon bei dem erwähnten Besuch, daß er Herausgeber einer Ostberliner Tageszeitung und Leiter eines offiziell geduldeten satirischen Kabaretts gewesen war. Und vielleicht war mir damals schon bekannt, daß er sich während des Dritten Reichs in England aufgehalten und später Alice »Lizzy« Kohlman geheiratet hatte, die warmherzige und tatkräftige österreichisch-ungarische Jüdin, die Kim Philbys erste Frau und manchen Berichten zufolge daran beteiligt war, den jungen Engländer anzuleiten, als sowjetischer Spion zu arbeiten. Erst in diesem Stasi-Bericht entdecke ich, daß Dr. Georg während seiner Zeit bei Reuters selbst für den sowjetischen Geheimdienst tätig war.

Vor diesem Hintergrund ist es kaum überraschend, daß er die Geschichte, mit der ich zu ihm kam, mit Mißtrauen aufnahm. Nach Leutnant Küntzel stellte Dr. Georg sehr bald fest, daß ich die Person, auf die ich mich als gemeinsame Bekannte berufen hatte, gar nicht persönlich kannte. Als ich ihn fragte, woher er sein gutes Englisch habe, erzählte er mir, er habe jahrelang in England gelebt und für Reuters gearbeitet. »Daraufhin zeigte sich der G. gespielt interessiert an dieser Schilderung und fragte, ob ein [Name geschwärzt] damals Direktor von ›Reuter‹ gewesen ist. Nachdem dies bejaht wurde, brach der G. in freudige Gefühlsausbrüche aus: ›So ein Zufall, stellen Sie sich vor, der Sohn des Chancellor ist mein jetziger Vorgesetzter ...‹. Der ganze Gefühlsausbruch war zwar gut vorgetäuscht, jedoch konnte der H. erkennen, daß dem G. die Tätigkeit seines Gesprächspartners bei ›Reuter‹ bekannt war. Mißtrauisch geworden und in dem Gefühl bestärkt, daß die Kontaktaufnahme zu ihm einen anderen Charakter hat als vorgegeben, trat der H. dem G. verschlossen gegenüber, ohne jedoch unhöflich zu erscheinen.«

Diese Passagen verdeutlichen im kleinen, in welcher Weise sich geringfügige Entstellungen in die Stasi-Akten einschleichen. So hätte ich beispielsweise auf keinen Fall den warmherzigen Alexander Chancellor, den damaligen Chefredakteur des *Spectator*, als meinen »Vorgesetzten« bezeichnet. Das mußte ein Ausdruck von Dr. Georg oder, noch wahrscheinlicher, von Leutnant Küntzel sein, denn der Leutnant lebte in einer Welt, in der jedermann einen Vorgesetzten hatte. Aber da steht es jetzt und wird mir als Teil eines wörtlichen Zitats zugeschrieben. Nun nehmen wir einmal an, der Inhalt der Passagen wäre wesentlich bedeutsamer und kompromittierender, und nehmen wir an, die Interpretation des gesamten zitierten Textes hinge – wie das manchmal der Fall sein kann – von diesem einen Wort ab; nehmen wir auch an, aus mir wäre später ein prominenter ostdeutscher Politiker geworden und ich wachte eines Morgens auf und fände die betreffende Stelle auf der Titelseite der *Bild*-Zeitung als Zitat gegen mich wieder: Anführungsstriche, Abführungsstriche. Forderungen nach einem Rücktritt würden laut werden. Wer würde mir glauben, wenn ich protestierte: »Nein, das habe ich nicht gesagt! Na ja, wenigstens nicht *so*. Und außerdem haben sie sich im Datum geirrt.

Und im Namen des *Spectator*. Und in der Schreibweise meines eigenen Namens ...«

Doch trotz der kleinen Entstellungen und Ungenauigkeiten klingt für mich dieser Bericht im wesentlichen wahr. Ob ich von der Verbindung von Dr. Georg zu Reuters – wo Alexander Chancellors Vater, Christopher Chancellor, Generaldirektor war – tatsächlich schon vorher wußte oder nicht, ich höre mich noch, wie ich die freudige Überraschung über diesen unwahrscheinlichen Zufall übertrieben habe, weil ich hoffte, ein ziemlich steifes Gespräch in Gang halten und Dr. Georg dazu bewegen zu können, etwas freier zu sprechen.

»Zu diesem Zeitpunkt betrat die Ehefrau (IMV ›Michaela‹) des [Dr. Georg], die sich in der Küche aufgehalten hatte, das Wohnzimmer. Sie wurde durch ihren Ehemann wie folgt vorgestellt: ›Meine Ehefrau, Direktorin der Kunstsammlungen zu Weimar.‹ Der IMV war der Meinung, daß der Besuch ihrem Mann gilt ... Umso erstaunter war sie, daß der G. sofort das Thema auf die von den Kunstsammlungen veranstaltete Ausstellung über das Thema Bauhaus brachte. Er erklärte, daß er die Ausstellung gesehen hätte und begeistert gewesen ist. Allerdings könne er nicht verstehen, daß die Kunstsammlungen keinen Katalog über die Ausstellung herausgegeben hätten. Die Fragestellung war dementsprechend, daß er vom IMV gern gehört hätte, daß dies aus kulturpolitischen Überlegungen nicht möglich ist. Der IMV ging darauf nicht ein, sondern begründete dies mit Papiermangel ...

Erbost über die Unhöflichkeit des G., den [Dr. Georg] nur noch als stillen Zuhörer am Gespräch teilhaben zu lassen, das eingangs erwähnte Thema nicht mehr erwähnend, verabschiedete sich [Dr. Georg] von dem G. unter dem Vorwand, etwas in der Stadt erledigen zu müssen. Zu diesem Zeitpunkt dauerte das Gespräch etwa 40 Minuten. Jetzt erklärte der G. dem IMV, daß er an einer Publikation über die Entwicklung des Kunst- und Kulturschaffens der DDR arbeite und deshalb an den Ausführungen des IMV interessiert sei. Er stellte solche Fragen wie:

– Warum wird erst jetzt in der DDR (Weimar) eine Bauhausausstellung durchgeführt?
– Wie steht die DDR zur Idee des Bauhauses?
– Welche Resonanz hat die Ausstellung national?
– Welche Resonanz hat sie international?

Es zeigte sich im Gespräch, daß der G. ein guter Kenner der Kunstszene, besonders auf dem Gebiet des Bauhauses ist.«

Am Ende des Gesprächs schrieb ich anscheinend meinen Namen auf ein Blatt Papier – »die vollständige Adresse wollte er aus unbekannten Gründen nicht angeben« – und bekundete mein Interesse an weiteren Gesprächen. »Dieses Gespräch mit dem IMV dauerte ca. 20 Minuten, so daß sich der G. insgesamt etwa eine Stunde in der Wohnung aufhielt.«

Leutnant Küntzel hält das alles aus einer Reihe von Gründen für »operativ relevant«. Er bemerkt, Dr. Georg könnte für »gegnerische Agenturen« wegen seiner früheren Verbindungen zu Kim Philby, aber auch deshalb von Interesse sein, weil er mit der gegenwärtigen Kulturpolitik der DDR unzufrieden ist und möglicherweise Sympathie für »Dissidenten« (Anführungszeichen Leutnant Küntzel) hegt. Diese gegnerischen Agenturen, spekuliert der Leutnant, könnten sich für die Möglichkeit zum »Aufbau eines Dissidenten« (Anführungszeichen Leutnant Küntzel) interessieren. Somit ist Dr. Georg gleichzeitig Quelle und Verdächtigter.

Andererseits bin ich stark verdächtig, weil ich nach Einschätzung des Leutnants nicht nur eine, sondern drei »Legenden« benutzte, um zu erklären, was mich wirklich zu Dr. Georg geführt hatte: Bekannter einer Bekannten, Journalist oder Erforscher des Kulturlebens in der DDR. »Legende« ist ein Terminus der Stasi, den sie im allgemeinen für die Geschichten benutzte, die für ihre eigenen Agenten und Informellen Mitarbeiter erfunden wurden, doch hier wurde er auch auf mich angewandt.

Zu den Maßnahmen, die zu ergreifen wären, gehörten die »Instruierung des IMV ›Michaela‹ [und von Dr. Georg] für einen möglichen 2. Kontakt« und die Information der HA II/13, die für die Beobachtung westlicher Journalisten zuständig war.

Einige unwesentliche Details sind falsch. Die Interpretation ist paranoid. Doch alles in allem wird die Stasi ihrem Ruf gerecht, ihre Augen überall zu haben. Aufgrund einer einzigen unvorsichtigen Unterhaltung und einiger weiterer mehr oder weniger harmloser Kontakte habe ich bereits als verdächtige Person Eingang in die Zentralakten gefunden. Zu dem Zeitpunkt, da ich mich darauf vorbereitete, nach anderthalb Jahren im Westen nach Ostberlin umzusiedeln, haben sie bereits in einem knappen Bericht ihre Informationen zusammengefaßt: über meine Kontakte, meine Westberliner Adresse und Telefonnummer, meinen Wagen, meine Haarfarbe, meine Körpergröße (in der Akte auf 1,80 Meter korrigiert, nachdem »Michaela« mich auf 1,65 – 1,70 Meter geschätzt hatte) bis hin zu der Tatsache, daß ich anscheinend Nichtraucher bin.

Ebenso verblüffend sind jedoch die Punkte, die ihnen entgangen sind. So findet sich zum Beispiel kein Hinweis auf die Rundfunksendungen, die ich für die BBC in Berlin gemacht, oder die Artikel, die ich bereits für den *Spectator* über Ostberlin geschrieben hatte, einschließlich einer Würdigung des prominentesten ostdeutschen Dissidenten, Robert Havemann. »Edward Marston«, das Pseudonym, das ich gewählt hatte, war anscheinend eine wirksame Tarnung. Auch findet sich nichts über ein Weihnachtsfest, das ich gemeinsam mit Freunden in der Nähe Dresdens gefeiert habe, oder über zahlreiche weitere Besuche.

Weniger überraschend ist, daß sie über mein Leben in Westberlin fast nichts ermittelt haben. Doch selbst die teilweise geschwärzten Namen, die Adressen und Telefonnummern öffnen die Türen der Erinnerung und führen mich zurück zu meinem Tagebuch.

Als ich, geradewegs aus England kommend, in Berlin eintraf, fuhr ich zur Wohnung einer alten Dame namens Ursula von Krosigk, die ich durch den Verleger Graham Greene, einen Neffen des Romanciers, kennengelernt hatte. Grahams Vater Hugh Greene kannte sie aus den dreißiger Jahren, als er für den *Daily Telegraph* als Berlin-Korrespondent gearbeitet hatte, bevor die Nazis ihn auswiesen. Ursula war weißhaarig, hielt sich kerzengerade, blieb zeitlebens unverheiratet, eine preußische Aristokratin durch und durch, aber warmherzig, natürlich und unkonventionell. Sie hatte eine charakteristische Art, ihren Kopf herausfordernd zurückzuwerfen, die sofort an das unartige Schulmädchen erinnerte, das vor fünfzig Jahren das gräßliche Pensionat in Potsdam geschwänzt hatte. Sie hatte den größten Teil ihres Lebens in Berlin verbracht und schilderte mir einmal, wie Ende der zwanziger Jahre nach der Uraufführung von Brechts *Dreigroschenoper* die elegant gekleidete Zuschauermenge aus dem hell erleuchteten Theater geströmt war und draußen in der Dunkelheit am Schiffbauerdamm ein Spalier echter Bettler – Krüppel, Kriegsversehrte, Arbeitslose – passieren mußte. Viele ihrer Freunde waren im Widerstand gegen Hitler aktiv, doch ihr Onkel, Lutz Schwerin von Krosigk, war Hitlers Finanzminister. Sie erinnerte sich, wie sie mit ihm am Morgen nach dem Pogrom in der sogenannten Reichskristallnacht auf seinen Landsitz hinausgefahren war, durch Straßen, die mit Glassplittern und Trümmern aus geplünderten jüdischen Geschäften übersät waren. »Keiner sprach ein Wort.«

Ursula wohnte im 4. Stock eines Mietshauses aus der Gründerzeit, an einer ruhigen Ecke der Pariser Straße im gutbürgerlichen Wilmersdorf. Vom Fenster aus sah man über Bäume hinweg auf eine wilhelminische Backsteinkirche. Im Parterre befanden sich eine protzige Marmortreppe und eine riesige zweiflügelige Eingangstür aus Schmiedeeisen und Glas. Wenn man abends, nachdem der Pförtner bereits abgeschlossen hatte, ins Haus oder aus dem Haus ins Freie gelangen wollte, steckte man einen ganz besonderen, aus zwei Teilen zusammengesteckten Schlüssel von einer Seite ins Schlüsselloch und zog ihn auf der anderen Seite wieder heraus. Ich erinnere mich noch genau an jenen warmen Sommerabend, als sich die schwere Tür hinter mir schloß und ich fortging, um die legendäre Stadt zu erkunden.

Die Wohnung selbst war voll von einst edlen Möbeln und überquellenden Bücherregalen. Ich schlief in einem Schlafsack auf dem

Fußboden des Salonzimmers, neben einem staubigen alten Sofa, das an einer Ecke mit einer Vorkriegsausgabe des Baedekers über Dresden als Stütze unterlegt war; und während ich langsam eindämmerte, ging mir durch den Kopf, daß eine Unterlage als Sofastütze wohl das einzige war, wozu ein Vorkriegsbaedeker über Dresden noch taugen mochte. Ich nahm mit dem Fußboden vorlieb, weil Ursula bereits einen anderen Engländer in ihrem Gästezimmer beherbergte. Es war James Fenton, der als Sonderkorrespondent für den *Guardian* nach Berlin gekommen war, nachdem er für den *New Statesman* über Literatur, Indochina und die britische Politik geschrieben hatte.

James und ich verbrachten bald viel Zeit miteinander. Mein Tagebuch verzeichnet lange Abende mit viel Bier und Schnaps in unserem schicken Bistro um die Ecke, das den eigenartigen Namen Bistroquet trug; oder in der Eckkneipe auf der anderen Seite des Ludwigkirchplatzes, dem alles andere als schicken Kuchel-Eck mit seinen Zierdeckchen und Spielautomaten, aus deren Lautsprechern ständig »By the Rivers of Babylon« dröhnte; oder wir saßen in der Presse-Bar, die wir sehr schätzten, weil sich offenbar niemand von der Presse in seine Nähe wagte; oder im Zwiebelfisch oder Ax Bax, beliebte Treffpunkte von mittlerweile in die Jahre gekommenen Achtundsechzigern; oder im bürgerlichen Café Möhring oder bei der Dicken Wirtin, wo einmal in den frühen Morgenstunden ein verzweifelter Algerier am Nebentisch seine Aufenthaltserlaubnis verbrannte, worauf ein Betrunkener in einer schwarzen Lederjacke eine Pistole zog und sie auf ihn richtete.

»Achtung, er hat 'ne Kanone!« sagte James.

»Das ist unmöglich«, sagte die uns begleitende junge Deutsche, die in der noch immer besetzten Stadt für die britische Militärregierung arbeitete, »der Besitz privater Schußwaffen ist in Berlin verboten.« Doch der Revolver war echt.

Blaß, angespannt, schlecht gekleidet, den Körper leicht gebeugt unter seinem großen, tonsurierten Kopf, glich James einem abtrünnigen Mönch. Seine anfänglichen Kenntnisse der deutschen Sprache und Deutschlands waren gering. Die örtlichen deutschen Korrespondenten glaubten zunächst sogar, er müsse ein Spion sein, da nach ihrer merkwürdigen Argumentation ein Journalist unmöglich so wenig von dem Land wissen konnte, in das man ihn geschickt hatte. Das änderte sich allerdings bald, da er über eine scharfe Beobachtungsgabe, einen ebenso scharfen Verstand und über die leidenschaftliche Beharrlichkeit des kämpferischen Journalisten verfügte, einer Geschichte nachzugehen – vor allem wenn es um Verfehlungen der Reichen, der Mächtigen oder der Scheinheiligen ging.

Aus verschiedenen Gründen, die ich zum Teil gar nicht ahnte, war dies keine glückliche Zeit für ihn, für mich aber war er ein faszinierender Gefährte. Besonders an ihm waren der Wortwitz und die Phantasie des Dichters, die unerwartete, phantasievolle und manchmal verrückte Himmelsflucht weg vom gemeinsamen Boden der Erfahrungen, die an sich schon interessant genug sein konnten. Ich habe viel von ihm über das Handwerk des Schreibens gelernt, und wir wurden enge Freunde.

Im Herbst gab Ursula ihre Wohnung auf und zog nach München. Wir quartierten uns einige Blöcke weiter an der Pariser Straße in der liebenswürdig schlampigen Pension Pariser Eck ein: überall orangefarbene Lampen und hellhörige Wände, wie in einem Roman von Graham Greene. Als aus dem Herbst ein bitterkalter Berliner Winter wurde und der Ostwind anscheinend direkt aus Sibirien über den Kurfürstendamm fegte, zogen wir zum denkbar ungünstigsten Zeitpunkt in eine kleine Wohnung, die von einem altmodischen Kachelofen beheizt wurde. Dieser verbrauchte Unmengen von Briketts, die wir aus dem Keller hochschleppen mußten. Für kurze Zeit tauschte ich diese Kargheit im Westen gegen ein Luxusleben im Osten und feierte einen traditionellen deutschen Weihnachtsabend mit meinen neugefundenen Freunden, den Krügers, einer großbürgerlichen Familie, die hinter der hohen Gartenmauer ihrer Familienvilla aus der Jahrhundertwende in Radebeul bei Dresden ein volles Leben der »inneren Emigration« führte. Unterwegs weigerte sich der Motor meines italienischen Wagens, der die nördlichen Winter nicht gewöhnt war, in der Ostberliner Friedrichstraße wieder anzuspringen. Die freundlichen Grenzschützer gaben mir Schubhilfe auf meinem Weg in den Osten.

Wenn Besucher aus England kamen, führten James und ich sie nacheinander in die Paris-Bar in der Kantstraße, ins Exil, ein Restaurant in Kreuzberg, das von »Exilanten« aus Wien betrieben wurde, in Romy Haags kreischendes Transvestitenkabarett und anschließend noch in ein oder zwei weitere Kneipen. Berlin mußte dem Isherwood-Mythos gerecht werden. Die Rolle der Sally Bowles besetzte ich mit einer neuen Bekannten, Irene Dische, einer attraktiven jungen Amerikanerin deutsch-jüdischer Herkunft, die nach Berlin gekommen war, um Schriftstellerin zu werden. Wenn ich mich heute mit Irene unterhalte, wird mir sofort klar, daß sie in uns beiden natürlich Isherwood und Auden gesehen hatte – oder war es Spender?

Im wirklichen Leben wurde unsere Erfahrung in Westberlin weniger von den Schatten Isherwoods als von denen der achtundsechziger Studentenrevolte geformt, die neben Paris, Amsterdam, Frankfurt und Berkeley in Berlin eines ihrer Zentren gehabt hatte. Zehn Jahre danach gab es das Spezialgeschäft in der Uhlandstraße nicht mehr, wo man alles bekommen konnte, was man für eine Demo brauchte: rote Fahnen, Transparente, Gasmasken und Schnürstiefel. Doch die Wände der Freien Universität waren noch immer mit politischen Parolen bedeckt, und mindestens die Hälfte unserer Freunde gehörte – wie Claudia – der achtundsechziger Generation an. Man konnte die Achtundsechziger sofort erkennen: an Jeans und offenem Hemd, der unvermeidlichen Zigarette oder dem Joint, dem zwanglosen »du« statt des gebräuchlicheren und formelleren »Sie«, an ihrem speziellen Jargon der Psychoszene und der Soziologen mit zahlreichen Neologismen zum Thema Beziehungen oder »strukturelle Gewalt« und ähnliches. Ihre Wohnungen hatten nackte Dielenböden, weißgestrichene Wände und Bücherregale aus Fichtenbrettern, auf denen sämtliche Nummern vom *Kursbuch* und die heiligen Schriften von Enzensberger, Bloch, Adorno und Marcuse standen.

Doch die, die 68 noch gemeinsam marschiert waren, hatten inzwischen ganz verschiedene Wege eingeschlagen. Einige waren Terroristen in der Rote-Armee-Fraktion oder in anderen Vereinigungen geworden, zündeten Bomben und ermordeten prominente Wirtschaftsführer oder hohe Staatsbeamte. Der westdeutsche Staat reagierte mit harter Hand und schloß alle mutmaßlichen »Verfassungsfeinde« aus dem Staatsdienst aus, der in Deutschland ein außerordentlich breites Spektrum umfaßte, vom Lokomotivführer und Briefträger bis zum hohen Beamten. Man sprach vom »Berufsverbot«. Bald nach meiner Ankunft kam ein düsterer Film in die deutschen Kinos, *Deutschland im Herbst*, mit viel berittener Polizei und finsteren Gestalten des Establishments in dunklen Anzügen. Wurden aus den Deutschen wieder Bösewichte?

Einige dieser Freunde erzählten uns, daß es bei ihnen Ende der sechziger und Anfang der siebziger Jahre eine Zeit gegeben hatte, in der möglicherweise auch sie zu Terroristen hätten werden können. Doch statt dessen waren sie – trotz des »Berufsverbots« – Lehrer geworden oder Sozialarbeiter oder Wissenschaftler. Oder sie waren zur Dichtung oder Malerei zurückgekehrt, hatten sich aufs Büchermachen oder den Journalismus verlegt oder waren in neue Strömungen geraten: Umweltbewegung, Feminismus, Strukturalismus. Claudia war Lehrerin, Paul ein ewiger Student und nebenher Kunsthändler, Peter war Künstler, Yvonne Psychologin und Übersetzerin, Elmar politischer Wissenschaftler. Friedrich war ein freischaffender Journalist, der jetzt eine engagierte Untersuchung über das Versäumnis der westdeutschen Justiz im Zusammenhang mit der Verfolgung der Nazi-Verbrechen in Angriff nahm – vor allem über die Verbrechen der deutschen Anwälte und Richter selbst. Hier lag ein besonderes Interesse der deutschen Achtundsechziger: die Bloßlegung der Sünden ihrer Väter.

Anfang 1979 zog ich in eine Wohngemeinschaft in der Traunsteiner Straße in Schöneberg. Meine Mitbewohner oder »Kommunarden« waren ein sympathischer, links angehauchter amerikanischer Wissenschaftler namens Hugo und Bernd. Bernds Vater hatte für die Nazis als Luftfahrtingenieur gearbeitet und war nach 1945 von den Amerikanern abtransportiert worden, damit er für sie arbeitete. Im Gefolge von 1968 war Bernd nicht nur ein Linker geworden, sondern auch Mitglied der Sozialistischen Einheitspartei Westberlins, eines Ablegers der Staatspartei der DDR. Er wollte sich, wie er mir heute sagt, einer Sache anschließen, die »seriös« war, was für ihn hieß: hinter der eine reale Macht stand. Damals sah es noch so aus, als nehme die sowjetische Macht zu, während die Vereinigten Staaten nach Vietnam scheinbar schwächer wurden. Mit Hilfe seines Parteiausweises hatte Bernd einen Job in einer Ost-West-Handelsgesellschaft gefunden. Die war – was ich damals noch nicht wissen konnte – unmittelbare Tochtergesellschaft eines ostdeutschen Unternehmens mit engen Verbindungen zur Stasi.

Bernd war ein kräftig gebauter, leicht erregbarer Mann mit einer Stirn, die von starken Kummerfalten durchzogen war. Sein Naturell war nicht unbedingt als sanft zu bezeichnen. Nationalsozialismus und Marxismus lieferten ihm seine spontanen Bezugssysteme und Schimpfwörter. In meinem Tagebuch steht, daß ich eines Morgens die mir zugemessene Zeit im Badezimmer überschritt und damit Bernds sorgfältig eingeteilten Tagesplan so sehr durcheinanderbrachte, daß er mit den Fäusten gegen die Tür trommelte und brüllte: »Herrschende Klasse!« Als Heiner, der Hauptmieter, damit drohte, ihn zu verklagen, weil er seine Kinder mit in die Wohnung brachte, wehrte sich Bernd mit den Worten: »Du Nazischwein! Du bist wie der KZ-Aufseher, der am Tag Menschen umbringt und abends Klavier spielt und seinen Wein trinkt ...«

Tatsächlich verdankte ich meinen Platz in der Wohngemeinschaft diesem titanischen Kampf zwischen den beiden, der damit endete, daß Heiner auszog. Bevor er mir seine beiden schönen, hellen Zimmer mit hohen Decken und einem Arrangement aus leeren Bilderrahmen auf den weißen Wänden überließ, bat er mich zu einem Plausch. Bei Kerzenschein und in Schwaden von Zigarettenrauch fand ich mich einer zweieinhalbstündigen psychoanalytischen Sitzung ausgeliefert, die in der Hauptsache darin bestand, daß Heiner über sich selber sprach. Ich notierte einen bezeichnenden Satz, mit dem er schilderte, wie er sich mit 14 Jahren erlebt hatte: »Damals ging ich davon aus, daß ich sehr ichstark und heterosexuell war, aber vielleicht mit gewissen analen Zügen.« Das alles, um mir die Schlüssel auszuhändigen.

Als er gegangen war, hielt ich in meinem Tagebuch den Gegensatz zwischen ihm und Jay fest, dem britischen Freund aus den Jahren in Oxford, der mich gerade besucht hatte: »Hier der zurückhaltende, indirekte, ironische, versnobte, gehemmte, gefühlsverwirrte Engländer und da der offene, direkte, ernste, linke, jargonverliebte, emanzipierte, gefühlsverwirrte Deutsche.« Einige Tage später klingelte das Telefon. Ich nahm ab.

»Hallo, ist Heiner da?« fragte der unbekannte Anrufer.

»Nein.«

»Bist du schwul?« wollte er dann sofort wissen.

»Nein«, sagte ich und legte auf. Gleich darauf ging das Telefon wieder.

»Hallo«, sagte dieselbe Stimme. »Bist du Engländer?«

»Ja.«

»Also, was ich wissen wollte: Schläfst du mit Männern?«

»Nein!«

Wie ich inzwischen von Bernd weiß, war Heiner einige Jahre zuvor zu dem Schluß gelangt, daß er homosexuell sei, und damals ging er der Sache systematisch nach. Aber ich glaube nicht, daß er es auf mich abgesehen hatte. Vielleicht wollte er nur, daß ich mich wie zu Hause fühlte.

Bernd hat mir auch gesagt, daß Heiner vor kurzem an Aids gestorben ist.

Ich stand den Achtundsechzigern mit gemischten Gefühlen gegenüber. Sie waren einfach schon deshalb interessant, weil sie so ganz anders waren als die meisten Menschen, die ich bis dahin kennengelernt hatte. Für manche ihrer politischen Projekte hatte ich Verständnis und Sympathie, zum Beispiel für Friedrichs Vorhaben, die unterlassene strafrechtliche Verfolgung von NS-Juristen nach 1945 aufzudekken. Andererseits erschienen sie mir häufig hysterisch und völlig mit sich selbst beschäftigt. Ich wurde ihrer Klagen über Probleme überdrüssig, die mir entweder selbstgeschaffen oder geringfügig vorkamen, verglichen mit denen in der DDR. Heiner sagte mir, der Besuch Carters in Westberlin sei genau wie ein Besuch Breschnews in einem osteuropäischen Satellitenstaat, aber den tatsächlichen Ereignissen in der erklärtermaßen sozialistischen DDR, die, nur wenige Kilometer entfernt, gleich hinter der Mauer anfing, stand er anscheinend völlig gleichgültig gegenüber. Für sie schien die Mauer um Westberlin nichts anderes zu sein als ein einziger riesiger Spiegel, in dem sie sich und ihre eigenen »Beziehungen« betrachten konnten. »Die papierenen Narzisse«, steht in meinem Tagebuch.

Doch wenn die Achtundsechziger mir fremdartig erschienen, dann mußte dieser junge Engländer mit seinen schweren Lederschuhen und seiner Tweedjacke für sie ebenfalls eine seltsame Erscheinung gewesen sein. Im Rückblick kommt mir der selbst recht seltsam vor. Der Besitzer einer Stasi-Akte mag ja den Neid anderer auf sich ziehen, doch mit einer vergifteten Madeleine in die eigene Vergangenheit entführt zu werden ist keinesfalls immer eine tröstliche Erfahrung. In seinem Roman *Ferdydurke* stellt sich der polnische Schriftsteller Witold Gombrowicz vor, daß er eines Tages aufwacht und sich, noch halb im Schlaf, wieder so sieht, wie er mit fünfzehn oder sechzehn Jahren war. Er vernimmt seine »längst begrabene, piepsende Junghähnchenstimme«, sieht seine »unausgewachsene Nase im unausgebildeten Gesicht« und hat das Gefühl, daß seine ungelenken Glieder sich gegenseitig verspotten, daß die Nase sich über die Wade lustig macht und die Wade über den Kopf. Die Zeitreise mit einer Stasi-Akte kann ganz ähnlich verlaufen: wie ein böser Traum.

Was Stasi-Leutnant Küntzel als meine »Legenden« bezeichnete, waren in Wirklichkeit keine Tarngeschichten, sondern verschiedene Stränge eines noch ungeformten Lebens. Ähnlich wie die unausgegorenen, ehrgeizigen Studenten von 23 Jahren, die heute in Oxford zu mir kommen und um Ratschläge für das Leben bitten, wollte ich damals alles auf einmal erreichen: eine Dissertation über Berlin im Dritten Reich schreiben, dazu ein Buch über die DDR, einen Essay über das Bauhaus und brillante Berichte für den *Spectator*, und wahrscheinlich wollte ich außerdem noch George Orwell, Außenminister und Kriegsheld sein. Legenden, die ich mir selbst erzählt habe.

Das Tagebuch erinnert mich an die vielen tastenden Versuche, die Unbeholfenheit, das Prätentiöse und den Snobismus – und die Unbekümmertheit, mit der ich in das Leben anderer Menschen hineinplatzte. Abgesehen von der Peinlichkeit solcher Erinnerungen besteht eine ganz reale Schwierigkeit in der Rekonstruktion dessen, wie man damals wirklich gedacht und empfunden hat. Wieviel leichter ist es, das für andere zu tun! Zuweilen ist dieses vergangene Ich mir so fremd, daß ich das Gefühl habe, dort, wo ich auf den letzten Seiten »ich« geschrieben habe, müßte ein »er« stehen.

Das persönliche Gedächtnis ist ein höchst unsicherer Kantonist. Nietzsche hat das brillant in einem seiner Epigramme eingefangen: »›Das habe ich getan‹ – sagt mein Gedächtnis. ›Das kann ich nicht getan haben‹ – sagt mein Stolz und bleibt unerbittlich. Endlich – gibt das Gedächtnis nach.« Fortwährend sind wir versucht, die persönliche Vergangenheit ebenso zu verlesen – die guten ins Töpfchen, die schlechten ins Kröpfchen – wie die von Nationen: Shakespeare und Churchill werden im Gedächtnis behalten, Nordirland wird vergessen. Aber wir müssen es entweder ganz nehmen oder ganz belassen – und ich bleibe beim »ich«.

Trotz der vielen Ablenkungen hält mein Tagebuch fest, daß ich lange, ermüdende Stunden damit verbracht habe, Gestapo-Akten im düsteren Geheimen Preußischen Staatsarchiv und die Akten des sogenannten Volksgerichtshofs im Berlin Document Center durchzuarbeiten. Die Unterlagen des Volksgerichtshofs waren in Metallregalen untergebracht, verstaubt und nicht katalogisiert, während der amerikanische Direktor des Document Center, damals noch eine Institution der US-Militärregierung, zum Golfspielen gegangen war.

Ich war entsetzt über die große Zahl der Strafprozesse, die durch die Denunziation nicht etwa bezahlter Gestapo-Spitzel, sondern freiwillig durch ganz gewöhnliche Leute in Gang gesetzt wurden: ein Friseur, den ein Kunde angezeigt hatte, ein Drogist, der von seinem Gehilfen, eine Haushälterin, die von ihren eigenen Arbeitgebern denunziert worden war; selbst der eigene Bruder und die eigene Ehefrau wurden zu Denunzianten. Das sind alles dokumentierte Fälle – aus den Urteilen des Volksgerichtshofs, von denen ich damals Kopien angefertigt habe. Viele dieser Prozesse wurden mit einem Todesurteil abgeschlossen.

Am Ende eines solchen Tages ging ich hinaus in die hellen, von Bäumen gesäumten Straßen von Grunewald, ganz krank von der scheinbar unendlichen Geschichte menschlicher Niedertracht und Grausamkeit. Häufig erschien es mir, als klebte Blut an meinen Händen. Dann ging ich ins Schwimmbad, wie um das Blut abzuwaschen. Danach setzte ich mich in ein Café und sah den alten Frauen am Nebentisch beim Plausch zu. Was hast du während des Krieges gemacht, Großmutter?

Ich beschränkte mich nicht auf die Archive. Ich sprach auch mit Veteranen und Überlebenden. Da war dann Albert Speer in Heidelberg mit seiner sorgfältig gepflegten Geschichte vom unpolitischen Technokraten. Es gab Zufallsbekanntschaften, jede mit einer außergewöhnlichen persönlichen Biographie: ein Automechaniker zum Beispiel, dessen Eltern starben, als er noch ein Säugling auf der verzweifelten Flucht vor der heranrückenden russischen Armee war, so daß er weder seinen Geburtsort noch seinen Geburtstag, seinen wirklichen Namen oder seine Eltern kannte. Er wußte nur, daß er aus dem Memelland stammte, das heute zu Litauen gehört. Dann gab es die großen alten Männer des deutschen Widerstands gegen Hitler, die am 20. Juli, dem Tag des Bombenattentats, im Hof des ehemaligen

Hauptquartiers der Wehrmacht zusammenkamen, dort, wo der Anführer der Verschwörung, Claus Schenk Graf von Stauffenberg, einem Erschießungskommando gegenübergestanden hatte.

In den Sekunden vor seinem Tod hatte Stauffenberg trotzig gerufen: »Es lebe das heilige Deutschland!« Oder vielleicht war es auch: »Es lebe das geheime Deutschland!« – eine Anspielung auf die Verschwörung zum Widerstand und auf die halbmystischen Ideen des Dichters Stefan George? Der genaue Wortlaut dieser letzten Worte Stauffenbergs ist bis heute umstritten. Unter den Gespenstern des geheimen Deutschland suchte ich die Antwort auf eine persönliche Frage. Was ist es, das den einen zu einem Widerstandskämpfer und den anderen zum treuen Diener einer Diktatur macht? Hier ein Stauffenberg, dort ein Speer. Auch heute, nach jahrelanger Forschung und nachdem ich viele Widerstandskämpfer und viele Diener von Diktaturen kennengelernt habe, bin ich noch immer auf der Suche.

Nicht nur für einen historischen Forscher, sondern für jeden Engländer, der damals in Deutschland lebte, und wahrscheinlich auch für die meisten britischen Zeitungsleser war die Vergangenheit noch immer das Interessanteste an Deutschland – und mit »Vergangenheit« waren im wesentlichen die zwölf Jahre der NS-Diktatur gemeint. Die großen Leistungen des Wiederaufbaus nach dem Krieg, die zivilisierte Demokratie und die beispielhafte soziale Marktwirtschaft unter der Kanzlerschaft Helmut Schmidts: Das alles fand große Bewunderung, aber es war langweilig. Selbst der linksextreme Terrorismus und die massive Reaktion des westdeutschen Staates erhielten ihre besondere Tönung durch die Nach-Hitler-Angst, daß Deutschland wieder eine Gefahr werden könnte.

James war von der NS-Vergangenheit fast ebenso fasziniert wie ich, und wir arbeiteten gemeinsam an mehreren Geschichten. Zusammen mit Friedrich, unserem Achtundsechziger-Freund und Journalisten, verfolgten wir die Majdanek-Prozesse in Düsseldorf. Als eine alte Jüdin als Zeugin aussagte, sie sei als Gefangene gezwungen worden, Dosen mit dem Gift Zyklon B in die Gaskammern zu tragen, sprang ein deutscher Verteidiger auf und forderte ihre sofortige Verhaftung – wegen Beihilfe zum Mord.

Daneben verfolgten wir den mysteriösen Fall des damaligen Bundespräsidenten, der bereits in jungen Jahren der NSDAP angehört haben sollte. Ein namhafter Maler, Heinz Trökes, erzählte uns, wie der junge Karl Carstens schon auf der Artillerieschule stolz das Parteiabzeichen getragen hatte, wo er Ausbilder und Trökes sein Schüler war. Doch Carstens erwarb sich Popularität, indem er Deutschland durchwanderte, und das Interesse an der Geschichte verblaßte sehr bald. Ich arbeitete an dem Fall als angehender Historiker und Journalist, James dagegen als berufserfahrener Journalist – und auch als Dichter. Aus dieser Erfahrung schrieb er ein Gedicht, »Ein deutsches Requiem«, das besser als alles, was ich kenne, die unfaßbare, verquälte Eigenart der deutschen Erinnerung erfaßt:

> »Wie tröstlich ist es, ein- oder zweimal im Jahr
> zusammenzukommen, um die alten Zeiten
> zu vergessen.«

Eines Abends rief Friedrich an und teilte uns mit, eine Gruppe von Neonazis, Mitglieder der sogenannten Wiking-Jugend, werde in großer Zahl bei der Eröffnung eines neuen Lokals namens Café Vaterland anwesend sein. Er hatte einige von ihnen früher bei einer Diskussion mit Schülern über die amerikanische Fernsehserie *Holocaust* erlebt, die damals in Deutschland die Gemüter stark bewegte. Ihr »Chefideologe« hatte gesagt, sie würden eines Tages in Deutschland wieder Konzentrationslager errichten.

Das Café Vaterland befand sich im Erdgeschoß eines unscheinbaren modernen Wohnblocks an der Tauentzienstraße. Die Wände waren mit Militaria bedeckt, und ein kunstloses Ölgemälde zeigte Adolf Hitler auf der Toilette sitzend. Als wir eintrafen, war das Lokal bereits zur Hälfte mit Halbwüchsigen in Bomberjacken und Stiefeln gefüllt. Sie aßen Schmalzbrote und begrüßten sich mit einer komischen Version des Hitler-Grußes, wobei sie den leicht angewinkelten Arm nur halb nach oben zogen. Auf den übrigen Stühlen saßen dichtgedrängt Journalisten und warteten, was passieren würde. Als bis Mitternacht jedoch alles friedlich blieb, verließen wir das Lokal und gingen um die Ecke, wo ich meinen Wagen in einer unbeleuchteten Nebenstraße abgestellt hatte. Plötzlich sahen wir einige Gestalten in schwarzen Jacken auf uns zulaufen. In der Hand schwangen sie leere Bierflaschen, deren Hälse sie abgebrochen hatten.

An dieser Stelle geht der Film meiner Erinnerung in Zeitlupe weiter. Ich sehe die Schläger aus der Dunkelheit in den Lichtkegel einer Straßenlaterne laufen. Ich sehe mich selbst, wie ich langsam um den Wagen herumgehe – idiotischerweise –, um die Fahrertür zu öffnen. James steht auf dem Fahrweg und schwingt unbestimmt einen Taschenschirm. Friedrich läuft schräg über die Straße in Richtung eines hellerleuchteten mehrstöckigen Parkhauses auf der anderen Seite. Ich kann mich überhaupt nicht an den Schlag erinnern, als die Flasche mich seitlich am Kopf traf. Vielleicht verlor ich für einige Augenblicke das Bewußtsein, denn das nächste, was ich sehe, sind James und Friedrich, die sich über mich beugen, während ich mich langsam vom schmutzigen Asphalt hochrappele. Ich glaube, erst als ich den entsetzten Ausdruck in ihren Gesichtern über mir sah, die von der Straße her grell beleuchtet wurden, habe ich überhaupt registriert, was passiert war. Dann, um mit dieser schlechten Filmszene Schluß zu machen, fasse ich mit den Fingern an meinen Hals, ziehe die Hand wieder zurück und sehe das Blut.

Einer der Schläger hatte mich direkt hinter dem Ohr mit seiner abgebrochenen Bierflasche erwischt. Benommen und blutend wurde ich von einem vorbeikommenden Autofahrer zur nächsten Unfallstation gefahren und von einer äußerst unsympathischen älteren Krankenschwester genäht, während James und Friedrich lautstark darauf bestanden, sofort ein Telefon benutzen zu dürfen. Sie sagte: »Ihre Freunde da sind schlimmer als die Nazis.« Am nächsten Tag ärgerte sich der Reporter einer deutschen Boulevardzeitung über mich, weil ich mein blutiges Hemd, das er fotografieren wollte, bereits gewaschen hatte. »Where is the bloody shirt?« wollte er wissen.

Das SED-Parteiorgan *Neues Deutschland* brachte die Geschichte unter der Schlagzeile »Tummelplatz für Faschisten in Westberlin«. Der marxistischen Theorie entsprechend, wonach der Kapitalismus die Brutstätte des Faschismus sei, hieß es in dem Bericht, »mit ... der Unterstützung des Bierkonzerns Dortmunder Union–Schultheiß konnten die Inhaber des Lokals [Café Vaterland] mitten in der Westberliner City ein Zentrum des Neonazismus und Militarismus etablieren. Anhänger der neonazistischen ›Wiking- Jugend‹ fühlten sich im ›Café Vaterland‹ bereits zu ersten Terroraktionen gegen politisch Andersdenkende ermuntert. Sie bedrohten in der Kneipe drei Journalisten, unter ihnen zwei Engländer, die an einer Dokumentation über das Nazireich arbeiten. Sie folgten den Journalisten auf die

Straße und schlugen sie dort zusammen. Die Staatsanwaltschaft hat bisher nichts unternommen.«

In Wirklichkeit zeigten sowohl die Westberliner Behörden als auch die britische Militärregierung ein besonderes Interesse an dem Fall. Ich wurde eingehend vom Verfassungsschutz vernommen. Ein Dr. Spengler nahm in einem Leichenschauhaus eine sorgfältige ärztliche Untersuchung an mir vor. Die Täter der Wiking-Jugend wurden identifiziert und verhaftet. Bei ihrem Prozeß in dem alten Gerichtsgebäude von Moabit hörte man uns als Zeugen, und die Angeklagten wurden schließlich zu Freiheitsstrafen verurteilt.

James teilte allerdings nicht mein besonderes Interesse an der DDR, obwohl mein Tagebuch ein ernstes Gespräch festhält, in dem er anscheinend gesagt hat, daß die Möglichkeit einer Entwicklung innerhalb sozialistischer Gesellschaften für »Linke« wie ihn die wichtigste politische Frage sei. Was seit 1989 mit der Linken geschehen ist, legt die Vermutung nahe, daß er damit letztlich recht hatte. Doch damals war es für westliche Linke eine schmerzliche Wahrheit, vor allem für diejenigen, denen 1968 in den Straßen Westberlins schreckliche alte Damen mit Regenschirmen vor dem Gesicht herumgefuchtelt und ihnen kreischend zugerufen hatten: »Geht doch rüber, wenn's euch hier nicht paßt!«

Die Achtundsechziger versuchten, mit dieser peinlichen Situation auf unterschiedlich peinliche Weise fertig zu werden. Einige lehnten sich jetzt zurück – oder nach vorn? – und entdeckten all die guten und fortschrittlichen Seiten an der DDR: soziale Sicherheit, Vollbeschäftigung, Gleichstellung der Frauen, Kinderkrippen für alle. Als Wissenschaftler oder Journalisten schrieben sie idealisierende Berichte über die DDR, aus denen letztlich ein völliges Zerrbild des eigenen Landes entstand. Ihr Aufbegehren richtete sich gegen den kruden Antikommunismus der Generation ihrer Eltern im Zeichen des Kalten Kriegs; sie waren gar nicht so sehr prokommunistisch, sondern vielmehr antiantikommunistisch. Es war außerdem die verzweifelte Hoffnung, daß das ganze Jahrtausendprojekt des Sozialismus durch den »real existierenden Sozialismus« im Osten nicht restlos diskreditiert würde.

Einige wenige, wie Bernd, wurden zu radikalen Verfechtern des östlichen Systems samt Mauer und allem anderen. Manche gingen sogar noch weiter. Alle Offiziere der Auslands-Aufklärung (HVA), mit denen ich gesprochen habe, auch Markus Wolf, haben mir gesagt, daß die Achtundsechziger ein besonders ergiebiges Reservoir für die Anwerbung von Agenten darstellten. Zahlenmäßig fielen diese Agenten innerhalb ihrer Generation natürlich überhaupt nicht ins Gewicht, doch dasselbe galt auch für die Terroristen. Der größte Teil dieser politischen Generation schlug allerdings einen ganz anderen Weg ein. Sie zogen es vor, so wie Heiner, einfach nicht hinzusehen. Von Westdeutschland aus blickten und reisten sie nach Westen, Süden und Norden, aber niemals nach Osten. Selbst in Westberlin brachten sie irgendwie dieses Kunststück fertig, obwohl die Stadt ganz vom Osten umgeben war.

In James' Fall glaube ich nicht, daß ideologische Probleme wesentlich zu seinem vergleichsweise geringen Interesse am Osten beigetragen haben. Wenn wir heute noch einmal darüber sprechen, erinnert er mich daran, daß der *Guardian* eine Osteuropakorrespondentin hatte, die ihr Territorium eifersüchtiger bewachte als Leonid Breschnew. Die DDR gehörte zu ihrem Revier, und wenn James versucht hätte, die Mauer zu durchqueren, hätte sie wahrscheinlich auch geschossen.

James war 1949 geboren und ein englischer Achtundsechziger, ich dagegen, Jahrgang 1955, war es nicht. Die ideologische Einschätzung in meinem Stasi-Eröffnungsbericht – »bürgerlich-liberal« – war mehr oder weniger zutreffend. Ich hatte ein leidenschaftliches Interesse an dem, was ich sah, mit einem etwas vereinfachenden romantischen Patriotismus, der britischen Erbschaft an individueller Freiheit. Und ich wollte diese Freiheit auch für andere Menschen. Meine intellektuellen Helden waren Macaulay, George Orwell und Isaiah Berlin. »Ich bin ein Berliner«, sagte ich und meinte damit einen Isaiah Berliner. Mit dieser politischen Orientierung waren positive Ansichten über die DDR bei mir kaum zu erwarten. Doch ein liberal geprägter Antikommunismus war nicht die primäre Quelle meines begeisterten Interesses am Osten. Ich war vielmehr fasziniert, weil die Menschen in der DDR jene unendlich schwierigen Entscheidungen zwischen der Kollaboration mit einer Diktatur und dem Widerstand gegen sie tatsächlich *lebten*. Hier konnte ich der Frage »Stauffenberg oder Speer« gleichsam in Echtzeit nachgehen.

Hier fand ich außerdem jene intime Nachbarschaft von hoher europäischer Kultur und systematischer Unmenschlichkeit, der George Steiner in seinem Buch *In Blaubarts Burg* nachgegangen ist, ein Buch, das einen starken Eindruck auf mich gemacht hat, als ich es mit 17 Jahren gelesen habe. In meinem Tagebuch bezeichnete ich dieses Phänomen als »Goethe-Eiche«, nach der alten Eiche auf dem Ettersberg in der Nähe von Weimar, unter der Goethe sein wunderbares Gedicht »Wanderers Nachtlied« geschrieben haben soll, die später jedoch in das Gelände des Konzentrationslagers Buchenwald einbezogen wurde. Goethe und Buchenwald, das Höchste und das Tiefste in der Menschheitsgeschichte zusammen an einem Ort. Ein Ort namens Weimar. Ein Ort namens Deutschland. Ein Ort namens Europa.

Diese Faszination, die für mich von Diktatur und Widerstand, den Extremen von Gut und Böse, Zivilisation und Barbarei ausging, führte mich auch tiefer in das kommunistisch regierte Europa hinein. Im Sommer 1978 bereiste ich Albanien im Rahmen einer sogenannten »Progressiven Tour« mit sieben marxistisch-leninistischen Lehrern aus Leeds, einem schottischen Ingenieur und einem ehemaligen imperialen Polizisten namens Mr. Godsave. Bei einer Tasse Kaffee mit Schuß, der im kommunistischen Albanien Lumumba hieß – nach dem Führer des kongolesischen Unabhängigkeitskampfes, Patrice Lumumba –, vertraute Mr. Godsave mir an, daß er nunmehr jedes kommunistische Land der Welt besucht habe. Warum? »Man muß doch den Gegner kennenlernen.«

Im Sommer danach fuhr ich durch alle sechs Länder des damaligen Osteuropa. In Polen entdeckte ich den Geist des Widerstands, den ich seit langem gesucht hatte. Äußerlich arm, schmutzig, vernachlässigt, doch noch immer mit Einsprengseln alter Schönheit, gewann das Land etwas Zauberhaftes durch seine Menschen und jetzt besonders durch die erste, unglaubliche Wallfahrt eines polnischen Papstes. In Krakau erzählte mir die kichernde, unbezähmbare Róża Woźniakowska bei einem Rindfleischgericht, das als »Kutteln à la Nelson« aufgetischt wurde, wie der spätere Papst als Erzbischof von Krakau befohlen hatte, daß ein Vortrag zum Thema »Orwells *1984* und das zeitgenössische Polen«, den die Staatsmacht verboten hatte, in einer Kirche gehalten werden sollte. In Warschau erklärte mir der unbeugsame Władisław Bartoszewski, der Auschwitz und die stalinistischen Gefängnisse überlebt hatte, in einem vollbesetzten Restaurant aus vollem Hals beim Mittagessen: »Wir rechnen mit dem Zusammenbruch des russischen Reichs im 21. Jahrhundert!« Was für ein Gegensatz zur duckmäuserischen DDR.

Nach Westberlin zurückgekehrt, stellte ich fest, daß James sich zur Abreise entschlossen hatte. Er fragte mich, ob ich seine Wohnung in der Uhlandstr. 127 übernehmen wolle. Obwohl der Krieg die äußere Fassade des Hauses ruiniert hatte, die jetzt nur noch aus einem häßlichen Zementputz mit seltsamen Rillen wie Tränentropfen als Dekoration bestand, befanden sich im Inneren prächtige Wohnungen. Auch hier führte eine Marmortreppe hinauf, und unter wilhelminischen Gipsbüsten und einem blumenstreuenden Cherub gelangte man zu einer graulackierten Holztür. Diese öffnete den Weg auf eine lange Diele, breit genug, um ein großes Klavier aufzunehmen, und etwa vier oder fünf Meter hoch. Es gab zwei kleinere Zimmer zur Linken, danach drei schöne, große Berliner Zimmer mit hohen Fenstern, die untereinander durch ansprechend gestaltete Flügeltüren verbunden waren. Die Vormieter waren politische Flüchtlinge aus dem Iran. Sie waren inzwischen in ihre – wie sie glaubten – befreite Heimat zurückgekehrt, doch über dem breiten Doppelbett hing noch immer ein düsteres Plakat mit der Aufschrift »Tod dem Schah!«

Wie hätte ich einer solchen Wohnung widerstehen können? Also übernahm ich sie und sagte meiner kleinen WG in der Traunsteiner Straße Lebewohl. Das Tagebuch verzeichnet meine letzte Begegnung mit Bernd, der gerade Vorbereitungen für eine Geschäftsreise in die DDR traf. Obwohl er in der Theorie überzeugt war, daß die DDR das bessere Deutschland sei, gefiel es Bernd nicht besonders, dorthin zu fahren. Bei dieser Gelegenheit war sein Wagen beladen mit Konservendosen, Einmachgläsern, Flaschen, Tuben und Paketen voll mit westlichen Vorräten. »Du weißt doch, wie schlecht die Lebensmittel drüben sind«, erklärte er, »und dann die Bedienung ...« Mach's gut, Genosse.

Die Wohnung in der Uhlandstraße war eigentlich viel zu teuer für einen Studenten. Tatsächlich war ich seit meiner Ankunft in Berlin mit Genuß dabei, eine kleine Erbschaft aufzubrauchen, die mir mein Großvater väterlicherseits hinterlassen hatte, ein ehemaliger Präsident des Institute of Chartered Accountants, den ich nur von einer strengen Porträtaufnahme in Schwarzweiß auf dem Klavier im Haus meiner Großmutter kannte. Es hätte ihn wohl nicht besonders erbaut, daß die Früchte seiner viktorianischen Sparsamkeit nun im Ax Bax, bei Romy Haags und Foofie's, ganz zu schweigen von Warschau und Tirana, durchgebracht wurden.

Die Briefe von meiner Bank wurden mit der Zeit etwas förmlich. Um mein Konto zu entlasten, fing ich an, die Wohnung mit Untermietern zu bevölkern. Als erste kam Isabella, die deutsche Freundin meines amerikanischen Mitbewohners in der Traunsteiner Straße, und bezog die beiden vorderen Zimmer. Dann kam Daniel Johnson, blaß und fein, mit Nietzsche unterm Arm. Er würde am frühen Morgen durch die Flügeltüren hereinstürmen und mir strahlend mitteilen, daß er auf einen neuen deutschen Pessimisten gestoßen war. Schließlich nahmen wir noch Mel, einen polnischen Bildhauer, und seine Frau Dot in unsere europäische Gemeinschaft auf. Sie waren aus Polen geflohen, hatten alles zurückgelassen und wollten in der Bundesrepublik politisches Asyl beantragen. »Polen gut, Polen kommunist schlecht!« erklärte Dot radebrechend. Ich verstand genau, was sie meinte. Während Mel zum Frühstück einen Weinbrand trank und sich durch das Bürokratendeutsch eines Bildhauerwettbewerbs arbeitete, rief er plötzlich aus: »Luftwaffe London!« Die Skulptur, mit der er sich an dem Wettbewerb beteiligen wollte, zeigte einen Mann und eine Frau, die sich aneinander klammerten und einer beängstigenden neuen Welt den Rücken kehrten. Mel und Dot. Nebenan gab es immer noch die Cafés und die hübschen Mädchen, die von Daniel immer wieder aus der Fassung gebracht wurden, wenn er sie beispielsweise fragte: »Ist euch eigentlich aufgefallen, daß Steiner das Wort ›Moment‹ im Hegelschen Sinne gebraucht?«

Ende 1979 bereitete ich mich darauf vor, diesen fröhlichen babylonischen Turm zu verlassen und nach Ostberlin zu ziehen, wo man mir im Rahmen eines neuen Kulturabkommens, das das Vereinigte Königreich und die DDR vor kurzem miteinander geschlossen hatten, ein Forschungsstipendium an der Humboldt-Universität angeboten hatte.

Zu dieser Zeit schienen Oxford und London schon sehr weit in der Ferne zu liegen. Manchmal flog ich für ein paar Tage zurück nach England, besuchte meine Eltern, nahm das Mittagessen beim *Spectator* ein, machte einen Theaterbesuch, traf mich mit Freunden zum Abendessen und kämpfte wie bei so vielen weiteren Heimatbesuchen mit der Antwort auf die unmögliche, nicht wirklich ernstgemeinte Frage: »Wie sieht es dort aus ...?« Ich nahm den Zug nach Oxford, sprach mit meinem Doktorvater und erstand einige Bücher bei Blackwell's, kehrte dann wieder nach London zurück, um die Prüfung für den Civil Service zu absolvieren, und fand mich bei einem späteren Besuch zu einem Einstellungsgespräch beim auswärtigen Dienst ein.

Nun bedeutet Auswärtiger Dienst (»Foreign Service«) normalerweise diplomatischer Dienst. Doch in England kann es auch etwas geringfügig anderes bedeuten: Geheimdienst. Hier ist etwas, über das ich jahrelang nicht nachgedacht habe, bis ich Einsicht in meine Stasi-Akte beantragte. Ich muß tief in meiner Erinnerung schürfen, in meinen Tagebüchern und sogar in einem alten Koffer, der auf dem Dachboden unseres Hauses verstaut ist, um die Einzelheiten zurückzuholen und dieses entfernte Ich wiederherzustellen.

Als ich 19 oder 20 Jahre alt war und die ersten Semester in Oxford studierte, war ich stark am Thema Spionage interessiert. Angeregt wurde ich durch die wahren Geschichten von wagemutigen Heldentaten im Zweiten Weltkrieg. Dreißig Jahre danach wurde die ganze außergewöhnliche Geschichte der britischen Spionage jener Zeit endlich geschrieben, vor allem von einigen Fachgelehrten aus Oxford, die daran beteiligt gewesen waren. Ich gewann zunehmend den Eindruck, daß noch immer so etwas wie ein Krieg im Gange war, und zwar jetzt gegen den Sowjetkommunismus. Ich war fasziniert von den Lebensgeschichten der Engländer, die für die Sowjetunion spioniert hatten, Philby, Burgess, Maclean und der damals noch nicht enttarnte »vierte Mann«. Außerdem liebte ich die Romane von Graham Greene – und Spionage war das Hauptgeschäft von Greeneland.

Über all das konnte ich mich damals stundenlang auf meinem Zimmer mit einem Studienfreund bei Kaffee unterhalten. Sein Vater – das wußte ich damals noch nicht – arbeitete für die MI5, also den britischen Gegenpart zum deutschen Verfassungsschutz. Nicht daß ich von diesem Gebiet völlig besessen gewesen wäre wie offensichtlich

Graham Greene, es war eines unter anderen, neben Theater, moderner Architektur, Literatur und Politik.

Dann habe ich ein Bild in meiner Erinnerung vom Vorhof des Exeter College an einem strahlend hellen Sommermorgen. Irgendwo auf der Höhe der Kapelle werde ich vom Rektor des College angesprochen, einem großgewachsenen, freundlichen Mann in Tweedkleidung. Was er in seinem vertraulichen Polterton zu mir gesagt hat, daran kann ich mich nicht mehr genau erinnern, doch es ging wohl darum, daß er von meinem Interesse an diesen Dingen gehört hatte und mir anbot, gegebenenfalls bei jemandem in London ein Wort für mich einzulegen ...

Heute erscheint mir das eher wie der Vorspann zu einem Film und nicht als etwas, das in meinem eigenen Leben wirklich passiert ist. *Der sonnenbeschienene Vorhof eines Oxforder College, grüner Rasen, goldbraune Sandsteinmauern. Ein Professor in Tweedsachen geht im Hof spazieren. Vor der Kapelle hält er einen blutjungen Studenten an. Wir hören ihre Abschiedsworte ...* »mit jemandem in London sprechen ...« »Vielen Dank, Herr Rektor ...« *Schnitt zu einem kahlen Bürozimmer in London.*

In einem Aktenordner, der in einem Koffer auf dem Dachboden unseres Hauses verstaut ist, entdecke ich einen Brief mit Datum vom 8. Juni 1976. Im Briefkopf steht die nichtssagende Bezeichnung einer Dienststelle des Foreign and Commonwealth Office, die in keiner offiziellen Publikation verzeichnet ist, und darunter eine Adresse im Zentrum von London. »Wie ich gehört habe, sind Sie daran interessiert, Näheres über die Möglichkeit einer Laufbahn in Ressorts zu erfahren, für deren Anwärter [unsere Dienststelle] zuständig ist.« In der Anlage ein Vordruck mit dem Vorschlag zu einem »Sondierungsgespräch«. »Sollten Sie zu diesem Zweck eigens nach London reisen müssen, werde ich Ihnen selbstverständlich die Kosten einer Fahrkarte 2. Klasse ersetzen.« Unterschrieben mit einem Namen: ein echter Name, den ich in der *Diplomatic Service List* von 1995 wiederfinde.

Jetzt sehe ich ein karges Bürozimmer vor mir, und da einen etwas schäbig gekleideten, kahlköpfigen Mann mit einer Narbe am Kinn. Von der Unterhaltung weiß ich nur noch, daß er großen Wert auf die Feststellung legte, daß eine Laufbahn in diesem Dienst mit keinerlei äußerem Ansehen verbunden sei, mit keinerlei Ehrungen, Titeln oder

Lametta. Damals – mit 21 Jahren – fand ich das lediglich amüsant. Ich finde es auch heute noch amüsant, aber ich kann mir heute etwas besser vorstellen, was es bedeutet, in mittleren Jahren diesem Dienst anzugehören, formell als Diplomat, und mit ansehen zu müssen, wie die möglicherweise weniger fähigen gleichaltrigen Kollegen, die richtigen Diplomaten, unaufhaltsam in der Hierarchie nach oben kommen – Botschaftsrat, Gesandter, Botschafter – und der Reihe nach in die drei Klassen des Sankt-Michael-und-Sankt-Georg-Ordens aufgenommen werden: CMG, KCMG und GCMG.* Hinter dem Namen meines damaligen Interviewers in der *Diplomatic Service List* von 1995 finde ich fünf aufeinanderfolgende Versetzungen als Erster Sekretär – keine Ehrung, kein Lametta.

Ich war ohnedies zu jung für den Dienst und fuhr wieder zurück zu meinem Geschichtsstudium in Oxford. Nach den Unterlagen in meinem verstaubten Ordner bewarb ich mich aber erneut kurz vor meiner Abreise nach Berlin im Sommer 1978. Ich finde sogar noch eine Fotokopie meiner Bewerbungsunterlagen. Unter der Rubrik »Hauptinteressengebiete (politische und gesellschaftliche Aktivitäten, Hauptlektüre, Kunst, Wissenschaft)« lese ich: »Internationale Angelegenheiten; die beiden Deutschland; Osteuropa ... Hauptlektüre: Tagespolitik und Zeitgeschichte; moderne europäische Literatur; englische Literatur und allgemeine Kritik; Zeitungswesen.« Außerdem bekenne ich meine Mitgliedschaft in der Gesellschaft für englisch-chinesische Verständigung, eine leicht maoistisch angehauchte Organisation, in die ich allein aufgrund meines Interesses für China eingetreten war. (Meine kleine rote »Mao-Bibel« mit den »Worten des Großen Vorsitzenden Mao« steht heute noch in meinem Bücherregal.) Als Referenzen nenne ich natürlich den Rektor, dann meinen Großonkel, Sir Hugh Linstead, Mitglied des Unterhauses a. D., und schließlich meinen Patenonkel, Anwalt der Krone und demnächst Richter am Obersten Zivilgericht. Würdigste Herren allesamt.

Als ich mich im Sommer 1978 den Beamtenprüfungen unterzog (»›Konstruktives Denken‹ trägt nur zehn Prozent zur Note bei«, steht in meinem Tagebuch) und dann im Frühjahr 1979 den soge-

* CMG (3. Klasse) für Companion, KCMG (2. Klasse) für Knight Commander und GCMG (1. Klasse) für Knight Grand Cross. Einem englischen Wortwitz zufolge bedeuten die Abkürzungen Call Me God, Kindly Call Me God und God Calls Me God.

nannten Civil Service Selection Board aufsuchte, bewarb ich mich sowohl für die diplomatische wie für die geheimdienstliche Abteilung des auswärtigen Dienstes. Das waren zwei von mehreren Alternativen, die ich damals in Betracht zog, so wie es viele Studenten nach dem Abschluß tun, bis die Würfel des Lebens gefallen sind. Mein Tagebuch klärt mich nun darüber auf, daß ich am 17. Mai 1979 für einen Tag von Berlin nach London flog, wo ein ausführliches Interview für den Secret Service stattfand. Das Tagebuch verzeichnet lediglich »2½ Stunden. Das Gespräch. Ein großes Spiel« und daß ich nach dem Besuch einer Ausstellung in der Royal Academy und einem Anruf bei Melvin Lasky (Herausgeber des *Encounter* und gestandener Kalter Krieger) nach Berlin zurückfliege, »beunruhigt durch das Interview«.

Wenn ich nun intensiv zurückdenke, sehe ich einen Raum irgendwo in Whitehall, schwerer Teppich, rotes Leder, dunkles Holz, einige Männer, die hinter einem Tisch sitzen. Unter ihnen erkenne ich einen älteren Geschichtsdozenten aus Oxford. Aber das einzige, woran ich mich entsinnen kann, ist eine Episode, in der ich aufgefordert wurde, einen britischen »Diplomaten« zu spielen, der sich in einem Lokal oder einer Kneipe in Barcelona mit einer potentiellen Kontaktperson trifft. Die Rolle des Kontaktmannes wurde von einem der Herren hinter dem Tisch übernommen, und von der ganzen gespielten Szene habe ich nur noch im Ohr, daß ich mein Gegenüber in regelmäßigen Abständen einladend fragte: »Wollen Sie nicht noch etwas trinken?«, was den Anwesenden sehr zu gefallen schien.

In meinem Aktenordner finde ich allerdings eine weitere hingekritzelte Notiz von dieser Begegnung. Sie ist teilweise unleserlich, aber außer der Erwähnung der »Barcelonaszene« steht dort noch etwas von Libyen und »Meinung zum Eurokommunismus« und dann die lakonische Eintragung »Verrat an einem Freund«. Hatte man mir die alte Frage gestellt, wie ich mich entscheiden würde, falls es darum ginge, entweder einen Freund oder das eigene Land zu verraten – oder was?

Meinem Tagebuch entnehme ich, daß ich offenbar am 11. Juni 1979 von Berlin zurückflog, um mich in der Zentrale des Secret Intelligence Service (SIS, häufig auch unter der Bezeichnung MI6 bekannt), damals ein unscheinbares Bürogebäude südlich der Themse, einer ärztlichen Untersuchung und einer Sicherheitsüberprüfung zu unterziehen, anschließend aß ich in einem Restaurant namens »South of the River« zu Mittag. Von diesem Besuch ist mir kaum etwas anderes erinnerlich als der Eingangsbereich und die Büroräume, an denen das Auffälligste ihre Unauffälligkeit war. Graue Aktenschränke, vollgepackte Schreibtische, unscheinbare Männer in Anzügen: wie das Wohnungsamt einer Stadtverwaltung.

Diesmal ist mein Tagebuch jedoch ergiebiger. Zurück in der WG-Wohnung in der Traunsteiner Straße, brachte ich einige Eindrücke zu Papier: »Das Office, die Firma, der Dienst ... die fröhlichen Sekretärinnen und Büroboten. Der Arzt [der aussieht] wie Malcolm Muggeridge ... der einem Mitglied Ratschläge zu seinem Alkoholproblem erteilt. Dilettantismus. Kalkulierte Schäbigkeit.« »Besprechung«, steht dort, »mit einer ziemlich absurden – aber zweifellos intelligenten – ›Betty‹.« Anscheinend hat Betty, »die ein bißchen verrückt aussieht«, mich zu meinen Eltern und meinem Bruder befragt: »Sind sie *bewußt*?«

Ich vermerke die reizvollen Aspekte: »Das GG-Element [GG steht für Graham Greene], das Geheimnisvolle. Das Gefühl, einer Elite anzugehören. Die Herausforderung des Spiels.« Zugleich ist mir dabei ziemlich mulmig zumute. In einer Bemerkung über das gebildete, glatt höfliche Benehmen des Beamten, der mich zum Mittagessen eingeladen hatte, schreibe ich: »Vielleicht ist das die (sicherlich weniger extreme) *englische* Version der Goethe-Eiche.« Und dann, im Hinblick auf die von mir vorgeschlagene Reise durch den Ostblock, seine »düstere und beunruhigende Bemerkung (die bei der ausgezeichneten Wildpastete fiel) ... ›wir hätten Sie lieber unter unserer Kontrolle‹.« Die Eintragung schließt mit den Worten: »Auf dem Rückflug lese ich Bonhoeffer, und während mein intellektueller Appetit – wieder – geweckt wird, bin ich mir fast darüber klargeworden, wie ich mich entscheiden soll.«

Doch das letzte Dokument in meinem Ordner ist die Kopie eines Briefes mit Datum vom 21. Juni 1979, in dem ich lediglich schreibe, »ich halte es für besser, den Eintritt in den Dienst bis September 1980 zu verschieben«. Ein vorsichtiger Schritt, der noch immer alle Optionen offenhält. Doch dann mache ich mich auf den Weg zu einer zweimonatigen Reise durch den Ostblock – ohne unter irgendeiner Kontrolle zu stehen. Die letzte Eintragung, die ich zu diesem Thema in meinem Tagebuch finden kann, stammt vom November 1979 und lautet: »›Wir hätten Sie lieber unter unserer Kontrolle.‹ Also nein.«

Ich hatte mich also klar gegen eine Tätigkeit beim SIS entschieden, noch bevor ich nach Ostberlin umzog.

In England sind Verbindungen zum Geheimdienst seit langem von einem etwas zweifelhaften Reiz. Namhafte Schriftsteller, Biographen und Historiker hatten in der Vergangenheit allgemein bekannte Beziehungen zum »Service« unterhalten, von Somerset Maugham bis Alistair Horne und Hugh Trevor-Roper. Darin bestand auch ein beachtlicher Teil der auf mein junges studentisches Ich ausgeübten Faszination. Doch nachdem ich jetzt durch die Stasi-Akte wieder darauf gestoßen werde und nach einer jahrelangen Vertiefung in die mitteleuropäischen Dinge, erscheint mir das alles gar nicht mehr so reizvoll. Obwohl ich nie eingetreten bin, stelle ich mir vor, wie ich versuche, einem tschechischen oder polnischen Freund, der das Wort »Geheimdienst« sofort mit »Geheimpolizei« verbindet, zu erklären, wie ich dazu kam, eine solche Möglichkeit überhaupt in Erwägung zu ziehen; die ans Unmögliche grenzende Schwierigkeit, ihnen wirklich verständlich zu machen, wie sich das alles einem jungen Studenten in Oxford dargestellt hat, der aus der eigenartigen Brutstätte eines englischen Privatinternats kam. So wie es auch für sie manchmal fast unmöglich ist, mir bestimmte Dinge zu erklären, ohne dabei weit in die halbvergessene Welt der Kindheit zurückzugehen.

Am Anfang ... war es Kiplings *Kim*, den ich als Kind gelesen hatte? Um Himmels willen, welches Klischee, aber es könnte stimmen. Die bezaubernde Geschichte vom »großen Spiel« an der Nordwestgrenze Indiens erschien mir zweifellos naheliegender, da mein Großvater mütterlicherseits dem Empire im Indian Civil Service gedient hatte. Wenn ich sie in London besuchte, entzückten mich meine Großeltern mit ihren eigenen Geschichten aus dem Radsch: die Dschungelritte auf einem Elefanten, ein Tiger, der vor ihnen über den Weg sprang, als sie in den Club gehen wollten.

Daneben gab es ganz sicherlich die Kriegserinnerungen meines Vaters, seine Geschichten von der Landung mit der ersten Welle an der Küste der Normandie 1944. Ich weiß noch, wie meine Mutter mich – ich war gerade sechs oder sieben Jahre alt – bei der Hand nahm und mir die lobende Erwähnung für sein Military Cross, eine hohe Auszeichnung, vorlas: »... in den erbitterten und anhaltenden Kämpfen um den Brückenkopf Normandie zeigten sich bald seine Selbstbeherrschung und seine Mißachtung der Gefahr ... Seine Haltung, Tapferkeit und Pflichterfüllung während des gesamten Feldzugs sind des höchsten Lobes würdig ...« Trotz ihrer formelhaften Gestelztheit fühle ich mich von diesen Worten auch heute noch tief bewegt.

Es folgt die »charakterbildende« Erfahrung, im Alter von acht Jahren von zu Hause weg in eines dieser traditionellen reinen Jungeninternate geschickt zu werden. Der Gedächtnisgottesdienst in St. Edmund's; die kalten Stufen vor der Kapelle in Sherborne School, in deren Wände die Namen der Kriegsgefallenen eingemeißelt sind; die tägliche Berieselung mit der Rhetorik des Patriotismus, Dienstes und Opfers; lebendige Kriegshelden, die zur Gedenkfeier wiederkommen. Dann wieder Kipling – »Wer weit vorankommen will, reist am besten allein«; fesselnde Abenteuergeschichten von John Buchan; auf eine merkwürdige Weise auch noch die Tolkien-Phase als Heranwachsender und vielleicht eine Prise von dem albernen, zweidimensionalen James Bond in den Büchern Ian Flemings. Und nicht zu vergessen die Alltagsgesetze zum Überleben im Internat, die von einem verlangten, schon in ganz jungen Jahren Unabhängigkeit von anderen, aber auch gewisse Gewohnheiten der Geheimhaltung zu lernen, so wie Kim.

Wie soll man irgend etwas davon einem Menschen erklären, der das nie selbst erlebt hat?

Ich kann sehr gut verstehen, wie Menschen dazu kamen, in den »Service« einzutreten. Angesichts der Natur der Geheimwelt sind allein sie in der Lage, zu sagen, wie es dort wirklich war – aber sie dürfen es nicht. Trotzdem, auch wenn ich nicht genau weiß, was mir entgangen ist oder was ich vermieden habe, bin ich sehr erleichtert, daß ich es ablehnte. Ich wollte den Kommunismus schon bekämpfen, aber auf meine Weise, als Autor.

Ich hatte danach keinerlei Kontakt mehr mit MI6 oder – um etwas vorsichtiger zu sein – zumindest keinen bewußten Kontakt. Während ich durch die verschiedensten Länder reiste, kam mir gelegentlich der Gedanke, ob die Catherine oder der Dick oder Nigel von der Britischen Botschaft, der mich gerade noch so freundlich zum Mittagessen oder auf ein Glas eingeladen hatte, nicht vielleicht ein Spion war. Zweifellos traf das auf den einen oder anderen von ihnen zu, aber mir sagten sie nichts davon – und im übrigen fand ich es viel interessanter, mich mit den Einheimischen zu unterhalten.

Doch der Mythos, der den britischen Geheimdienst umgibt, ist so wirksam, daß britische Journalisten, Autoren und Wissenschaftler, die im Ausland arbeiten, häufig im Verdacht stehen, Spione zu sein. Jene deutschen Journalisten in Westberlin argwöhnten, daß James Fenton möglicherweise ein Spion sei, und ich zweifle nicht daran, daß mich nicht nur die Stasi im Verdacht hatte, sondern auch einige Polen, mit denen ich mich in Berlin angefreundet hatte. Derweil saßen James und ich in einer Kneipe und stellten Spekulationen darüber an, ob Stephen X. oder Kevin Y. nicht nebenbei einen kleinen Auftrag für MI6 erledigte. In vielen Fällen war das einfach Klatsch, von einer feindseligen Agentur oder einem böswilligen Rivalen in die Welt gesetzt, oder einfach das Produkt von Phantasien, die sich am Mythos entzündet hatten. Doch in manchen Fällen muß es gestimmt haben. Einige »Journalisten« und »Studenten« waren mehr als nur das.

Deshalb bin ich auch nicht überrascht oder empört, daß die Stasi beschloß, mich näher unter die Lupe zu nehmen. Empörend ist die Art und Weise, wie sie ihre eigenen Leute bespitzelt und dazu gebracht hat, sich gegenseitig zu bespitzeln: das unübersehbare Heer zur Überwachung, Einschüchterung und Unterdrückung, in dem »Schuldt«, »Smith«, »Michaela« und alle anderen lediglich das Fußvolk waren. Doch die bloße Tatsache dieser Ausforschung bleibt an sich gerade noch im Rahmen der Tätigkeit eines »normalen« Sicherheitsdienstes. In einem Vortrag, der 1994 gehalten wurde, kurz nachdem ich die Arbeit an diesem Buch begonnen hatte, stellte die damalige Generaldirektorin des britischen Sicherheitsdienstes (MI5), Mrs. Stella Rimington, fest: »Einige Regierungen werden alle Mittel – bis hin zur Immatrikulierung ihrer Studenten an britischen Universitäten – zur Umgehung internationaler Abkommen einsetzen, um das zu bekommen, was sie wollen. Wir arbeiten heute eng mit anderen zusammen, um ihre Bemühungen aufzudecken und zu vereiteln.«

Außerdem hatte ich zwar keinen Geheimauftrag von der britischen Regierung, aber sehr wohl mein eigenes Geheimprojekt. Während ich unter einem Pseudonym für den *Spectator* schrieb und den DDR-Behörden natürlich nicht die ganze Wahrheit über meine Absichten sagte, sammelte ich eifrig Material über die ostdeutsche Diktatur. Und je mehr ich darüber erfuhr, desto größer wurde meine Abneigung dagegen. Traf ich heimlich Vorbereitungen für literarische Zersetzung? Ganz gewiß.

Für einen kommunistischen Staat wie die DDR, der sich auf eine totale Kontrolle der Medien, Zensur und die organisierte Lüge gründete, war jede tiefgehende Recherche oder kritischer Journalismus subversiv. Westliche Journalisten wurden regelmäßig von Abteilung II/13 der Stasi-Abwehr observiert. Das lag zum Teil daran, daß sie nach Spionen fahndeten, die sich als Journalisten tarnten, aber auch daran, daß es für die Stasi keine klare Trennungslinie zwischen Journalist und Spion gab. Für sie waren ein westlicher Journalist und ein westlicher Spion beide Agenten westlicher Nachrichtendienste, und beide bedrohten auch die Sicherheit des kommunistischen Systems.

Natürlich sind alle Regierungen ständig in Versuchung, unbequeme Untersuchungen zu unterbinden und Kritiker als »subversiv« zu verteufeln. Westliche Regierungen sind in den Jahren des Kalten Kriegs in dieser Hinsicht immer wieder auf Abwege geraten und haben sich letztlich darauf berufen, schließlich sei ein Krieg im Gange, oder etwa nicht? Dennoch hätte man das, was ich in der DDR tat, in Westdeutschland, England oder Amerika niemals als »Zersetzung« bezeichnet. Der Unterschied war natürlich nicht der zwischen dem reinen Weiß einer absolut freien und dem tiefen Schwarz einer völlig unfreien Presse, sondern zwischen dem Hellgrau einer weitgehend freien und dem Dunkelgrau einer stark kontrollierten Presse. In der DDR war das Grau ziemlich dunkel.

Für mich existiert im Gegensatz zur Stasi eine sehr klare Trennungslinie zwischen einer geheimen Tätigkeit als Spion für eine Regierung und einer (manchmal heimlichen) Tätigkeit als Autor. Dennoch bestehen beunruhigende Ähnlichkeiten zwischen den beiden Berufungen. Ihre Nachbarschaft verrät sich sogar in der Sprache. So lautet die Bezeichnung für den westdeutschen Geheimdienst »Bundesnachrichtendienst«, und die erste Ausgabe des *Spectator* aus dem 19. Jahrhundert erklärte es zum »obersten Zweck einer Zeitung, *intelligence* zu verbreiten«. Als ein Mann vom *Spekta* war ich ein Spion für *intelligence* im älteren Sinn des Wortes. Ein Spion im Dienste des Lesers.

Damit stand ich keineswegs allein. Viele Journalisten, die über Diktaturen schreiben, machen ähnliches, und die meisten Journalisten tun es zumindest dann und wann. Und nicht nur Journalisten, auch Autoren anderer Art tummeln sich in diesem Revier. In seiner Autobiographie schreibt Graham Greene: »Wahrscheinlich steckt in jedem

Romancier ein Spion: er beobachtet, er hört mit, er sucht Motive und analysiert Charaktere, und in seinem Bestreben, der Literatur zu dienen, ist er skrupellos.« Doch wie skrupellos darf er sein? Welche Mittel sind gerechtfertigt, um dem Zweck der »Literatur« zu dienen?

3

Am letzten Abend, bevor ich schließlich die Mauer passierte, gab ich für die Freunde und Bekannten, die ich in Westberlin kennengelernt hatte, eine Party und öffnete alle Flügeltüren, die die Zimmer meiner Wohnung in der Uhlandstraße 127 miteinander verbanden. Meinem Tagebuch zufolge ging ich schließlich am Montag, dem 7. Januar 1980, morgens um Viertel vor fünf zu Bett, stand um Viertel nach sechs wieder auf, packte den Rest meiner Sachen zusammen, schrieb ein paar letzte Briefe und fuhr dann über Checkpoint Charlie und den DDR-Grenzübergang, über die verschneite Straße Unter den Linden, am Alex vorüber und die Schönhauser Allee hinauf zu meiner neuen Wohnung im Arbeiterviertel Prenzlauer Berg, Erich-Weinert-Str. 24.

In meiner Akte erinnert mich IM »Schuldt« daran, wie meine Wohnung ausgesehen hat. Sauber getippt mit einzeiligem Abstand lese ich dort: »Es ist ein (für Altbauten) relativ kleiner Raum, der mit einem Fenster zur Straße führt. Die Zimmertür ist von innen mit einem offensichtlich erst kürzlich angebrachten Sicherheitsschloß versehen. Außer einem Bett, einem Tisch und ein paar Stühlen fällt vor allem ein großer Büffetschrank auf, in dem der Mieter – wie sich zeigte – vor allem Bücher untergebracht hat. Auf dem Tisch lagen Zeitungen ausgebreitet (ich erkannte vor allem mehrere Expl.e des ›Sonntag‹), die Anstreichungen als Zeugen intensiver Lektüre aufwiesen. Daneben befanden sich mehrere Wörterbücher.« Was er unkommentiert ließ – vielleicht war er schon zu sehr daran gewöhnt –, waren die allgemeine Schäbigkeit, die ockerfarbenen Wände, das braune Linoleum auf dem Fußboden, der billige Lampenschirm aus Plastik und die beißende Winterkälte.

In diesem Zimmer mit dem dunklen, überladenen Büffetschrank wohnte ich neun Monate; ich verließ Ostberlin am 7. Oktober 1980, dem 31. Jahrestag der Gründung der Deutschen Demokratischen Republik. Der Jahrestag wurde wie üblich mit einer Militärparade begangen, gegen die die westlichen Verbündeten – wie üblich – vergeblich Protest einlegten, weil sie gegen den Viermächtestatus von Berlin verstieß, auf den sich die drei Westmächte 1945 mit den Russen geeinigt hatten und der theoretisch noch immer in Kraft war. Auf meinem Weg zur Parade, die ich mir ansehen wollte, begegnete mir ein fröhlicher schwarzer GI, der mit einem riesigen Teddybären im Arm, einem Souvenir von den Olympischen Spielen in Moskau, über den Alexanderplatz ging. Während kichernde Junge Pioniere, die kommunistischen Pfadfinder und Pfadfinderinnen, den Soldaten des Wachregiments »Friedrich Engels« Schokolade und Blumen überreichten, sah ich einem britischen Offizier in Khakiuniform und grünem Käppi zu, der mit einer tragbaren Trittleiter herumhüpfte und die ganze Angelegenheit filmte. Später marschierten die Wachsoldaten mit Nelken in den Karabinerläufen wieder ab.

In den Geschichtsbüchern steht, daß die Welt vom Januar bis Oktober 1980 eine weitere Verschärfung des Ost-West-Konflikts erlebte. Im Mai schloß sich die Bundesrepublik widerstrebend dem von den Vereinigten Staaten angeführten Boykott der Olympischen Spiele an, der aus Protest gegen die sowjetische Besetzung Afghanistans proklamiert wurde – diese amerikanische Botschaft war offenbar noch nicht bis zu dem GI auf dem Alexanderplatz durchgedrungen. Ende August führte eine Streikwelle in Polen zur Unterzeichnung eines Abkommens mit den Arbeitern der Danziger Lenin-Werft durch den stellvertretenden Ministerpräsidenten. Mit diesem Abkommen wurde das Recht der Arbeiter anerkannt, unabhängige Gewerkschaften zu bilden, ein in der Geschichte des Kommunismus beispielloses Zugeständnis. Die neue Gewerkschaft nannte sich Solidarność. Einige Autoren haben von der »Anbahnung des Zweiten Kalten Krieges« gesprochen – eine eingängige Formel, bei der lediglich die Tatsache übersehen wurde, daß der Kalte Krieg nie wirklich beendet war.

Mein eigenes Leben begann sich jetzt direkt mit dieser äußeren Geschichte zu verschränken. Zunächst in der DDR, dann in Polen während der Solidarność-Revolution woben sich Öffentliches und Privates ineinander. Auf der Karte trennten nur knapp 16 Kilometer meine große Wohnung in Westberlin von meinem kleinen Zimmer im Osten; psychisch waren beide aber Tausende von Kilometern voneinander entfernt. Ich verschwand immer wieder mal in den Westen: Meine Akte verzeichnet jeden einzelnen Grenzübergang exakt mit Datum und Uhrzeit. Westberliner Freunde riefen mich an oder besuchten mich in meinem Schmuddelzimmer.

Doch bereits zehn Tage nach meinem Wechsel in den Osten steht in meinem Tagebuch die ernste Eintragung: »Ich empfinde etwas mehr als nur Gleichgültigkeit gegen [unleserlich] Bekanntschaften aus meiner Zeit in Westberlin ... Es ist eine *lebhafte Abneigung*. Warum? Weil die meisten ihrer Probleme (vergleichsweise) *unwichtig* sind. Es ist *wichtig*, wenn Menschen im Namen von Gleichheit, Frieden und Gerechtigkeit gedemütigt und verunstaltet werden. Es ist *wichtig*, wenn jemand auf Jahre hinaus ins Gefängnis geworfen wird, nur weil er den Staat verlassen wollte, in dem er zufällig geboren wurde. Es ist *wichtig*, was in Afghanistan passiert.« Und einen Monat später, nach einem Anruf von Irene: »Ach, *diese* Welt von Telefon-›Beziehungen‹ und ewigen ›Beziehungskisten‹.«

In Ostberlin hatte ich eigentlich noch immer vor, an meiner Doktorarbeit über Berlin im Dritten Reich zu schreiben. Die Akte enthält Referenzen, die von meinen Oxforder Mentoren Tim Mason und Tony Nicholls für den British Council geschrieben wurden, dem ich meinen Aufenthalt als erster Gaststudent mit einem Forschungsprojekt im Rahmen des neuen Kulturabkommens zu verdanken hatte. Tim Mason war ein anregender Lehrer und – für einen Historiker in Oxford höchst ungewöhnlich – Marxist, allerdings von einer deutlich unorthodoxen, englisch-empirischen Observanz. Tatsächlich ging er im Urteil der Stasi gar nicht als Marxist durch, denn in meiner Akte heißt es, er schreibe »von einem bürgerlich-demokratischen Standpunkt« aus. An der Wand seines Zimmers im St. Peter's College hing ein Plakat mit Marx und Engels und der Unterschrift: »Alle reden vom Wetter – wir nicht!« Darin offenbarten sich Tim Masons abgrundtiefe Verachtung für die englische bürgerliche Banalität, seine große Ernsthaftigkeit und sein schmerzhaft leidenschaftliches puritanisches Arbeitsethos. Tragischerweise hat er sich wenige Jahre später das Leben genommen.

Ich bin gerührt und empfinde auch ein Gefühl der Verpflichtung bei der Lektüre von Tims warmherzigem Empfehlungsschreiben. Ich fürchte, er und Tony Nicholls waren später enttäuscht, daß ich meine Doktorarbeit über Berlin unter Hitler nicht beendet habe, aber ich glaube, sie haben den Sinn von dem erkannt, was ich statt dessen zustande gebracht habe. Die Oxforder historische Schule hat immer wieder die Mannigfaltigkeit bis hin zur Verschrobenheit aufgenommen. »Im Haus der Geschichte sind viele Wohnungen«, verkündete der damalige Professor für neuere Geschichte, Richard Cobb, selbst ein leidenschaftlicher Forscher an den äußersten Grenzen der Disziplin. Er tat dies in einer seiner nicht immer ganz nüchternen, wenig besuchten und dennoch für mich immer wieder hinreißenden Vorlesungen in einer dunklen Ecke der Universität an einem trostlosen Freitagnachmittag.

Tatsächlich verbrachte ich meine Zeit in Ostberlin auch weiterhin in den Archiven, doch die ostdeutschen Behörden gewährten mir nur äußerst beschränkten Zugang zu den einschlägigen Akten. Der Hauptgrund war vermutlich der, daß eine eingehende Beschäftigung mit den NS-Akten offengelegt hätte, wie schwach der kommunistische Widerstand gegen das NS-Regime in Wirklichkeit gewesen war und wie sehr er vielleicht von der Gestapo unterwandert worden war. Schließlich wurde der ostdeutsche Staat auf den Mythos eines breiten, kommunistisch geführten »antifaschistischen Widerstands« gegründet. Daneben arbeitete ich in der alten Preußischen Staatsbibliothek an der Straße Unter den Linden in der sogenannten Abteilung für spezielle Forschungsliteratur, die alle Bücher und Zeitschriften enthielt, die der Staat nicht in die Hände seiner normalen Bürger gelangen lassen wollte. Im Volksmund hieß die Abteilung »der Giftschrank«. Während ich vergilbte Exemplare des *Völkischen Beobachters* durchlas, saß ein hoher Offizier des Wachregiments »Feliks Dzierzynski«, des militärischen Arms der Stasi, am Nebentisch und studierte eifrig den *Stern* und eine westliche Militärzeitschrift mit dem Titel *Wehrtechnik.*

So wie mein Blick von der Nazi-Zeitung zum Stasi-Offizier hinüberwanderte, so verlagerte sich mein Interesse zunehmend von Hitler-Deutschland auf das Deutschland unter Honecker. Ich war inzwischen entschlossen, ein Buch über die gegenwärtige deutsche Diktatur zu schreiben. Die kommunistische Kargheit brachte eine deutliche Vereinfachung des alltäglichen Lebens mit sich: ein kleines Zimmer anstelle der fünf großen, eine einzige Sorte schweres Schwarzbrot in dem trüben staatlichen Eckladen anstelle der zwanzig verschiedenen Sorten Brot, Brötchen, Croissants und Plunderteilchen beim Bäcker in der Nähe meiner früheren Wohnung in der Uhlandstraße. Diese erzwungene Lebensvereinfachung half auch bei der Konzentration auf das Thema. Ich ging daran, alle mir zugänglichen Informationen zu sammeln.

IM »Schuldt« stellte zutreffend fest, daß ich die Presse genau studierte. Ich sah mir das Fernsehprogramm an, hörte Radiosendungen, las die interessanteste neue Belletristik, die in der DDR auch teilweise ein Ersatz für die fehlende freie Presse war, und ging häufig ins Theater. Das Berliner Ensemble war mittlerweile wenig mehr als ein Brecht-Mausoleum, doch im Deutschen Theater oder in der Volksbühne fand ich noch etwas von jenem listigen kulturellen Widerstand, den ich aus meiner Beschäftigung mit dem Berlin der dreißiger Jahre kannte. Manchmal waren es dieselben Theater und sogar dieselben Texte. Ich erinnere mich beispielsweise an eine aufregende Inszenierung mit Auszügen aus Heinrich Heines *Deutschland: Ein Wintermärchen* im Deutschen Theater:

»... Sah wieder preußisches Militär,
Hat sich nicht sehr verändert.«

Schallendes Gelächter.

»... Sie stelzen noch immer so steif herum,
So kerzengerade geschniegelt,
Als hätten sie verschluckt den Stock,
Womit man sie einst geprügelt.

Ja, ganz verschwand die Fuchtel nie,
Sie tragen sie jetzt im Innern;
Das trauliche Du wird immer noch
An das alte Er erinnern.«

Ich machte vollen Gebrauch von meiner ungewöhnlichen Bewegungsfreiheit als Forschungsstudent mit einem Visum für das ganze Land. Im Unterschied zu den akkreditierten Korrespondenten westlicher Zeitungen, die immer erst eine Genehmigung einholen mußten, wenn sie außerhalb der Stadtgrenzen von Berlin reisen wollten, und vermutlich enger beschattet wurden als ich, kam ich überall problemlos hin. Mein Tagebuch beklagt die horrenden Reparaturrechnungen für den Wagen, der den Zustand der ostdeutschen Straßen nur schwer ertrug. Ich fuhr nach Leipzig zur Messe, wo ich zum erstenmal Erich Honecker aus nächster Nähe sah und erstaunt registrierte, wie klein der Mann in Wirklichkeit war. Dresden besuchte ich am Jahrestag seiner Zerstörung im Februar 1945 durch britische und amerikanische Bomber: »Ach, warum habt ihr es getan?« fragte mich eine Frau mittleren Alters in einem Café. Nach Greifswald fuhr ich, um meinen Freund Rolf-Achim Krüger zu besuchen, der dort Medizin studierte; auf die Ostseeinsel Rügen; nach Schwerin, mit Andrea und ihrem Mann, zu einer miserablen Aufführung von Goethes *Faust*. Dann ging es so oft wie möglich zu den bewaldeten Hängen Thüringens, meine Lieblingslandschaft in Deutschland, und natürlich nach Weimar, jenem besten und schlimmsten Ort der deutschen Geschichte. Zurück in der Hauptstadt, ging ich mit einem polnischen Freund ins Ballhaus Berlin, eine Tanzhalle, in der es noch die alten Tischtelefone gab. Nachdem wir ein paar schöne Frauen erspäht hatten, wählten wir ihre Nummer. Doch wir befanden uns in Ostberlin: Die Telefone funktionierten nicht.

Dennoch gelang es mir in der Regel, überall, wohin ich fuhr, mit den Menschen ins Gespräch zu kommen und später niederzuschreiben, was sie mir erzählt hatten. Es gab anfängliche Hemmungen, verstärkt durch die Angst vor der Stasi. Ich habe diese Angst nicht nachträglich auf meine Erfahrung projiziert; es war etwas, wovon meine Freunde mir damals immer wieder erzählten. In Schwerin wurden wir gewarnt: »Paßt auf! Der Faust arbeitet für die Stasi!« Die Spitzel schwärmten auf der Leipziger Messe wie Schmeißfliegen. Rolf-Achim fragte sich sogar, ob mein Wagen möglicherweise verwanzt sei, als wir über die Autobahn fuhren und die Protestlieder von Wolf Biermann sangen, die er mir beigebracht hatte: »Das Grün bricht aus den Zweigen«, sangen wir, als wir durch die Nacht bretterten, »wir wolln das allen zeigen. Dann wissen sie Bescheid.«

Zum Essen ging ich häufig in meine Eckkneipe im Prenzlauer Berg, ein Lokal mit poliertem Holz und betagten Kellnerinnen. Da Plätze in ostdeutschen Restaurants und Lokalen knapp waren, saß ich in der Regel mit anderen Gästen an einem Tisch zusammen. Eines Tages, während ich vor einem Glas Bier auf ein fettiges Wiener Schnitzel wartete, beschwerten sich drei junge Arbeiter an meinem Tisch lautstark über ihren Militärdienst. Plötzlich unterbrachen sie ihr Gespräch und blickten mißtrauisch auf den schweigenden, aber interessiert zuhörenden Tischgenossen. Ein informelles Verhör begann, angeführt von einem untersetzten, kräftigen Mann, dem ein Finger an der rechten Hand fehlte und dessen T-Shirt die Aufschrift »University of California« trug. »Du bist also Historiker«, knurrte er. »Dann sag uns mal, wo Karl Marx geboren wurde.« Zum Glück wußte ich die richtige Antwort. »Okay, und wer war 1930 der Führer der KPD?« Wieder richtig. »Hmmm, wer hat Hitler an die Macht gebracht? Und« – er konnte kaum noch an sich halten – »sag jetzt bloß nicht die Scheißmonopolkapitalisten!«

Meine englische Scheckkarte zerstreute schließlich ihren Argwohn. Dann entschuldigte sich California und erzählte seine Geschichte. Er war jetzt zweiundzwanzig, und seine Eltern lebten in Westberlin. An dem Abend, bevor die Mauer errichtet wurde, befand sich der Dreijährige zufällig bei seinen Großeltern im Osten. Die DDR ließ ihn nicht wieder hinaus. Später gab man ihn zu Pflegeeltern, seinen Finger verlor er beim Militärdienst, und jetzt arbeitete er als Lkw-Fahrer. Manchmal kam sein Vater aus Westberlin in seinem neuesten glänzenden Mercedes auf Besuch und brachte ihm ein kleines Geschenk mit. Daher hatte er sein California-T-Shirt.

Das war seine Geschichte. Man mag sie unglaubhaft finden, und zweifellos gab es wichtige Details – vielleicht eine komplizierte Familiensituation –, von denen er mir nichts erzählte. Doch ein mit ähnlichen Fällen befaßter Anwalt hat geschätzt, daß am Tag des Mauerbaus im August 1961 4000 Kinder von ihren Eltern getrennt wurden. Nach einem vertraulichen Bericht, den ich vor kurzem unter den Papieren von Bundeskanzler Willy Brandt fand, hielt die DDR im August 1972 noch über tausend dieser Kinder und Jugendlichen fest. Somit kann die Geschichte von California durchaus wahr sein.

Jedenfalls war ihm das System aus tiefster Seele verhaßt. »Afghanistan?« sagte er. »Die Amerikaner hätten von Pakistan aus einmarschieren und die Russen rauswerfen sollen.« Sie brauchten natürlich eine Einladung, aber die Russen hatten ja vorgeführt, wie man so etwas machte. Man brauchte doch nur an die Einladung der tschechoslowakischen Kommunisten 1968 an die Sowjetunion zu denken, um die Tschechoslowakei zu »retten«, oder an die jüngste Einladung von Babrak Karmal, um dasselbe für Afghanistan zu tun.

In der Erich-Weinert-Straße, in einer kleinen Hinterhofwohnung, lebte ein Bekannter aus der regimekritisch angehauchten Künstlerszene des Prenzlauer Bergs. Er trug stets einen Zweitagebart und schrieb Gedichte und Musik. Ich taufte ihn »Jung-Brecht«. 1968 hatte er als Schüler gemeinsam mit einigen Freunden aus Protest gegen den sowjetischen Einmarsch in die Tschechoslowakei eine Lesung von Brechts wunderbarem Widerstandslied gegen die Nazis aus seinem Stück *Schweyk im Zweiten Weltkrieg* veranstaltet:

»Es wechseln die Zeiten. Die riesigen Pläne
Der Mächtigen kommen am Ende zum Halt.
Und gehn sie einher auch wie blutige Hähne
Es wechseln die Zeiten. Da hilft kein Gewalt.«

In einem erregten Brief an einen Freund schrieb er danach: »Wir gründen eine Widerstandsgruppe.« Dafür wurde er zu zweieinhalb Jahren Gefängnis verurteilt, von denen er 15 Monate verbüßte. Als er aus dem Gefängnis kam, war seine Mutter in den Westen ausgereist. Sie erhielt keine Einreiseerlaubnis, um ihn zu besuchen; er durfte nicht ausreisen, um sie wiederzusehen.

Er qualifizierte sich für einen Studienplatz an der Humboldt-Universität, durfte jedoch als ehemaliger Häftling das Studium nicht antreten. Dann stellte er einen Ausreiseantrag. Der wurde abgelehnt. Seine Frau verließ ihn. Jetzt arbeitete er drei Tage in der Woche auf einem Friedhof und verbrachte seine übrige Zeit im Bohememilieu im Prenzlauer Berg. Ich erinnere mich, wie die Korrespondentin einer führenden liberalen westdeutschen Zeitung, die »Jung-Brecht« ebenfalls kannte, mir sagte, sie glaube, er führe ein ziemlich glückliches Leben hinter der Mauer.

California und Jung-Brecht waren Extremfälle. Typischer war das sympathische Ehepaar, von dem die Universität das Zimmer für mich gemietet hatte. Intelligent, gebildet, gut informiert, weil sie die Sendungen des Westfernsehens sahen, verwendeten sie trotzdem praktisch ihre gesamte Energie auf ihr Privatleben und insbesondere auf den Ausbau, die Verschönerung und Unterhaltung ihrer Datscha an einem kleinen See, eine halbe Autostunde von Berlin entfernt. Sie hatten das Gebäude mit eigenen Händen umgebaut, samt, wie sie mir stolz vorführten, elektrischer Wasserpumpe, überdachter Veranda, Scheinwerfern für ein abendliches Tischtennis, einer kleinen Privatanlegestelle und einem Schlauchboot mit Außenbordmotor.

Auch meine Freundin Andrea konzentrierte sich auf das Privatleben und erzog ihre Kinder in der verwunschenen Atmosphäre einer heruntergekommenen alten Villa unmittelbar vor den Toren Berlins.

Es gab ruhige Nachmittage im Garten, Ausflüge mit dem Fahrrad, Segel- und Schwimmpartien in den Seen. Bescheidene Idyllen, vor allem für Kinder. »Innere Emigration« und »der unpolitische Deutsche« sind die großen Begriffe, hinter denen solche Leben verschwinden.

Ich suchte bewußt nicht die Gesellschaft von westlichen Korrespondenten, einerseits weil ich meine Entdeckungen selbst machen wollte und weil ich andererseits fürchtete, damit den Argwohn der Behörden zu erregen. Allerdings traf ich mich häufig mit Mark Wood, dem Korrespondenten von Reuters. An der Wand des düsteren Reuters-Büros an der Schönhauser Allee hing ein spiraliger, altmodischer, vergilbender Telexstreifen. Es war ein Nachruf auf Hitlers Stellvertreter Rudolf Hess, damals der einzige Nazi-Gefangene der Alliierten, der noch in der Spandauer Festung inhaftiert war. Zu Marks Vorgängern in diesem Büro gehörte auch Frederick Forsyth, der Autor von Polit- und Agententhrillern, der einen berühmten Nachrichtenbericht für Reuters geschrieben hatte. Auf seinem Weg zurück ins Büro, spätabends im April 1964, hatte er russische Panzer in die Innenstadt rollen sehen. Über Fernschreiber schickte er sofort eine dramatische, dringende Meldung nach London ab und machte sich anschließend auf den Weg, um Näheres in Erfahrung zu bringen. Erst als die Nachricht vom bevorstehenden Dritten Weltkrieg schon um die Welt gegangen war, erkannte er, daß es sich lediglich um die Vorbereitungen zur regulären Parade am 1. Mai handelte. Wenig später wurde er im Berliner Büro abgelöst.

An einem verschneiten Tag im Januar fuhren Mark und ich los, um uns die ummauerte und streng bewachte Siedlung in Wandlitz anzusehen, wo die Mitglieder des SED-Politbüros ihre Villen inmitten ausgedehnter Gärten und eigene Läden mit Westgütern hatten. Der junge Wachsoldat an der Einfahrt notierte die Angaben aus unseren Pässen. Als wir ihn in gespielter Naivität fragten, was es mit der Siedlung auf sich habe, erwiderte er nervös »Ist nix«. Sein Vorgesetzter informierte uns dann, es handle sich um »ein militärisches Objekt«.

In meiner Akte finde ich einen Bericht vom Leiter der Hauptabteilung PS (Persönliche Sicherheit, verantwortlich für die Sicherheit der Parteiführung) an den Leiter der Abteilung XX/4. Das selbstgemachte Ghetto der Parteiführer wird hier als »Wohnobjekt der führenden Repräsentanten« beschrieben; außerdem wird mitgeteilt, daß wir um 17.55 Uhr in einem dunkelgrünen (richtig: dunkelblauen) Alfasud erschienen, uns nach dem Weg zu einer Gaststätte in Wandlitz erkundigten und um 18.15 »des Objektes verwiesen« wurden. Außerdem steht bei Mark der Hinweis »erfaßt für HA II/13« (Journalisten) und bei mir »erfaßt für HA XX/4« (Kirchen), in Verbindung mit Pfarrer »Buche«.

Als wir morgens um ein Uhr immer noch wach saßen und in der Wohnung neben Marks Büro tranken, klingelte das Telefon. Schweres Atmen, dann war die Verbindung unterbrochen. Eine halbe Stunde später ging das Telefon erneut, und eine Stimme sagte: »Ich sehe, Sie haben einen Gast.« Wir dachten uns, daß sie Langeweile hatten oder einfach wollten, daß wir uns schlafen legten. Da wir wußten, daß in Büro und Wohnung überall Wanzen versteckt waren, machten wir uns einen Spaß daraus, lautstark über den jüngsten Artikel von »Edward Marston«, mein Pseudonym beim *Spectator*, herzuziehen. »Hast du Eddie Marstons letzten Artikel gelesen, Tim?« »Ja, entsetzlich. Er muß mal wieder besoffen gewesen sein.« Jetzt bitte ich Frau Schulz nachzusehen, ob es über diesen Volksfeind vielleicht eine Akte gibt, aber leider, leider enthält die Zentralkartei keinen Eintrag unter Marston, Edward.

Mark, der heute Chefredakteur von Reuters ist, erfuhr nach der Vereinigung, daß sich in der Wohnung nebenan ein Überwachungszentrum der Stasi befunden hatte, von dem aus Direktleitungen zu mehreren Abhörgeräten im Büro von Reuters und auch im Schlafzimmer führten. Außerdem hatten sie in einer Wohnung auf der gegenüberliegenden Straßenseite einen ständigen Beobachter postiert. In puncto technischer Überwachung übertraf die Stasi noch die wildesten westlichen Phantasien.

Mein Lieblingsort und eine Zuflucht vor der allgemeinen Tristesse und Eintönigkeit war Werner Krätschells Pfarrhaus. Hochgewachsen, mit einem breiten, starkknochigen, wahrhaft lutherischen Gesicht und einer tiefen, wohltönenden Stimme, stammte Werner von einer langen Ahnenreihe preußischer Soldaten und Pfarrer ab. Als im August 1961 die Mauer errichtet wurde, war er ein Theologiestudent von 21 Jahren und befand sich illegal im Urlaub in Schweden. Nach langen Diskussionen mit seinem Bruder faßte er am Ende den Entschluß, in den Osten zurückzukehren. Eine Gruppe Westberliner Studenten, die eifrig Papiere fälschte, um Menschen aus der DDR herauszuschmuggeln, verhalf Werner jetzt etwas verdattert zu falschen

Einreisepapieren, so daß er in die DDR zurückkehren konnte, ohne entdeckt zu werden, da er das Land ja offiziell nie verlassen hatte. Wie er heute sagt, kann er sich an die ganze Mischung der Motive für seine völlig ungewöhnliche Entscheidung zu einer Rückkehr im einzelnen nicht mehr genau erinnern, aber in jedem Fall hatte er damals das Gefühl, »man würde ihn dort mehr brauchen« als im Westen.

Und zweifellos wurde er gebraucht. Als Gemeindepfarrer bot er Seelsorge in einer Gesellschaft an, die sie mindestens ebenso nötig hatte wie jede andere, trotz des ideologischen Anspruchs des Staats, für das Wohl seiner Bürger von der Wiege bis zur Bahre allseits zu sorgen. Später, als Superintendent von Pankow, sah er seine Berufung immer mehr darin, sich auch um diejenigen zu kümmern, die die Kirche eher als einen Ort der Freiheit verstanden, wo man einige Wahrheiten aussprechen konnte, und weniger als einen Ort des Glaubens an die geoffenbarte Wahrheit.

Bei einer Tasse Kaffee oder einem Glas Wein erzählte mir Werner in seinem reichen, etwas altmodischen Deutsch von seinen leidenschaftlichen Bemühungen, mit den Vertretern des Einparteienstaats zu verhandeln. Erfüllt vom Erbe Dietrich Bonhoeffers und der Bekennenden Kirche im Dritten Reich, glaubte er immer noch daran, daß ein Dialog mit den Kommunisten Früchte tragen könnte. Doch gleichzeitig erzählte er mir auch von der Unterdrückung und dem Preis, den seine eigene Familie bezahlen mußte. Ebenso wie die Kinder vieler anderer Pfarrer durfte sein ältester Sohn Joachim nicht einmal ein normales Abitur machen.

Ich schätzte diese Gespräche und die herzliche, ruhige Atmosphäre des alten Pfarrhauses. Gelegentlich gingen wir zusammen auswärts essen oder zu einem Vortrag, oder wir fuhren durch die Dörfer Brandenburgs mit Fontanes *Wanderungen durch die Mark Brandenburg* als Reiseführer. Wie wenig hatte sich in hundert Jahren geändert!

Viele Zusammenkünfte mit Werner sind nun in Beobachtungsberichten der Stasi festgehalten: Einige befinden sich jetzt in meiner Akte, einige in seiner, manche in beiden. Der kürzeste ist vom 17. Oktober 1979, als mich ein Spitzel um 18:35 Uhr am Bahnhof Friedrichstraße erfaßte, jedoch um 18:45 Uhr wieder verlor. Meinem Tagebuch zufolge war ich auf dem Weg zu einer Lesung des Schriftstellers Stephan Hermlin.

Für den 27. Februar berichten sie über einen Besuch von »Romeo«,

»Buche« und seinem Sohn in der Stadtbibliothek: »17:40 Uhr parkte ›Buche‹ [seinen] Wartburg vor dem Gebäude ab. Anschließend betraten die drei Personen die Stadtbibliothek. Sie gaben ihre Garderobe ab und begaben sich in den Vortragssaal in der 2. Etage. Hier hörten sie sich einen Vortrag über preußische Geschichte und Preußentum an.« Manche würden vielleicht meinen, daß dieser Spitzelbericht selbst eine Fußnote in der Geschichte des Preußentums ist, auch wenn Werner das mit seiner romantischen Bindung an das preußische Erbe wahrscheinlich nicht ganz akzeptieren wird.

In Werners eigener Akte finde ich denselben Bericht und außerdem, in einem hellbraunen Umschlag sorgfältig aufbewahrt, einige Schwarzweißfotos von uns beim Betreten der Stadtbibliothek, die offensichtlich mit einer versteckten Kamera gemacht wurden. Da ist Werner mit seiner großen Gestalt und seinen breiten, kräftigen Gesichtszügen. Er war damals 40 Jahre alt, etwa so alt wie ich heute. Daneben steht der junge Joachim, eine kleine Gestalt mit lockigem Schläfenhaar, der eine verblüffende Ähnlichkeit mit einem der kleinen jüdischen Jungen auf Roman Vishniacs bestürzenden Fotos von der verschwundenen Welt des osteuropäischen Judentums vor 1939 hat. Joachim war damals zwölf Jahre alt, so alt wie heute mein ältester Sohn. Und da bin ich selbst, 24 Jahre alt, mit jugendlichem Gesicht, noch glattrasiert, mit kurzen und fast in der Mitte gescheitelten Haaren, in einer Tweedjacke mit seidenem Taschentuch in der oberen Tasche, in Kordhosen und ohne Zweifel mit besagten Schuhen aus Oxford.

Mein Tagebuch protokolliert die vorangegangenen 36 Stunden im Leben dieses früheren Ichs oder Ich/Nicht-Ichs. Eine Polnischstunde am Morgen. Dann ein Gespräch in der albanischen Botschaft: »albanischer Raki und Unterhaltung«, steht dort kryptisch. Kurzer Besuch bei der britischen Botschaft, um meine Post abzuholen, die auch für andere britische Staatsbürger dorthin geschickt wurde, weil es sicherer und schneller schien. Einige Stunden Lektüre. Abendessen bei Stockinger, einem Restaurant an der Schönhauser Allee, zusammen mit Ursula von Kardorff, einer überaus temperamentvollen Überlebenden aus Berliner Kriegstagen, die gerade an einem neuen Stadtführer arbeitete. Ich lege das Tagebuch beiseite, greife mir den Berlinführer von Ursula von Kardorff aus dem Regal und schlage auf: »*Stockinger* ... DDR-typisch rustikal mit sich anspruchsvoll gebender Küche.«

Später am Abend nach Westberlin »über Charlie«. Als erstes in die Paris Bar, dann zum Kurfürstendamm in die Wohnung einer Dame namens Ingrid Schick und »Rotwein und wüste Diskussion von etwa 10 Uhr abends bis 5:15 Uhr morgens.« Von dort direkt zu einem frühen Frühstück im Mau Mau, einem durchgehend geöffneten Café. Wieder über die Grenze zurück nach Ostberlin, wo ich kurz vor sieben Uhr in meiner Wohnung ankomme und »auf der Treppe Begegnung mit einem Grenzsoldaten auf dem Weg zum Dienst«. Zwei Stunden Schlaf. Etwas Arbeit in der Bibliothek. Treffen mit Dr. Demps, dem »Betreuer«, den die Humboldt-Universität mir zugewiesen hat. Danach mit Werner und Joachim zu dem Vortrag über preußische Geschichte und Preußentum. Danach gingen wir wieder ins Stockinger zum Essen. Und ab ins Bett.

Werner wurde mir ein ganz besonderer Freund. Als einige Jahre später mein erstes Kind zur Welt kam, wurde Werner sein Patenonkel: »Uncle Werner« hinter der Mauer. Wir haben gemeinsam an den Recherchen zu diesem Buch gearbeitet. Kurze Zeit nach der Vereinigung kam er mit Oberst Wiegand zusammen, der als Stasi-Offizier in der Abteilung XX/4 für die Kirchen zuständig war. Wiegand erzählte ihm als erstes, daß es für sie besonders interessant gewesen war, ein Gespräch abzuhören, das Werner bei einer der seltenen Gelegenheiten, da er nach Westberlin fahren durfte, aus der Wohnung eines dortigen Freundes mit mir in Oxford geführt hatte. Werner hatte angenommen, er könne ungefährdet von Westberlin aus anrufen, aber anscheinend konnten sie sich an jede beliebige Nummer in Westberlin dranhängen. Für Telefongespräche zwischen Westberlin und der Bundesrepublik hatten sie eine hochentwickelte Abhörstation eingerichtet, passenderweise auf dem Brocken, dem Schauplatz des sagenhaften Hexensabbats in der Walpurgisnacht. Ihre Ausrüstung ließ sich so programmieren, daß jedes Gespräch automatisch aufgezeichnet wurde, in dem ein bestimmter Name oder ein bestimmtes Wort genannt wurde.

Im August 1980 hatte ich genügend Material gesammelt, um mit dem Schreiben anfangen zu können. Nachdem ich mich von Andrea verabschiedet hatte, nahm ich den Zug nach Italien, wo ich im Haus meiner Freunde Sally und Graham Greene mit der Arbeit an dem Buch begann. Ich war enttäuscht über die meisten westlichen Darstellungen der DDR, häufig verfaßt von ehemaligen Achtundsechzigern, die gegen das revoltierten, was sie als den gedankenlosen Antikommunismus der älteren Generation ansahen. Das Wort »Stasi« kam in dem 20seitigen Register zum besten allgemeinen Buch über die DDR, das damals in England erschien, überhaupt nicht vor. Statt dessen gelangte Jonathan Steele in seinem Buch *Socialism with a German Face: The State that Came in from the Cold* zu dem Schluß, »das Gesellschafts- und Wirtschaftssystem [der DDR] insgesamt ist alles in allem ein akzeptables Beispiel für jenen Typus eines autoritären Wohlfahrtsstaates, wie er heute von den osteuropäischen Nationen (sic) verkörpert wird«. Aber akzeptabel für wen? Jedenfalls nicht für die meisten Ostdeutschen, denen ich begegnet war. Ich hatte kein politisches Programm: rechts gegen links. Ich war nicht deshalb gegen diese Darstellungen, weil sie links, sondern einfach weil sie falsch waren – ungenau, partiell, herablassend, taub gegenüber den einfachen Wahrheiten, die sie von den Menschen, die tatsächlich dort lebten, hätten hören können. Ich wollte nur das Land so schildern, wie es wirklich war.

Zu dieser Schilderung gehörte auch die Stasi. »Das Mißtrauen herrscht überall«, schrieb ich. »Es schwelt in der Kneipe, es lauert im Telefon, es reist mit in der Bahn. Wo immer zwei oder drei Menschen beisammen sind, wird Mißtrauen unter ihnen sein.« Ich nannte westliche Schätzungen, nach denen mindestens 100000 Spitzel für die Stasi arbeiteten. Ich war besonders interessiert an der Art und Weise, wie das kommunistische Regime sich älterer deutscher Traditionen und Gewohnheiten bediente.

Nachdem ich gerade erst ein paar Tage am Schreibtisch gesessen hatte, berichtete der BBC World Service, daß auf der Lenin-Werft in Danzig ein Streik der Arbeiter begonnen habe. Italienische Zeitungen brachten grobkörnige Aufnahmen von einem schnauzbärtigen Arbeiter namens Lech Wałęsa. Ich wußte sogleich, daß ich einfach dort sein mußte. Ich brach meinen Urlaub ab und nahm den Zug zurück nach Berlin. In der Bahnhofsgaststätte in München sitzend, las ich einen Bericht in *Le Monde*, dem zufolge die Streikenden das Angebot der Regierung abgelehnt hatten, ihnen anstelle des von ihnen geforderten Denkmals zu Ehren der bei den bisherigen Protestdemonstrationen umgekommenen Arbeiter einen Supermarkt hinzustellen. Sie zogen das Symbol den Lebensmitteln vor. Am frühen Montagmorgen fuhr ich zur polnischen Botschaft und beantragte ein Visum; bald danach war ich auf der Lenin-Werft.

Ich saß mit den unrasierten, erschöpften Streikenden zusammen, die auf dem Fernsehschirm das Ende einer Sitzung des Zentralkomitees der Kommunistischen Partei verfolgten, und als die Parteiführer gezeigt wurden, die sich erhoben und die Internationale anstimmten, standen die Menschen um mich herum spontan auf und sangen die polnische Nationalhymne. »Wacht auf, Verdammte dieser Erde«, säuselte es aus dem Fernsehlautsprecher. »Noch ist Polen nicht verloren«, dröhnten die Streikenden. Ihre Arme fuhren in die Höhe, die Finger zum Siegeszeichen gespreizt. Doch uns allen war bewußt, daß die sowjetischen Panzer abermals rollen könnten, wie sie es getan hatten, um den Prager Frühling niederzuwalzen, nur zwölf Jahre zuvor.

4

Die Informationsquellen, die von der Stasi selbst als besonders wichtig eingestuft wurden, waren die »Inoffiziellen Mitarbeiter« (IM). Die Zahlen sind erstaunlich. Nach internen Angaben hatte das Ministerium für Staatssicherheit im Jahr 1988 – dem letzten »normalen« Jahr der DDR – über 170000 IM. Von diesen waren 110000 regelmäßige Spitzel, während die übrigen für »konspirative« Zwecke eingesetzt wurden, indem sie beispielsweise ihre Wohnungen für geheime Treffs zur Verfügung stellten, oder als zuverlässige Kontakte aufgeführt waren. Das Ministerium selbst hatte über 90000 hauptamtliche Mitarbeiter, davon nur etwa 5000 in der Auslandsspionage (HVA). Setzt man diese Zahlen in ein Verhältnis zur erwachsenen Bevölkerung der DDR im selben Jahr, kommt man zu dem Ergebnis, daß etwa jeder fünfzigste erwachsene DDR-Bürger in direkter Verbindung zur Geheimpolizei stand. Rechnet man pro Person auch nur einen Familienangehörigen, so kommt man auf ein Verhältnis von 1 zu 25.

Die Nazis hatten bei weitem nicht so viele Spitzel. Im Jahr 1941 betrug das gesamte fest angestellte Personal der Gestapo für das wesentlich größere Territorium von »Großdeutschland« weniger als 15000 Mitarbeiter. Selbst wenn man den Reichssicherheitsdienst und andere vergleichbare Einheiten hinzurechnet, kommt man auch nicht annähernd an die Größenordnungen der Stasi heran. Wir besitzen keine Reichsstatistik über die Anzahl der regelmäßigen Informanten, aber alle Regionalstudien deuten darauf hin, daß auch deren Zahl wesentlich geringer war. Im Lauf seines relativ kurzen Daseins, das mit einer echten Begeisterung der Bevölkerung begonnen hatte und mit fünfeinhalb Jahren Krieg zu Ende gegangen war, konnte sich das Dritte Reich weit mehr auf spontane Denunziationen verlassen – wovon ich mich aus den Akten des Volksgerichtshofs überzeugen konnte. In der DDR war das Regime zu keiner Zeit beliebt, und je länger es sich hielt, desto mehr stützte es sich auf dieses riesige Netz von Informanten.

Auf mich hatten sie anscheinend fünf Spitzel angesetzt. Ihr Material und ihr operatives Potential werden von Leutnant Wendt mit Sorgfalt untersucht und eingeschätzt. Während ich nun ihre Berichte studiere, mich bemühe, sie zu identifizieren, sie ausfindig zu machen und persönlich mit ihnen zu reden, werde ich nicht nur in mein eigenes vergangenes Leben zurückgeholt, sondern auch in das von anderen, deren Lebenswege sich für kurze Zeit mit meinem gekreuzt haben.

Im Gegensatz zu vielen ostdeutschen Bürgern war ich kein »Opfer« dieser IM. Sie haben mir persönlich nicht geschadet. Wenn man jedoch weiß, wie das System funktionierte, kann man durchaus unterstellen, daß sie anderen geschadet haben. Ich kann nicht sagen, wie typisch sie für Stasi-Spitzel allgemein sind, obwohl ich genügend andere Fälle kenne, um sagen zu können, daß manche Aspekte allen gemeinsam sind. Doch die Tatsache, daß sie zufällig Informationen über mich gesammelt und weitergegeben haben, bietet mir eine besondere Möglichkeit, die Zuverlässigkeit der Akten zu überprüfen – und etwas über ihre eigenen Erfahrungen herauszufinden. Warum haben sie es getan? Wie war es für sie? Wie sehen sie es heute?

Ich beginne mit dem »IM von der HVA I – Betreuer des G. an der HUB [Humboldt-Universität Berlin]« –, der nach dem Maßnahmeplan »in die operative Bearbeitung« einbezogen werden soll. Mein Betreuer, Laurenz Demps, war jemand, den ich mehr als nur beiläufig kannte. Er war ein großgewachsener, herzlicher Berliner mit außergewöhnlichen Kenntnissen der Geschichte der Stadt und einem ausgeprägten Hang zu schwarzem Humor. Ich bin noch im Besitz des hübschen Bandes mit Zeichnungen von Heinrich Zille, den er mir zum Abschied geschenkt hat. Außerdem war er ein treuer Parteigenosse mit einem Stück romantischer Nostalgie für die Zeit der Straßenkämpfe in Berlin gegen Ende der Weimarer Republik.

Der Fall interessiert mich besonders, weil er einer der vergleichsweise wenigen DDR-Historiker ist, die ihre Stelle auch nach der Vereinigung behalten haben. Man hat ihm sogar eine Professur am Institut für Geschichte an der Humboldt-Universität gegeben, obwohl der Lehrkörper der Universität einer strengen Überprüfung unterworfen wurde. Bevor ich Laurenz Demps selbst anrufe, bespreche ich die Angelegenheit mit dem Institutsleiter Heinrich August Winkler, einem renommierten westdeutschen Historiker, und mit Stefan Wolle, einem Ostdeutschen, der sich geweigert hatte, unter dem Kommunismus die erforderlichen politischen Kompromisse einzugehen, um auf der Karriereleiter nach oben zu kommen, und der jetzt von einer relativ bescheidenen Position aus wieder von vorn anfangen muß. Beide machen darauf aufmerksam, daß Demps im Unterschied zu vielen seiner Kollegen die umfassenden Überprüfungen ungeschoren überstanden hat. Zu ihnen gehörte ganz wesentlich die vorgeschriebene Anfrage bei der Gauck-Behörde, das sogenannte »Gaucken«.

Es gibt jedoch eine mögliche Erklärung dafür, daß die Gauck-Behörde Demps einen Persilschein ausgestellt hat, wenn er nämlich als IM für Markus Wolfs Auslandsgeheimdienst, die Hauptverwaltung Aufklärung (HVA), gearbeitet hatte. Denn die meisten Akten dieses Dienstes sind im Reißwolf verschwunden – wenn sie nicht, wie es gelegentlich heißt, nach Moskau transportiert wurden. Klaus Eichner, ein rotbackiger ehemaliger Oberst der HVA, schildert mir, wie er und seine Kollegen bereits im Spätherbst 1989 emsig damit beschäftigt waren, die brisantesten Akten durch den Reißwolf zu drehen oder zu verbrennen und die Karten ihrer Agenten aus der Zentralkartei des Ministeriums zu entfernen. Das hörte für kurze Zeit auf, als die Stasi-Zentrale Mitte Januar 1990 besetzt wurde. Doch dann traf der Runde Tisch bei seinen Verhandlungen über den Übergang von der kommunistischen Herrschaft eine ungewöhnliche Entscheidung: Die HVA sollte als einzige von allen Abteilungen der Stasi formal das Recht erhalten, ihre »Selbstauflösung« fortzusetzen. So fuhren sie also während des ganzen Frühjahrs und Frühsommers fort, alle Akten zu vernichten, denen man die Namen von einzelnen Agenten und Informanten hätte entnehmen können. »Ich habe eigenhändig mein Lebenswerk vernichtet«, sagt Oberst Eichner.

Seitdem sind allerdings die Namen auf zwei Sicherheitskopien von Karteien den westdeutschen Behörden übermittelt worden, und einige hohe Offiziere Markus Wolfs haben auch ausgepackt und mit ihren Aussagen mehrere Prozesse ermöglicht. Doch diese Quellen betreffen hauptsächlich Agenten, die im Westen tätig waren. Deshalb wird ein Informant der HVA in der Regel nur dann enttarnt werden, wenn sich in den Akten anderer Abteilungen ein Querverweis findet. Andernfalls erhält er nicht den lebensbedrohlichen Befund »Gauck-positiv«, sondern wie Laurenz Demps »Gauck-negativ«. Ein weiterer aufschlußreicher umgangssprachlicher Ausdruck: Eine Stasi-Vergangenheit zu haben ist etwa so, als hätte man Aids.

»Ob nun was dran ist oder nicht«, sagt Stefan Wolle, der selbst in den siebziger Jahren an der Humboldt-Universität studiert hat, »die Leute haben damals gemunkelt, daß Demps irgendwas mit der Stasi zu tun hatte.« Und dann: »Na ja, wenn du ihn aufhängen willst ...« Aber er sagt es mit einer Art ironischem Überdruß, und ich höre aus seinen Worten heraus: »Na schön, wenn du wirklich nicht anders kannst ...« Und das von Stefan, der seit 1989 immer leidenschaftlich für eine radikale Entfernung ehemaliger Stasi-Kollaborateure aus ihren Ämtern plädiert hat.

»Na ja, wenn du ihn aufhängen willst ...« Was für eine Verantwortung! Mit gerade elf Wörtern in einer Akte – »ein IM der HVA I – Betreuer des G. an der HUB« – kann ich, wenn ich will, die berufliche Laufbahn eines Menschen und vielleicht sogar sein Leben zerstören. Denn IM ist der Todeskuß. Woher nehme ich mir das Recht, Richter und Henker zu spielen? Und wozu? Der tatsächliche Inhalt des aus zwei Seiten bestehenden Dokuments mit der Überschrift »Abschrift eines IM-Berichtes«, das im Juli 1980 von der HVA an Abteilung II/9 weitergeleitet wurde, ist völlig harmlos. Es schreibt Dr. Demps die Ansicht zu, daß ich zielstrebig und wissenschaftlich gründlich arbeite und einen bürgerlich-liberalen Standpunkt einnehme – und kein »Engagement gegenüber der Arbeiterklasse« erkennen lasse –, und er schließt mit der Erwartung (Wunschdenken, aber vielleicht durch mich ermutigt), daß er als Gutachter meiner Arbeit nach Oxford kommen werde. Es hatte für mich überhaupt keine negativen Folgen.

Nur die eindeutige Identifizierung von Demps als IM macht die Angelegenheit zu einer ernsten Sache. Wenn das stimmen sollte, dann müßte man zumindest aus Gründen der historischen Gerechtigkeit die Universität informieren, die andere Wissenschaftler entlassen hat, weil sie Stasi-Spitzel waren. Wenn ich sage »entlassen«, so ist das nicht ganz exakt. Man hat sie nicht völlig von der Arbeit verbannt, sondern lediglich aus ihrer verantwortungsvollen Position als Hochschullehrer entfernt, und keineswegs alle, die als IM identifiziert wurden, haben deshalb ihre Stelle verloren. Nach Auskunft der ersten westdeutschen Rektorin der Universität hatte unter dem alten Regime jeder sechste Professor und jeder zehnte Universitätsbedienstete für die

Geheimpolizei gearbeitet oder in der einen oder anderen Weise mit ihr kooperiert. Von diesen haben viele freiwillig den Dienst quittiert, und etwa siebzig wurden entlassen. Doch die »Ehrenkommission« der Universität hat darüber hinaus in vielen anderen Fällen festgestellt, daß der Verstoß nicht so gravierend war, daß er eine Entlassung rechtfertigen könnte. So wäre es nicht gerecht, wenn jemand diesem strengen, aber differenzierenden Urteil nur deshalb entginge, weil zufällig bestimmte Akten nicht aufzufinden waren.

Das alles macht mich keineswegs glücklicher, als ich an einem Junitag 1995 Professor Demps anrufe, um mich mit ihm zu verabreden. Seit 1981 hatten wir keinen Kontakt mehr miteinander. Er ist spürbar überrascht von meinem Anruf und der Mitteilung, daß ich »etwas mit ihm besprechen« möchte. Wir verabreden uns in einem Café an der Wilhelmstraße, über die er soeben ein gut aufgenommenes Buch veröffentlicht hat. Seine außerordentlichen Kenntnisse der Berliner Stadtgeschichte haben ihm auch einen Platz in einer angesehenen Kommission eingetragen, die Umbenennungen von Ostberliner Straßen vorschlagen sollte: Marx-Engels-Platz in Schloßplatz, einen Teil der Karl-Liebknecht-Straße in Schinkelallee, einen Teil der Karl-Marx-Allee in Hegelallee und so weiter.

Genau elf Uhr, und da sitzt er schon vor dem Café, ein großer Mann mit blassem Gesicht und müden Augen, gekleidet in graue Hosen und einen roten Pullover mit Schulterpolstern. Eine leicht angespannte Begrüßung. Wir bestellen Tee und Kaffee. Dann komme ich zur Sache. Ich hätte meine Stasi-Akte gelesen, und es sehe so aus, als hätten sie ihn als IM der HVA geführt.

»Au weia!« sagt Laurenz Demps.

Ich erkläre ihm, was in der Akte steht, und zeige ihm Kopien der ihn betreffenden Seiten. Seine Hand zittert, während er die Kopien entgegennimmt. Als er eine Zigarette raucht, fällt ihm die Asche auf den Pullover. »Sehen Sie mal, wie aufgeregt ich bin.«

Aber nein, sagt er, er sei kein IM gewesen, er habe nichts mit der Stasi zu tun gehabt. »Komischerweise sind sie nie an mich herangetreten.« Er kann sich allerdings daran erinnern, daß er mit dem Leiter der internationalen Abteilung der Universität über mich gesprochen hat. »Wie hieß der Mann doch gleich? Sie erinnern sich vielleicht, wir haben einmal zusammen im Operncafé gegessen.«

Als er dies sagt, wird mir plötzlich alles klar. Von Anfang an hatte mich die Tatsache stutzig gemacht, daß die »Abschrift eines IM-Berichtes« von der Hauptverwaltung Aufklärung den IM nicht mit einem Decknamen belegt, sondern mitten im Text meinen Betreuer mit vollem Namen nennt: »Gen[osse] Dr. Laurenz [Name geschwärzt]«, wie es auf der Kopie zu lesen ist. Wenn jedoch, so meine weitere Überlegung, Leutnant Wendt von der Abwehr daraus geschlossen hatte, daß Demps als IM für die HVA tätig war, wie sollte dann ich als Außenstehender daran Zweifel haben? Wendt mußte gewußt haben, was er tat. Möglicherweise arbeitete die HVA nach etwas anderen Vorschriften als das übrige Ministerium.

Jetzt erkenne ich, daß der Mann von der internationalen Abteilung der Universität der Spitzel war – und jemand in seiner Stellung besaß offensichtlich Kontakte, die für Wolfs Spione von Interesse waren. Was die HVA weitergeleitet hat, ist eine Abschrift *seines* Berichts: daher die Nennung von Dr. Demps mit vollem Namen. Es ist Leutnant Wendt, der geschlampt hat, als er den IM mit dessen Quelle zu einem verschmolz.

Während Demps die Kopie studiert, macht er darauf aufmerksam, daß zwar ein Großteil der Informationen zweifellos von ihm stamme, daß der Bericht jedoch Details enthalte, die er nicht gekannt habe – zum Beispiel meinen Kontakt mit Mr. Wildash von der britischen Botschaft. »Sehen Sie sich diesen Satz an«, sagt er, und beide beugen wir den Kopf über das Dokument. Zwei Historiker diskutieren die Interpretation einer Primärquelle.

Nun hatte man mir gesagt, daß in den meisten Fällen die erste Reaktion eines ehemaligen IM auf den Vorwurf einer Stasi-Mitarbeit darin besteht, alles rundheraus abzustreiten. Das Leugnen wird manchmal selbst dann noch beibehalten, wenn dem Beschuldigten unanfechtbare Beweise vorgelegt werden, und hat demnach nicht nur einen kriminologischen, sondern auch einen psychologischen Charakter. Doch die Reaktion von Laurenz Demps erscheint mir wirklich wie die eines Unschuldigen, und seine Erklärung leuchtet mir sofort ein.

Wieder daheim in Oxford, stelle ich fest, daß ich noch die Aufzeichnungen von jenem Mittagessen im Operncafé habe, das offenbar am 27. März 1980 stattgefunden hatte. In diesen Notizen schildere ich den Leiter der Abteilung für internationale Beziehungen als einen »Smart Alec / Flash Harry. Brauner Sakko. Knalliger Schlips. Sancho-

Pansa-Schnurrbart.« Ich konstatiere die etwas gekünstelte Vertraulichkeit der beiden Parteigenossen, die demonstrative Art und Weise, wie sie sich gegenseitig duzen, während sie mich mit Sie anreden. Flash Harry hat »wissenschaftlichen Kommunismus« in Leipzig studiert. »Soll ich Ihnen mal einen Witz erzählen, der hier die Runde macht?« fragt er mich vertraulich beim zweiten oder dritten Likör. »Wir reden hier von der ›Diktatur des Proletariats‹. Nun sehe ich zwar das Proletariat, aber wo ist die Diktatur?« Und in diesem Ton ging es weiter. Ich bin erleichtert, von Demps zu erfahren, daß dieses Ekel die Universität seit längerem verlassen hat. Ich wüßte gern, was er heute wohl treibt.

Doch wie hat Demps mich damals wahrgenommen?

Er zeigt auf den Stasi-Bericht: »Ungefähr so, wie es hier steht! Es war recht interessant, einen englischen Studenten zu haben, aber Sie wissen ja selbst, wie das ist, die Betreuung von Studenten nimmt immer kostbare Zeit in Anspruch, die der eigenen Forschung verlorengeht.« Und dann fragt er mich, wie ich ihn gesehen habe.

Als einen überzeugten Kommunisten, sage ich, als einen Menschen mit einer fast romantischen Vorstellung von der Vorkriegs-KPD.

Ja, das stimmt, erwidert er, fügt jedoch hinzu, daß es vieles gab, das man einem Fremden nicht erzählte. Meinen Notizen von 1980 zufolge hatte er mir bei dem erwähnten Mittagessen gesagt: »Wir erwarten nicht, daß Sie der KP Großbritanniens beitreten ... Wir wünschen uns lediglich, daß Sie uns ernst nehmen und Ihren Landsleuten sagen, daß wir ernsthafte Menschen sind.« Dann machte er allerdings eine persönliche Nebenbemerkung: »Würden Sie bitte für mich auf Churchills Grab spucken?«

Wahrscheinlich waren es kleine Scherze wie dieser, was mich davon abgehalten hatte, noch einmal den Kontakt zu meinem alten Betreuer aufzunehmen, nachdem es für mich wieder möglich wurde, in die DDR zu reisen. Aber ich empfinde nichts als Sympathie – und eine gewisse Bewunderung – für die Art und Weise, wie er mit dem Schock fertig wird, den meine Mitteilung für ihn bedeutet hat.

»An alles mögliche habe ich gedacht, als Sie angerufen haben«, sagt er, »nur nicht daran.« Tatsächlich hatte er vor kurzem einige Seiten aus der Akte eines Freundes erhalten, in denen er selbst als Verdächtiger erschien, weil er in einem privaten Diskussionszirkel eine führende Rolle eingenommen hatte. Er kommt noch einmal auf meine Bemerkung über seine romantische Ader zu sprechen und sagt: »Ja, Romantik kann auch gefährlich sein.« Seine Generation, die Kriegsgeneration, sagt er, suchte und sucht noch ihre Orientierung.

Dann ist es Zeit für ihn, einige amerikanische Studenten durch die Wilhelmstraße zu führen. »Nach alledem«, sagt er, »brauche ich erst mal einen großen Schnaps.« Er ist noch immer sichtlich erschüttert, wie ein Mann, der einen Augenblick lang unter dem Galgen gestanden hat. Wäre er eine prominente Persönlichkeit gewesen und ich ein skrupelloser Journalist, so wäre er wohl auch »aufgehängt« worden. Ich sehe schon den Artikel im *Spiegel* vor mir – wie oft haben wir in den vergangenen Jahren diese Berichte gelesen – mit dem kleinen einmontierten Schwarzweißfoto einer Seite aus der Akte und der einem Schuldspruch gleichkommenden, rot markierten Zeile: »ein IM der HVA I – Betreuer des G. an der HUB«. Schuldspruch – aber Fehlurteil.

Was mich selbst angeht, so fühle ich mich nur noch sehr, sehr erleichtert. Ich kann es kaum erwarten, ins Hotel zurückzukehren und Winkler und Wolle telefonisch über das Versäumnis des Stasi-Offiziers Wendt zu unterrichten.

Während die Arbeit an diesem Buch in den letzten Zügen liegt, faxt mir Stefan Wolle einen Zeitungsausschnitt über eine neugegründete Preußische Gesellschaft Berlin-Brandenburg. Von den Gründungsmitgliedern erwähnt die Meldung nur einen einzigen Namen: »der HU-Historiker Laurenz Demps«.

Eine Telefonnummer ist angegeben, und auf meine Anfrage schickt mir die Preußische Gesellschaft Informationsmaterial. Diesem entnehme ich, daß die Gesellschaft es als ihre Aufgabe ansieht, »sich der wahren Werte und Tugenden Preußens anzunehmen« und »den Grundstein zu einer geistigen Erneuerung unseres Vaterlandes [zu] legen«, da Deutschland zu einer »multikulturell geprägten Ansammlung von intoleranten Individualisten« herabzusinken drohe. Die Satzung der Gesellschaft beruft sich ganz besonders auf »die philosophischen Schriften von Friedrich dem Großen«. In einer programmatischen Ansprache beschwört ein Festredner den Geist des Königs und seiner Soldaten vor der Schlacht bei Leuthen 1757 herauf. »Wahres Preußentum«, sagt er, lasse sich festmachen an Begriffen wie Vaterlandsliebe, Selbstlosigkeit, Toleranz, Treue und Pflichtbewußtsein, aber auch an »Sekundärtugenden wie Pünktlichkeit, Ordnungsliebe und Sauberkeit«.

5

Meine fleißigste IM ist »Michaela«, die Dame in Weimar. Am 9. Februar 1980 berichtet die Abteilung II in Erfurt an die Hauptabteilung II/13 (Journalisten), daß es »eine postalische Kontaktaufnahme« meinerseits mit ihrem IMV »Michaela« gegeben hat. Außerdem übersendet Erfurt die Tonbandabschrift eines Berichts ihres Ehemannes, der früher als »Georg« geführt wurde, nunmehr jedoch den Decknamen »Michael« erhält. In diesem Tonbandbericht erinnert sich Dr. Georg an seine Erlebnisse bei Reuters in London, die 1943 beginnen. Als Joint Managing Editor der Europäischen Redaktion, so der Bericht von Dr. Georg, hatte er große Schwierigkeiten bei der Bearbeitung von Beiträgen, die von so »geschworenen Sowjetfeinden« geschrieben waren wie »Richard Löwenthal, der heute Politprofessor an der Freien Universität Berlin ist«, Alfred Geiringer und dem Schweizer Jon Kimsche.

Und so entführt mich die Stasi-Akte, diese Zeitmaschine aus Pappkarton, nicht nur fünfzehn, sondern fünfzig Jahre zurück, ins England des Zweiten Weltkrieges. Tatsächlich könnten die drei von ihm genannten Namen für die Namen zahlreicher Exilanten aus Mitteleuropa im London jener Zeit stehen: Männer und Frauen, die ihre Freiheit der einsamen Entschlossenheit Englands verdankten, Hitler entgegenzutreten, später aber England – und Europa – ihre Dankesschuld reichlich abstatteten.

Dr. Georg hatte über seine Schwierigkeiten mit der Zensur der »geschworenen Sowjetfeinde« mit Genosse Hans (Name geschwärzt) gesprochen, der sich in einer ähnlichen Lage bei der Wochenzeitschrift *Time* befand. Diese Schwierigkeiten, die nach seinen Worten darin bestanden, »die Beiträge ... so zu revidieren, daß die schlimmsten Giftzähne entfernt waren«, nahmen gegen Kriegsende zu. So beschloß er denn, Kontakt »zu den mit Nachkriegsaufgaben betrauten Stellen des britischen Kriegsministeriums« aufzunehmen, um eine Stelle im Nachkriegsdeutschland zu finden. Das tat er »mit Einverständnis unserer Genossen – die Führung der Londoner Gruppe war inzwischen an Feliks Albin [Kurt Hager] übergegangen«. (Kurt Hager wurde später Mitglied des DDR-Politbüros und Chefideologe der SED.) Das Kriegsministerium in seiner Weisheit betraute dann diesen deutschen Kommunisten mit der Aufgabe, »den Aufbau des unter britischer Kontrolle stehenden ersten deutschen Nachrichtendienstes DENA in Hamburg [zu] übernehmen«. Die Geographiekenntnisse der britischen Beamten standen anscheinend auf ebenso wackligen Füßen wie ihr politisches Urteil, denn es gelang Dr. Georg außerdem, sie davon zu überzeugen, »daß die Reiseroute nach Hamburg über Berlin führe«.

So erhielt er am 13. Mai 1946 eine handgeschriebene offizielle Genehmigung, nach Berlin zu reisen. »Mit den Genossen in London war vereinbart worden, daß ich mich in Berlin beim ZK melden sollte. Die Genossen dort sollten an Ort und Stelle darüber beschließen, ob ich die Hamburger Stelle antreten oder in Berlin bleiben sollte.« Nach langen Diskussionen beschlossen sie, er solle in Berlin bleiben, um die ostdeutsche Nachrichtenagentur aufzubauen, »ich landete aber dann bei dem sowjetischen Nachrichtenbüro (SMW) in Weißensee«.

Dem Direktor des jungen Deutschen Nachrichtendienstes in Hamburg erklärte er in einem Brief, er könne die Stelle aus politischen Gründen nicht antreten, da er mit der britischen Deutschlandpolitik nicht einverstanden sei. Da zwischen diesem Brief und seiner Abreise aus London fast zweieinhalb Wochen vergangen waren, erinnert sich Dr. Georg spürbar amüsiert, hätten Londoner Boulevardzeitungen die Meldung von seinem rätselhaften Verschwinden gebracht und vermutet, er sei von den Russen verschleppt worden. »Seit meiner Rückkehr in die damalige SBZ stehe ich mit keinem meiner Bekannten aus Londoner Zeiten in näherer Verbindung.«

Zwei kleine Ergänzungen müssen diesem Selbstporträt von Dr. Georg hinzugefügt werden. Die erste betrifft seinen damaligen Chef bei Reuters, Christopher Chancellor. Die Abschrift in meiner Akte vermerkt lediglich, daß Dr. Georg erfahren hatte, Chancellor habe seine Entscheidung, Reuters zu verlassen, als »arrogant« empfunden. Während der Arbeit an diesem Buch traf ich den Sohn Christopher Chancellors, Alexander Chancellor, meinen eigenen ehemaligen Chefredakteur beim *Spectator*, auf einer Party, die der Chefredakteur der *Times* für den Chefredakteur des *New Yorker* gab. Mitten in diesem Tumult von lauter Chefredakteuren fragte ich ihn, ob sein Vater jemals in seinem Beisein von einem Georg (wirklicher Name) gesprochen habe, und erklärte ihm die näheren Umstände. Für einen kurzen

Augenblick mischte sich der Staub der gewundenen Geschichte Mitteleuropas mit dem Geschmack des Champagners an einem schönen Sommerabend in einem Garten im Norden Londons. Alexander tippte den Namen in sein Computer-Notebook und versprach, seinen älteren Bruder zu fragen. Einige Wochen später sahen wir uns wieder, und er erzählte mir vom Ergebnis seiner Erkundigungen. Seinem Bruder war der Name als solcher unbekannt. Er konnte sich jedoch erinnern, daß sein Vater etwa zu jener Zeit über Enthüllungen sowjetischer Spione bei Reuters sehr besorgt und aufgebracht gewesen war.

Der zweite Nachtrag betrifft Dr. Georgs damalige Freundin: Lizzy Philby. Kim Philby hatte sich 1936 von der jüdischen Kommunistin Lizzy getrennt, zu einer Zeit, da er als Sympathisant des Faschismus auftrat und die Franquisten im Spanischen Bürgerkrieg unterstützte. Lizzy lebte damals in Paris, und anscheinend war sie es, über die Philby mit dem sowjetischen Geheimdienst in Verbindung blieb. 1939 zog sie nach London, und von dort aus schaffte sie es, ihre Eltern aus Wien herauszuholen – gerade noch rechtzeitig. In London kam sie mit Dr. Georg zusammen. Die näheren Umstände, unter denen sie sich schließlich von Philby trennte und England verließ, liegen noch ziemlich im dunkeln, doch 1947 war sie mit Dr. Georg in Ostberlin und heiratete ihn dort unter ihrem Mädchennamen. Neun Jahre später wurde auch diese Ehe geschieden. Nach einer weiteren Ehe kam Dr. Georg schließlich mit »Michaela« zusammen und zog mit ihr nach Weimar. Lizzy blieb in Berlin.

Schon zu Beginn meiner Ostberliner Zeit besuchte ich diese Frau, deren Leben eine Geschichte des 20. Jahrhunderts ist. Beim Nachmittagstee mit Wiener Makronen in ihrer kleinen Wohnung an der Karl-Marx-Allee haben wir uns unterhalten. In ihrem Bücherregal standen Tennyson, Keats, das *Oxford Book of English Verse* und Ignazio Silones *Die Schule der Diktatoren*. In meinen Notizen ist sie eine zierliche, attraktive, energische Frau mit einem Wiener Akzent, »sehr jugendlich für ihr Alter« – damals war sie siebzig – und, wie ich etwas seltsam formulierte, »übertrieben neugierig«. »Sowjetische Agentenausbildung?« fragte ich mich. »Vorsicht aufgrund schlechter Erfahrungen mit Ausländern, die sich als dies oder jenes ausgeben …? Oder, und das ist die Hypothese, die ich mir schließlich zu eigen mache, einfach der Habitus einer bürgerlichen Wienerin.« Wahrscheinlich war es eine Mischung aus allen drei Komponenten. Nach ihrer aufregenden Jugend hatte sie die letzten zwanzig Jahre vor ihrer Pensionierung damit verbracht, ausländische Filme für den staatlichen Filmverleih zu synchronisieren. Jetzt lebte sie von einer hohen staatlichen Rente als »Kämpferin gegen den Faschismus«.

Sie sprach liebevoll und bewundernd von Kim Philby. »Er war very brillant«, sagte sie – die beiden letzten Wörter auf englisch –, und habe eine Begabung für Sprachen gehabt. Allerdings war er, wie sie hinzusetzte, »etwas zurückhaltend«. Für sie stand außer Zweifel, daß der Aufstand der Wiener Arbeiter 1934 und seine brutale Niederschlagung Philby entscheidend geprägt und ihn zu einem überzeugten Kommunisten gemacht hatten. Tatsächlich scheint sie selbst dabei eine wesentliche Rolle gespielt zu haben. Sie war es, durch die der junge Mann aus dem verklemmten alten England in eine neue Welt gerissen wurde, voller hitziger politischer Debatten, schneller herzlicher Freundschaften, einer scheinbar unkomplizierten Solidarität und vermutlich einer kräftigen Prise sexueller Emanzipation. Und sie war es vermutlich auch, die ihn inmitten dieser berauschenden Welt mit einem Vertreter des sowjetischen Geheimdienstes bekannt machte.

Zum Thema Sex wagte ich sie nicht zu fragen. Statt dessen wollte ich von ihr wissen, ob sie und Philby den von ihnen beschrittenen Weg auch dann eingeschlagen hätten, wenn sie damals schon gewußt hätten, was in den dreißiger Jahren in der Sowjetunion wirklich vorging. Eine lange Pause, und dann sagte sie ganz ernst: »Das kann ich Ihnen wirklich nicht beantworten. Es muß Ihnen unglaublich erscheinen, daß wir überhaupt nichts davon gewußt haben ...«

Wie sah sie nun die heutige DDR?

»Na ja, sagen wir mal, es ist nicht das, was wir erhofft oder woran wir geglaubt haben.«

Sie äußerte sich kritisch über das allgemeine Mißtrauen, die Ängstlichkeit der Führung, den Mangel an Meinungs- und Bewegungsfreiheit und die Privilegien – auch ihre eigenen. Trotzdem glaubte sie an etwas, das sie Sozialismus nannte. »Wo ist die Alternative? Ich sehe keine.«

Zurück zur Akte und zu einem Bericht von »Michaela«, der vermerkt, daß sie am 5. Januar 1980 von mir einen Ausstellungskatalog mit dem passenden Titel *Widerstand und Anpassung: Kunst in Deutschland 1933–1945* erhalten hatte. Sie bestätigt, daß die Schrift auf der beigelegten Glückwunschkarte mit der auf einem Zettel identisch ist, auf den ich ihr bei meinem letzten Besuch meinen Namen aufgeschrieben hatte. »Um weitere Maßnahmen zur Festigung des Kontaktes sowie zu Blickmaßnahmen durchzuführen, werde ich ein Dankschreiben an folgende Adresse senden:

Tim Gartow Ash
Kunstgalerie
Berlin-West.«

Darunter steht in Schreibmaschinenschrift »Michaela«. Der Bericht ist nicht handschriftlich unterzeichnet, aber eine Notiz am unteren Rand bezieht sich anscheinend auf eine IM-Akte.

Vier Monate später steht in einem Bericht, »gefertigt nach mündlichen Angaben des IMV ›Michaela‹«, sie habe von ihrem Ehemann gehört, daß ich am Wochenende des 26./27. April erneut versucht hatte, sie zu besuchen. Dr. Georg ließ sich entschuldigen, weil er zu krank sei. Er hatte jedoch nähere Einzelheiten über meinen Besuch in Weimar in Erfahrung gebracht, indem er die Ärztin befragte, die ihn damals behandelte. Die Ärztin war mit Eberhard Haufe verheiratet, einem »freischaffenden Germanisten«, und ich hatte tatsächlich bei ihnen gewohnt.

Ich kann mich an dieses Wochenende noch gut erinnern. Es waren die »Shakespeare-Tage« in Weimar, und die Hauptattraktion war ein Vortrag von George Steiner. Es war die übliche Bravourleistung, vom *König Lear* zu *Was ihr wollt*, auf Umwegen über *Oedipus Rex* und *Don Giovanni*. Danach ging ich mit dem großen Mann zum Abendessen. Ich hatte das Gefühl, es sei ganz besonders passend, mit Steiner hier in Weimar zu sprechen, im Schatten von Buchenwald – sicherlich das Paradebeispiel für jene zutiefst beunruhigende Nachbarschaft von Hochkultur und Barbarei, über die Steiner so eloquent geschrieben hat. Doch nach meinen Notizen wurde über dieses Thema kaum gesprochen: »Nein, ihm ging es um *Klatsch* – und dem gab er sich unbarmherzig, unaufhörlich, *kaskadenartig* über eine Stunde beim Abendessen im [Hotel] Elephant hin. Kennen Sie schon das Neueste vom Regius-Professor in Oxford? etc. ›Mein Gott, das müssen Sie doch alles sehr vermissen!‹« Meine Notizen verraten eine Enttäuschung, die mir heute etwas ungerecht vorkommt; schließlich hatte der große Denker den ganzen Tag sehr ernsthaft über große Themen gesprochen.

Dessenungeachtet waren es nicht Shakespeare und George Steiner, sondern Goethe und Eberhard Haufe, die dieses Wochenende so bemerkenswert machten.

> »Wer den Dichter will verstehen
> Muß in Dichters Lande gehen.«

Kein Ort in Europa weiß mehr von den Dichtern und Schriftstellern zu erzählen, die dort gelebt haben, als Weimar. Zunächst einmal Goethes eigenes Haus mit der wunderbar erhaltenen Bibliothek und seinem Stehpult: Hebbel bezeichnete es als das einzige Schlachtfeld, auf das Deutschland stolz sein könnte. Dann Schloß Kochberg, wo Goethe Charlotte von Stein verehrte, bevor er sich mit der bequemeren Christiane Vulpius mehr irdisch verband. Dann das Schiller-Haus, die Fürstengruft, in der die beiden großen Dichter begraben sind, und die wunderbaren Parks: von Schloß Tiefurt, an der Ilm und von Schloß Belvedere – die Residenz, zweihundert Jahre nach der Herzogin Anna Amalia, von IM »Michaela«.

Der Beredtheit dieser Stätte entsprach die Begleitung von Eberhard Haufe und seiner Familie, mit der ich, wie in meinem Tagebuch festgehalten, in den Parks spazierenging und Schloß Kochberg besuchte. Eberhard Haufe war ein kleiner, gebrechlich wirkender Mann mit einer präzisen und etwas altmodischen Sprechweise. Seit seiner Entlassung von der Universität Leipzig aus politischen Gründen Ende der fünfziger Jahre hatte er eine Tätigkeit als Lektor und Kritiker ausgeübt, deutsche Klassikereditionen betreut und sich seiner besonderen Leidenschaft, der Beschäftigung mit Johannes Bobrowski, dem Dichter des europäischen Ostens, hingegeben.

Während unseres Spaziergangs führten wir ein intensives Gespräch über Bücher, Ideen und Politik von der Art, wie ich sie häufig mit Intellektuellen und Geistlichen in Europa hinter dem Eisernen Vorhang hatte, seltener dagegen mit ihren Entsprechungen im Westen. Hier kam noch der Zauber hinzu, in Weimar zu sein, in Gesellschaft eines hochgebildeten Germanisten, und während wir durch den Schloßpark von Tiefurt gingen, kam es mir so vor, als wäre dieser zierliche, weißhaarige Mann an meiner Seite nicht nur ein Kenner der Intellektuellen des klassischen Weimar, sondern selbst einer von ihnen. Er befand sich in einem Kontinuum und einem Gespräch, das sich über zweihundert Jahre erstreckte. Ein Gespräch, bei dem es letztlich bis heute um die wahre Bedeutung eines zentralen, aber schwer faßbaren Begriffs deutscher Schriftsteller und Philosophen von Herder bis Thomas Mann geht: »Humanität«.

Im Unterschied zu den ostdeutschen Reiseführern von Weimar machte sich Dr. Haufe keine Illusionen darüber, daß Humanität in irgendeiner Weise vom Regime der DDR verkörpert werden könnte – obwohl das Bildnis Goethes auf ihren Zwanzigmarkscheinen prangte. Dieses Regime war für ihn die Negation von Humanität. Er erzählte mir, wie die Stasi Briefe öffnete und Telefongespräche abhörte, und von seinen eigenen langen Auseinandersetzungen mit den Zensoren, die selbst gegen ein Buch Einwände erhoben, das er unter dem Titel *Deutsche Briefe aus Italien* herausgeben wollte. Die DDR gab sich damals alle Mühe, das ideologische Diktum Kurt Hagers, es gebe keine deutsche Nation mehr, sondern nur noch eine »sozialistische« und eine »kapitalistische Nation«, in die Tat umzusetzen. Daher die Kampagne zur möglichst umfassenden Eliminierung des Adjektivs »deutsch«, selbst aus Dr. Haufes harmlosem Buchtitel.

Zum Abschied schenkte er mir ein kleines Bändchen, das er herausgegeben hatte. Es liegt vor mir auf dem Schreibtisch. Unter dem Titel *Die unzeitige Wahrheit* enthält es Aphorismen, kurze Prosastücke und einen Essay »Über die Öffentlichkeit« von einem lange vernachlässigten deutschen Schriftsteller des frühen 19. Jahrhunderts, Carl Gustav Jochmann. Aus Riga stammend und angeregt durch seine Erfahrungen in England, wo er sich während der unsicheren Jahre 1812–1814 aufhielt, hält Jochmann ein leidenschaftliches Plädoyer für die politische Bedeutung der Redefreiheit. In einer editorischen Nachbemerkung vom Dezember 1975 schmuggelt Haufe diese subversiven Ansichten mit feinem Doppelsinn am Zensor vorbei: »Eben weil er [Jochmann] aus der Finsternis einer unentwickelten, gepreßten Bürgerwelt sprach, sprach er auch und noch mit der Unschuldsstimme intellektueller Redlichkeit und Sehnsucht. Noch war öffentliche Meinung nicht als ›falsches Bewußtsein‹, als Maske des nur bürgerlichen Klasseninteresses erkennbar wie eine halbe Generation später für den jungen Marx.« Seine Leser mit ihrer jahrzehntelangen

Übung, zwischen den Zeilen zu lesen, erfaßten die Botschaft sofort, und die erste Auflage war schnell vergriffen.

Auf dem Vorsatz meines Exemplars steht in winziger, sauberer Handschrift: »Wo die Wahrheit bekämpft werden muß, da hat sie schon gesiegt, C. G. Jochmann. – Im Glauben an die Wahrheit solcher und ähnlicher Sätze Timothy Garton Ash herzlich zugeeignet von Eberhard Haufe, Weimar 27. IV. 80.«

Ein schöner und bewegender Besuch. Aber nichts davon begegnet mir in dem Stasi-Bericht von »Michaela«. Hier erscheine ich als aufdringlicher und unwillkommener Gast. »Gegen Abend ignorierte der G. diskrete Hinweise, daß die Familie H. das Gespräch für beendet ansieht und er bewirkte, daß die Gastfreundschaft in der Bereitstellung einer Übernachtungsmöglichkeit in der Wohnung der Familie [Name geschwärzt] gipfelte.« Dann folgt ihre Einschätzung von Herrn und Frau Haufe: »Beiden Personen haftet eine bürgerliche Lebensweise an … Ich möchte einschätzen, daß sie ihre Informationen aus BRD-Massenmedien beziehen.« Sie erwähnt jedoch auch, daß »die betreffende Familie gegenüber unserer Gesellschaftsordnung nicht feindlich eingestellt ist«. Schließlich betont sie die Notwendigkeit eines unbedingten »Quellenschutzes« für sich, »da von dem Besuch des Engländers nur unsere beiden Familien Kenntnis besitzen«. Anläßlich der Übersendung einer Kopie dieses Berichts an die Abteilung II/13 in Berlin teilt Oberstleutnant Maresch, Leiter der Abteilung II in der Stasi-Bezirksverwaltung in Erfurt, mit, daß Familie Haufe durch seine Diensteinheit »aufgeklärt« werde.

Einen Monat später berichtet »Michaela« über einen weiteren Besuch von mir bei Familie Haufe. Hier habe ich offenbar Dr. Georgs Tochter aus erster Ehe nicht wiedererkannt, die ich bei meinem Besuch seiner ersten Frau, der ehemaligen Mrs. Philby, kennengelernt hatte. »Michaela« sagt, daß ich daraufhin sehr verwirrt war; außerdem hätte ich bei einer Gelegenheit behauptet, mich für Kim Philby zu interessieren, und bei einer anderen, für den jüdischen Widerstand im Dritten Reich, was widersprüchlich sei. (Natürlich interessierte ich mich für beides.) Außerdem hatte sie von Frau Haufe erfahren, daß ich die Familie noch einmal besucht und zusammen mit ihrem Sohn Christoph, der in Jena studierte, einen Spaziergang zum Goethe-Friedhof unternommen hatte.

Im Anschluß an den Bericht listet Oberleutnant Küntzel Maßnahmen auf, die ergriffen werden sollen, unter anderem »Aufklärung der Studienrichtung des Christopher (sic)« und »Instruierung des IMB ›Michaela‹ für den weiteren Kontaktausbau«. Für den jungen Haufe, einen Studenten aus einer bereits verdächtigen Familie, hätte das schwerwiegende Folgen haben können. In diesem System hätten einige weitere Minuspunkte von seiten der Stasi eine Relegation von der Universität bedeuten können. Hier ist also ein Fall, in dem »Michaelas« harmloses Geplapper einen Menschen gefährdete, der verletzbar war und nicht einfach weitergehen konnte. Doch letztlich ging die Gefahr von mir selber aus.

Ein weiterer Monat vergeht, und diesmal teilt »Michaela« den Text einer Ansichtskarte mit, die ich ihr geschickt hatte und auf der meine Telefonnummern in Ost- und Westberlin vermerkt waren. Zu den Maßnahmen gehörte die Überprüfung beider Berliner Nummern durch die HA II/9. Als diese erwidert, der IM müsse die Nummern auf der Karte falsch gedeutet haben, schickt die Erfurter Stelle eine Fotokopie der Ansichtskarte nach Berlin mit dem schroffen Kommentar: »Dabei bestätigten sich die Angaben unseres IM.« Gezeichnet i. V. Maresch, Oberstleutnant. Dieser absurde bürokratische Hokuspokus nimmt zwei Monate in Anspruch, von Juni bis August, währenddessen ich die Erhebung des für das Buch benötigten Materials praktisch beendet hatte und nach Italien abgereist war, um dort mit dem Schreiben zu beginnen.

Fünfzehn Jahre später schicke ich Kopien dieser Dokumente an die Haufes und erkläre ihnen, daß ich über diese Akte ein Buch schreiben möchte und daß ich sie gerne in Weimar besuchen und »Michaela« – wenn sie noch dort wohnt – fragen würde, warum sie es getan und was sie dazu zu sagen hat. Natürlich bin ich mir der Möglichkeit bewußt, daß sie dem ganzen Unternehmen wenig Verständnis entgegenbringen. Doch die freundliche Widmung in dem Buch von Jochmann läßt mich hoffen, daß mein Besuch 1980 nicht so unwillkommen war, wie es in der Stasi-Akte den Anschein hat.

Als ich einige Zeit später aus Königswinter am Rhein anrufe, sagt Dr. Haufe, sie würden sich sehr freuen, mich zu sehen. Ich miete einen Wagen und fahre nach Weimar. Die Haufes begrüßen mich in der Cranachstraße mit all der Herzlichkeit, an die ich mich nach 15 Jahren noch erinnere. Sie versichern mir, daß mein damaliger Besuch keineswegs unwillkommen war. »Wir haben versucht, uns zu erinnern«, sagt die energische Frau Haufe. »Es war Christophs Geburtstag am fünfundzwanzigsten. Wir hatten den Tisch gedeckt und Kerzen hingestellt. Dann standen Sie vor der Tür. Ich habe Sie in dieses Zimmer geführt, das weiß ich noch, ich habe Ihnen einen Stuhl an dem Tisch dort drüben angeboten und etwas zu essen gebracht.« Auch hier der Proustsche Effekt. »Sie waren etwas zurückhaltend und ganz gewiß nicht so aufdringlich, wie *sie* es schildert.«

Wir reden eine Weile über die Stasi-Akten und den Umgang mit dem kommunistischen Erbe. Sie erinnern mich daran, daß die Kreisverwaltung der Stasi sich am anderen Ende ihrer Straße befand. Wieder war Weimar also der Ort der beiden Extreme: Dr. Haufe an diesem Ende der Cranachstraße, in unmittelbarer Nähe des Goethe-Friedhofs, und am anderen Ende die Stasi. Sie hatte ihren Sitz in einer schönen Villa, die Henry van de Velde entworfen hatte, ebenso wie das nahegelegene Nietzsche-Archiv. Die laufenden Akten der Haufes waren anscheinend vernichtet worden, bevor das Gebäude am 5. Dezember 1989 von der Bevölkerung – darunter auch die Haufes – besetzt wurde. Doch die Gauck-Behörde hatte eine frühere Akte über seine Vertreibung von der Leipziger Universität 1957/58 gefunden, womit seine akademische Laufbahn beendet gewesen war.

Unter anderem war er damals von einem Dr. Warmbier, einem Dozenten für Marxismus-Leninismus, denunziert worden. Nachdem er dessen Adresse in einem Leipziger Telefonbuch nachgeschlagen hatte – dort gibt es nicht viele Träger dieses Namens –, schickte Dr. Haufe ihm Kopien der einschlägigen Seiten. Dr. Warmbier schrieb zurück, entschuldigte sich und legte seinerseits Kopien aus seiner eigenen Akte bei. Aus diesen ging hervor, daß man ihn 1974 wegen seiner zunehmend kritischen Ansichten aus dem Hochschuldienst entlassen und später sogar wegen »staatsfeindlicher Hetze« zu zwei Jahren Haft verurteilt hatte. Jetzt hatte Dr. Warmbier seine Rehabilitation beantragt, und Eberhard Haufe sagt dazu: »Ich möchte nicht in der Haut desjenigen stecken, der den Fall zu beurteilen hat.«

Aber was war mit »Michaela«? Na ja, sagt Frau Haufe, mit ihr war die Freundschaft nie so eng. Eigentlich waren sie mit Dr. Georg befreundet, der eines Tages mit seiner Tochter erschien und erklärte: »Sie sind uns als Kinderärztin empfohlen worden.« Doch heute glaubt sie, daß er wahrscheinlich von der Stasi geschickt wurde. Er war interessant, intelligent und witzig. Sie hatten ihn zum letztenmal gesehen, als er 1981 gekommen war, um Dr. Haufe zu seinem 50. Geburtstag zu gratulieren. Fleisch war damals noch knapp, aber es gab einen Metzger, der eine appetitliche kalte Platte hergerichtet hatte. Diese brachte Dr. Georg als Geschenk mit.

Sie dagegen war vulgär und egoistisch. Und, sagt Frau Haufe in ihrem breiten Thüringisch aufgebracht, sie hat noch die Frechheit, der Stasi zu erzählen, wir hätten eine »bürgerliche Lebensweise«! Hier war ich und mußte morgens schon um sechs aufstehen, um alles sauberzumachen, bevor ich zur Arbeit ging, und da war sie und gab sich als feine Dame in ihrem Schloß, hielt sich eine Putzfrau, was damals sehr unüblich war, und dann sagt sie ihnen, *wir* hätten eine bürgerliche Lebensweise …

Als Staatsfunktionärin in gehobener Stellung war »Michaela« zweifellos verpflichtet, mit der Stasi zusammenzuarbeiten, aber keinesfalls als IM. Warum hatte sie es getan? Wahrscheinlich im Interesse ihres beruflichen Fortkommens. Nach dem Tod ihres Mannes war sie in Berlin im staatlichen Kunsthandel tätig. Dieser hing eng mit dem berüchtigten Stasi-Oberst Alexander Schalck-Golodkowski zusammen, der die Aufgabe hatte, für den hochverschuldeten kommunistischen Staat mit allen lauteren und unlauteren Mitteln harte Devisen zu beschaffen. Die Haufes hatten keinen Kontakt mehr zu ihr, aber vielleicht steht sie im Berliner Telefonbuch ...

Während ich, wie schon vor Jahren, über die arg mitgenommene Autobahn nach Berlin fahre, denke ich noch einmal über dieses Gespräch nach: wie eine Akte die Tür zu einem riesigen, versunkenen Labyrinth der vergessenen Vergangenheit aufstößt. Doch wie zugleich durch das bloße Öffnen der Tür die freigelegten Artefakte verändert werden, so als öffnete ein Archäologe ein Pharaonengrab.

Denn hier geht es nicht einfach um vergangene Erfahrungen, die in ihrem ursprünglichen Zustand wiederentdeckt werden. Auch ohne das neue Licht, das von einem neuen Dokument oder der Erinnerung eines anderen ausgeht – die aufgestoßene Tür –, verblassen unsere Erinnerungen mit der Zeit und mit der Veränderung der Umstände. Sie werden deutlicher, abgemildert oder auch bitterer. So hatte zum Beispiel Frau Haufe zweifellos eine andere Erinnerung an »Michaela« im Jahr 1985, als es die DDR noch gab, als zehn Jahre später, am Vorabend meines Besuchs. Doch mit dem neuen Lichtschein verwandelte sich die Erinnerung unwiderruflich. Es öffnet sich eine Tür, doch eine andere schließt sich. Jetzt gibt es keinen Weg mehr zurück zur eigenen früheren Erinnerung an diesen Menschen, dieses Ereignis. Es ist wie eine Enthüllung, die man Jahre später einer Geliebten macht. Oder wie eine eheliche Trennung im Bösen, bei der die Bitterkeit der Gegenwart die gemeinsam geteilte Vergangenheit verwandelt, vollständig, unselig, anscheinend für immer. Doch auch diese bittere Erinnerung wird mit dem weiteren Fortschreiten der Zeit verblassen und sich verändern.

Was wir also vor uns haben, ist nichts weniger als eine Unendlichkeit von Erinnerungen an einen Augenblick, ein Ereignis oder an einen Menschen: Erinnerungen, die sich fortwährend, mit jeder Sekunde geringfügig verändern, manchmal aber auch dramatisch, nach einer Erschütterung oder Enthüllung. Wie eine von diesen digitalen Fotografien, bei denen jede Farbe, Tönung oder Einzelheit auf einem Computerbildschirm verändert werden kann, nur daß wir hier nicht Herren des Verfahrens sind und nicht beliebig zu einem früheren Bild zurückkehren können. Man sagt, »die Vergangenheit ist ein fremdes Land«, in Wirklichkeit aber ist die Vergangenheit ein anderes Universum.

Ist es demnach letztlich wahr, was Thomas Hobbes an einer Stelle schreibt, die James Fenton als Motto seinem »Deutschen Requiem« vorangestellt hat: »*Phantasie* und *Erinnerung* sind ein und dasselbe«?

Der polnisch-amerikanisch-jüdische Autor Jerzy Kosinski erweckte bei seinen Lesern den Eindruck, daß er als jüdisches Kind mit neun Jahren in Polen während des Krieges von seinen Eltern getrennt und von den Bauern des Dorfes, in dem er sich verbarg, in eine Schlammgrube geworfen und vielleicht sogar seiner Sprache beraubt wurde, wie der Protagonist seines Romans *Der bemalte Vogel*. Der Roman wurde gefördert, fand hohes Lob und wurde als Zeugnis des Holocausts verkauft. Doch dann suchten Forscher das Dorf auf und sprachen mit den überlebenden Bauern, von denen die Geschichte ganz anders erinnert wurde: Der junge Kosinski wurde nie in eine Schlammgrube geworfen, und außerdem war er nicht allein gewesen, sondern hatte sich zusammen mit seinen Eltern versteckt gehalten. Nun täuschten sich entweder alle Bauern in der Erinnerung, oder Kosinskis Erinnerungen hatten sich mit Phantasien vermischt, und er glaubte wirklich, daß ihm diese Dinge widerfahren waren. Oder aber er hatte seine Erinnerungen bewußt ausgeschmückt. Seine Freunde verteidigten ihn leidenschaftlich. So sagte beispielsweise Erica Jong: »Was für einen Unterschied macht es schon aus, ob er [diese Dinge] selbst erlebt hat oder nicht?«

Doch es gibt eine Trennlinie zwischen der wie auch immer verblaßten oder gefärbten Erinnerung an etwas, das tatsächlich geschah, und der Imaginierung eines Geschehens, das nie stattgefunden hat. Es gibt historische Tatsachen. Entweder wurde der junge Kosinski in die Schlammgrube geworfen oder nicht. Entweder hat »Michaela« eine IM-Verpflichtung unterschrieben, oder sie hat es nicht getan.

Wie die Materialien, die für eine Collage benutzt werden, haben diese Beweisstücke ganz unterschiedliche Texturen: hier ein Stückchen Metall, da ein Schnipsel vergilbtes Zeitungspapier, dann wieder eine Flocke aus Baumwolle. Reporter, Ermittler und Historiker werden aus derselben Schachtel mit Schnipseln und Abfällen ganz unterschiedliche Collagen herstellen und das Bild mit den Öl- oder Wasserfarben der eigenen Phantasie noch mehr verändern. Doch es gibt besondere Wahrheitsprüfungen, denen diese Bilder im Unterschied zu denen des Dichters oder Romanciers stets unterworfen werden müssen. Diese Prüfungen gelten für jede Zeile, die ich niederschreibe. Das ist es, was die Sache so schwierig macht.

Sobald ich mich in einem Hotel niedergelassen habe, schlage ich das Telefonbuch auf. Es gibt einen einzigen Eintrag mit dem wirklichen Namen von »Michaela«. Einen Augenblick lang frage ich mich, ob ich einfach unangemeldet bei ihr hereinplatzen soll, wie der Reporter einer Boulevardzeitung, oder einen Fehlschlag in Kauf nehme, indem ich, als Gentleman, vorher anrufe. Ich wähle die Nummer. »Ach Herr Esch, Sie haben uns doch in Weimar besucht, nicht wahr, und ich habe Ihr Buch gelesen ...« Ich erkläre, daß ich sehr kurz in Berlin bin und einen besonderen Grund habe, mit ihr persönlich zu sprechen. Wir verabreden einen Termin für den Nachmittag. »Sie haben sicherlich viele Fragen«, sagt sie und: »Eigentlich freue ich mich.«

Ein graues Wohnhochhaus von sozialistisch-modernistischer Bauart in guter Lage. Nach DDR-Maßstäben privilegiert. Eine große, ziemlich laute Frau begrüßt mich: »Hallo, wie geht es Ihnen?« Grobe Gesichtszüge, leuchtendroter Lippenstift, graue Augen hinter einem metallischen Brillengestell. Hosen und hochhackige Schuhe. Eine Marlene zweiter Wahl? Geschmackvolle Inneneinrichtung im Neobiedermeierstil.

»Nun«, sagt sie, als wir uns zu Kaffee und Kuchen hinsetzen, »was machen Sie jetzt so?«

»Frau [wirklicher Name]«, sage ich, »ahnen Sie, warum ich Sie heute aufgesucht habe?«

Eine Pause, ein wenig zu lang, dann: »Nein, eigentlich nicht.« Schon wieder dieses »eigentlich«.

Dann sage ich ihr, warum.

»Ja«, sagt sie sofort, »man war ja in dieser Stellung verpflichtet.« Etwa einmal im Monat kamen sie zu ihr. Dann sagte ihre Sekretärin: »Chefin, Sie haben wieder Besuch.« Sie stellten sich als Vertreter des »Rates des Bezirks« vor, nannten jedoch nur einen Vornamen: »Heinz«, »Dieter« oder »Michael«. Das Gespräch war »dienstlich, nur dienstlich«. Aber mein Besuch war doch rein privater Natur? Ja, aber Lizzy und Georg waren überzeugt, daß ich für den britischen Geheimdienst arbeitete, und deshalb war die Sache wenigstens »halb dienstlich«. Wie sie sich an diesen Notanker klammert: »dienstlich«.

Sie redet in einem ziemlich nüchternen, äußerlich selbstbewußten Ton, fragt dann jedoch nervös: »Was haben sie berichtet?« Nicht »ich«, sondern »sie«.

Ich reiche ihr Fotokopien der Berichte, und sie fängt an zu lesen. Sie ist erschüttert von der Ausführlichkeit und den Informationen über ihren Ehemann.

Ich frage sie, wie die Befragung normalerweise vonstatten ging. Hatten »Dieter« oder »Heinz« ein Notizbuch? Ja, ja, sie schlugen ein Notizbuch auf und schrieben alles sorgfältig auf. Und man machte mit. Dazu war man verpflichtet. Und man bemühte sich, möglichst viele harmlose Details zu schildern. Außerdem dachte man, sie könnten einem bei der eigenen Arbeit behilflich sein. Manchmal halfen sie auch: bei Schwierigkeiten mit einer Baugenehmigung und derlei Dingen. Die Stasi intervenierte, wenn es irgendwo hakte. Und dann gab es diesen Rechtsstreit um zwei Dürer-Bilder aus der Weimarer Sammlung, die gegen Ende des Zweiten Weltkriegs von zwei amerikanischen Soldaten gestohlen wurden. Und sie sagte sich: Wenn wir den Rechtsstreit gewinnen, dann werde ich vielleicht nach Amerika geschickt, um die Bilder zurückzuholen! Tja, sie haben tatsächlich gewonnen, doch das Kulturministerium schickte jemand anders nach Amerika. Darüber beschwerte sie sich bei der Stasi.

Wie auch immer, Dr. Georg starb 1984, nachdem seine Tochter aus erster Ehe (mit Lizzy Philby) ausgereist war. Auf dem Sterbebett hatte er gesagt, er glaube noch immer an den Sozialismus. Dann emigrierte Lizzy nach Wien, um in der Nähe ihrer Tochter sein zu können, der Stieftochter von »Michaela«, die vor kurzem die Ausreisegenehmigung bekommen hatte. Ja, Lizzy hatte für den KGB gearbeitet, doch am Ende war sie desillusioniert und entschieden unpolitisch. Dann hatte »Michaelas« eigene Tochter, ihr gemeinsames Kind mit Dr. Georg, die DDR verlassen. Sie selbst ging nach Berlin, zog sich früh aus dem Berufsleben zurück – mit einer guten Rente als Witwe eines »Kämpfers gegen den Faschismus« – und trat 1987 aus der Partei aus. In der Akte eines Freundes war die Rede von Kontakten zu »dem Juden [Dr. Georgs wirklicher Name]«. Das war empörend, auch wenn man natürlich wußte, daß es überall diesen unterschwelligen Antisemitismus gab. »Aber ich habe meine eigene Akte nicht angefordert, das will ich nicht.« Bald sieht sie sich selbst als Opfer der Stasi-Überwachung, fast als Dissidentin.

Doch dann wendet sie sich wieder den Fotokopien zu. Die banalen, grotesken Details, die sie über mich, über die Haufes und ihre »bürgerliche Lebensweise«, über den jungen Christoph Haufe berichtet hat. Leutnant Küntzels Maßnahmekatalog: »Aufklärung« der Familie und des Studenten Christoph, Instruierung des IM für den weiteren Kontaktausbau. Plötzlich legt sie die Blätter hin und sagt: »Ich kann das nicht mehr lesen. Mir ist übel, ich müßte kotzen.« Sie steht auf und geht zur Tür, und als sie zurückkommt, weint sie. Ihre Stimme ist erstickt, als sie sagt: »Das ist nicht zu entschuldigen.« Dennoch sucht sie nach einer Erklärung.

Ihr Großvater war preußischer Offizier, ihre Großmutter Jüdin. Nach der NS-Klassifizierung in den Nürnberger Gesetzen galt ihr Vater somit als »Mischling«. Doch er überlebte den Krieg, weil er ein hervorragender Gynäkologe war und die SS ihn trotz seines gemischten Bluts in einer ihrer eigenen Entbindungskliniken in Thüringen beschäftigte. Nach dem Krieg kam ihr Vater zurück, war als Chefarzt in Brandenburg tätig. Er war zunächst Mitglied der SPD und nach der Zwangsvereinigung von SPD und KPD Mitglied der SED. Bei Kriegsende war sie fünfzehn. Für sie war es eine Zeit der Erhebung und des aufrichtigen Glaubens an einen Neuanfang. Sie war überzeugt, daß man ein besseres Deutschland aufbauen würde. Natürlich, sagt sie, war der Stil des neuen Regimes für einen Menschen ihrer Herkunft entsetzlich kleinbürgerlich und spießig, aber trotzdem. Ihre Hoffnungen schwanden nur langsam. Der sowjetische Einmarsch in die ČSSR und die gewaltsame Beendigung des Prager Frühlings waren ein wichtiger Augenblick der Ernüchterung. Doch selbst in den siebziger Jahren glaubte sie noch, der Sozialismus sei das bessere System. Jedenfalls gab es ihn. Es war das einzige, das sie in ihrem Erwachsenenleben kannte.

1975 bekam sie diese gute Stelle in Weimar. Doch mit ihr kamen auch »Dieter« und »Heinz«. Während sie spricht, aufgewühlt, zerstreut, enthüllt sie recht einleuchtend das Konglomerat aus Motiven, das sie zur Mitarbeit bewog. Ein Rest an Glaube an das System. Das Gefühl, es sei eine dienstliche Pflicht: »In dieser Stellung war man ja verpflichtet ...« Daneben die Hoffnung, die Stasi als Bundesgenossen in dem bürokratischen Spiel zu benutzen. Auch für ihre eigenen Zwecke: durch Dürer nach Amerika! Außerdem hatten Dr. Georg und Lizzy geglaubt, ich sei tatsächlich ein Spion, und schließlich war ja ein Krieg im Gange, oder nicht? Ein Kalter Krieg zwischen ihrem System und dem meinen.

Und Angst?

»Ja, natürlich hatte man Schiß vor den Leuten.« Also bemühte man sich, jedem Argwohn vorzubeugen, zu zeigen, wie kooperativ man war, indem man dahinplauderte und die unterschiedlichsten harmlosen Einzelheiten weitergab. »Und das kommt dann dabei heraus ...«

Als sie auf die fotokopierten Berichte des IM »Michaela« blickt, hat sie erneut mit sich zu kämpfen, die Augen hinter dem Brillengestell füllen sich wieder mit Tränen.

»Eigentlich sollte man den Haufes schreiben.« Sie hat Mühe, ihre Haltung wiederzugewinnen, ringt mit dem, was sie getan hat.

»Aber das war nicht der Grund für Ihr Einreiseverbot, oder?«

Nein, das war eine Folge von dem Erscheinen meines Buches in Westdeutschland.

Aha, das sah ihnen ähnlich. Immer war es die Meinung des Westens, die für sie wirklich wichtig war. »Das hätte mir zu denken geben müssen ... Und jetzt wollen Sie etwas schreiben? Und Sie wollten meine Reaktion sehen? Und jetzt habe ich so reagiert, und das ist gut für Sie, oder?« Sie lacht bitter, dann fragt sie: »Werden Sie Namen nennen?«

Ich sage, daß ich niemandem schaden will und ihren wirklichen Namen auch nicht nennen werde. Wegen der Verbindung zu Weimar und Kim Philby werde es jedoch sehr schwierig sein, die Geschichte zu erzählen, ohne daß zumindest ihre Verwandten und Bekannten ihre Identität erkennen können.

In ihren Gedanken und Gefühlen wird sie nun hin- und hergerissen. Im einen Augenblick sagt sie: »Eigentlich ist es gut, daß Sie mir das zeigen.« Im nächsten: »Na ja, vielleicht kann ich Sie ja auch wegen Verleumdung verklagen und ich bekäme dann viel Geld ... Nein, nein, das sollte nur ein Scherz sein ... Aber vielleicht gibt es einen Schutz ...«

»Wir haben so viel verdrängt ... *Warum* habe ich für mich keine Akteneinsicht beantragt? Weil ich nicht wissen wollte, was drinstand ... und über meinen Mann ... Wer weiß, was es da sonst noch gibt ... Ich glaube, das war das einzige Mal, daß ich so ausführlich über private Dinge berichtet habe. Ich dachte, es wäre dienstlich, aber ... Na gut, ich hoffe, daß Sie versuchen werden, die subjektiven und nicht nur die objektiven Umstände zu erklären. Wie es damals war. Aber wahrscheinlich ist das unmöglich. Nicht einmal ich kann mich heute wirklich erinnern ...«

Das Gespräch erstirbt im Dämmerlicht. Was kann ich beim Abschied sagen? »Es hat mich gefreut, Sie wiederzusehen«? Wohl kaum. Oder: »Es tut mir leid, daß ich Ihnen das angetan habe«? Ich sage: »Die Kopien sind für Sie. Bitte schreiben Sie mir, wenn es etwas gibt, das Sie noch nachtragen möchten. Hier ist meine Adresse.«

Und sie erwidert: Ach, Oxford! Sie hatte dort vor kurzem einen sehr schönen Tag verbracht. Sie reist jedes Jahr nach England, um alte Freunde zu besuchen. Jugendfreunde von Lizzy. »Haben Sie Ihre Telefonnummer notiert? Vielleicht rufe ich Sie an!«

Als wir uns vor der Wohnungstür die Hand geben, sagt sie nicht: »Es tut mir leid.« Sie sagt: »Wie sind Sie gekommen, mit dem Wagen?«

Nein, mit der U-Bahn.

»Oh, die Verbindung ist sehr gut, nicht wahr?« Sie ringt um Fassung und Normalität, als wäre nichts geschehen. Eigentlich nichts.

Als ich mich eine halbe Stunde später in meinem Hotelzimmer an einen Tisch setze und nach einem Stift greife, sehe ich, daß meine eigene Hand zittert.

Man muß sich vorstellen, daß solche Gespräche Abend für Abend in Küchen und Wohnzimmern überall im östlichen Deutschland geführt werden. Schmerzhafte Begegnungen, bei denen die Wahrheit ans Licht kommt, durch die Freundschaften zerstört werden und die einen ein Leben lang qualvoll verfolgen können. Hunderte, Tausende solcher Begegnungen, während die furchtbare Macht des Wissens nach und nach von der Stasi an die Angestellten der Gauck-Behörde und von diesen an Menschen wie mich weitergegeben wird. Die halten dann das Leben von anderen in ihren Händen, so, wie es die meisten von uns sonst nie tun.

Wäre es letzten Endes nicht weiser, ihnen ihre eigene, ganz persönliche Mischung aus Erinnerung und Vergessen, ihre auf Selbsttäuschung gegründete Selbstachtung zu lassen? Oder tue ich besser daran, sie zur Rede zu stellen? Besser nicht nur für einen selbst, für das eigene Bedürfnis nach Erkenntnis, sondern auch für sie? Selbst in ihrer ersten verwirrten Reaktion sagte »Michaela«: »Eigentlich ist es gut, daß Sie mir das zeigen.«

Als wir miteinander sprachen, hat sie vehement bestritten, gewußt zu haben, daß die Stasi sie als IM geführt hatte. Zunächst war ich geneigt, ihr zu glauben, aber Experten und Freunde haben mich gewarnt: »Das sagen sie doch immer.« Frau Duncker, die jetzt meinen Fall betreut, nachdem Frau Schulz in Rente gegangen ist, macht mir den Vorschlag, im Archiv nach »Michaelas« eigener Akte suchen zu lassen. Der »normale« Einsichtnehmende erhält von der Gauck-Behörde nur Fotokopien der Seiten aus der Akte eines IM, die ihn direkt betreffen. Außerdem kann er um eine formelle, schriftliche Bestätigung der wahren Identität derjenigen ersuchen, die ihn bespitzelt haben, »soweit diese sich eindeutig aus den Unterlagen ergibt«. Als Forscher ist es mir erlaubt, die eigentlichen Akten der auf mich angesetzten IM einzusehen.

Die normale IM-Akte besteht aus drei Teilen, die nach genauen Vorschriften zusammengestellt sind. Teil I dokumentiert die Biographie des IM sowie die näheren Umstände, wie er von der Stasi für die Mitarbeit gewonnen wurde, bis hin zu einer schriftlichen Verpflichtungserklärung, als IM zu arbeiten. Dann folgen die persönliche Wahl eines Decknamens und seine persönliche Laufbahn einschließlich Fotokopien seiner Privatkorrespondenz, Informationen aus anderen

IM-Berichten und eines Vermerks, falls die Stasi etwa im Hinblick auf seine Zuverlässigkeit Bedenken hat. Teil II enthält die Informationen, die von ihm in regelmäßigen »Treffs« meistens in einer »konspirativen Wohnung« geliefert und von seinem Führungsoffizier aufgezeichnet und kommentiert werden, seine eigenen schriftlichen Berichte, einen Überblick über seine Arbeit während eines Jahres, Pläne für die zukünftige Arbeit und so weiter. In Teil III sind die Quittungen für alle Spesenerstattungen und die »Prämien«, die er erhalten hat, abgeheftet.

Leider kann das Archiv nur Teil II von »Michaelas« Akte finden und auch den nur unvollständig. Der ist aber schon umfangreich genug: fast 600 Seiten, die sich auf die Zeit von 1976 bis 1984 beziehen, die Jahre in Weimar. Es beginnt damit, daß Leutnant Küntzel »der Kandidatin« versichert, »daß unser Organ alle notwendigen Schritte unternommen hätte, um die Angelegenheit der illegalen Devisenausfuhr bei der Dienstreise nach Ungarn zu klären«. »Die Kandidatin war darüber hocherfreut und sie versprach erneut, dies nie wieder zu tun.« Sie hatte Folgen für ihre zukünftigen Dienstreisen ins Ausland befürchtet. Drei Wochen später besucht er sie erneut und berichtet, sie habe erklärt, »daß sie gern mit unserem Organ zusammenarbeiten würde, wenn es sich um berufliche Belange ihrerseits handelt. Für andere Aufträge fühlt sie sich von ihrer Person heraus als ungeeignet.« Von ihrem Mann wisse sie etwas darüber, wie *diese* Tätigkeit aussah. Er habe den »Kundschafter« Kim Philby gut gekannt und »habe wohl auch bei seinem Exilaufenthalt in England für die Freunde gearbeitet«. (»Die Freunde« hieß in der DDR – häufig ironisch – die Russen.) »Für eine solche Arbeit aber fühle sie sich als [sic] nicht geeignet.«

Zwei Monate später kann sie über eine erfolgreiche Dienstreise in die Schweiz berichten, ein Privileg, von dem die meisten DDR-Bürger nur träumen konnten. Leutnant Küntzel bestätigt ihr seine »Legende«, er komme vom Rat des Bezirks. Und hier stoße ich bereits auf den ersten handschriftlichen Bericht, unterschrieben »Michaela«.

Man muß allerdings vorsichtig sein. Später in der Akte finden sich weitere handschriftliche Berichte, ebenfalls mit »Michaela« unterschrieben, doch tragen sie die Handschrift der Person, die von Leutnant Küntzel die »Treffs« mit ihr übernahm. (Dieser Mann – war es »Dieter« oder »Heinz«? – war kein Offizier, sondern ein IM zur Führung anderer IM.) In den früheren Berichten scheint dagegen die große weibliche Handschrift von »Michaela« selbst zu stammen. Ein Dokument in dieser Handschrift – ein Briefentwurf an die Kulturattachés verschiedener Botschaften – ist sogar mit ihrem wirklichen Namen unterschrieben, der durchgestrichen ist und über den man »Michaela« geschrieben hat.

In ihrem zweiten handschriftlichen Bericht geht es um eine Sache von höchster Bedeutung für die Sicherheit des Staates. Auf drei Seiten beklagt sich »Michaela« über den Service im Restaurant des Hotels Elephant. Der Oberkellner, ein Herr Göbbel, hatte sie im Beisein ihrer englischen Gäste sehr rüde behandelt, so daß diese sich »über diesen unmöglichen Service mokierten«. »Vor allem der diktatorische Umgangston [von Herrn Göbbel] wurde als einem internationalen Hotel [sic] unwürdig bezeichnet. Diese Art der Gästebetreuung trägt meiner Meinung nach nicht zum internationalen Ansehen der DDR bei.«

Am 15. September 1976 notiert Leutnant Küntzel, daß »Michaela« bei ihrer nächsten Verabredung am 21. September formell als Inoffizieller Mitarbeiter angeworben werden soll. Das Treffen wird entgegen sonstiger Praxis in ihrer eigenen Wohnung stattfinden. Der Bericht über dieses entscheidende Gespräch findet sich nicht in dieser Akte, vermutlich weil er entsprechend dem üblichen Verfahren in Teil I eingeordnet wurde – zusammen mit ihrer schriftlichen Verpflichtung zur Mitarbeit, sofern es eine solche gab. In späteren Berichten wird sie jedoch als IMV geführt, als IM mit direkter »Feindverbindung«. An späterer Stelle erscheint sie als IMS, nach der Stasi-Definition ein »IM zur politisch-operativen Durchdringung und Sicherung des Verantwortungsbereichs«. Unbestreitbar ist, daß sie immerfort fleißig berichtete.

In diesem Herbst kommt ein prominenter Besucher in die Staatliche Kunstsammlung: ein gewisser Helmut Kohl. »Michaela« beklagt die Tatsache, daß die Ordnungskräfte auf Anweisung der Genossin N. den Gast »dienstbeflissen« empfangen hätten, »wie z. B. die Türen öffnend und eine Verbeugung machend«.

Was folgt, ist weniger amüsant. Bei den Gesprächen, die alle zwei bis drei Wochen stattfanden, ein Rhythmus, der nur durch ihren Urlaub und ihre dienstlichen Auslandsreisen unterbrochen wurde, steht sie großzügig zur Verfügung. Sie berichtet über die politischen Einstellungen ihrer Untergebenen: Die eine hatte kritisiert, daß man

Wolf Biermann nach seinen Konzerten in Westdeutschland ausgebürgert hatte, die andere zeigt eine »fast bürgerliche Einstellung zu verschiedenen Problemen unserer Gesellschaft«. Sie liefert einen fünfseitigen handschriftlichen Bericht über ihren Besuch bei einer Person ab, die sie als einen ihrer besten Freunde im Westen bezeichnet.

Bei der Lektüre einer solchen Akte kann man verfolgen, wie ein Spitzel allmählich wie ein Fisch an der Angel eingeholt wird. Am Anfang steht die eingeschränkte Bereitschaft, nur über »berufliche Belange« zu berichten, am Ende die Weitergabe persönlicher Details bis hin zum persönlichsten Verrat. Denn schließlich berichtet »Michaela« sogar über den westdeutschen Freund ihrer eigenen Stieftochter. Unter »Instruierung des IM über weitere Maßnahmen« schreibt Leutnant Küntzel anschließend die furchtbaren Worte »Abschöpfung der Tochter«. »Abschöpfung« ist ein weiterer Terminus technicus der Stasi, im Stasi-Wörterbuch von 1985 umständlich definiert als »systematische Gesprächsführung zur gezielten Ausnutzung des Wissens, der Kenntnisse und Möglichkeiten anderer Personen zur Informationsgewinnung«. »Michaela« soll also ihre Stieftochter für die Geheimpolizei abschöpfen.

Vielleicht dachte sie ja wirklich, sie plaudere lediglich mit »Dieter« oder »Heinz« und demonstriere damit, daß sie eine gute Genossin und treue Bürgerin war, die nichts zu verheimlichen hatte. Harmloser Klatsch eigentlich. Vielleicht kam ihr nie in den Sinn, daß alles in dieser Ausführlichkeit aufgeschrieben werden könnte, obwohl sie anscheinend – wenn meine Analyse der Handschrift zutrifft – sehr wohl bereit war, selbst recht ausführliche Berichte zu schreiben. Natürlich kann es durchaus sein, daß solche »Instruierungen«, wie ich auch aus meiner eigenen Akte weiß, wenig mit dem zu tun haben, was sich dann tatsächlich ereignet hat. Ein freundliches »Wie geht's denn Ihrer Stieftochter?« wird zur kaltblütigen »Abschöpfung der Tochter«. Doch wenn sie nicht wußte, was sie da tat, dann nur, weil sie es nicht wissen wollte.

Um ein gerechtes Urteil abgeben zu können, würde ich genau wissen wollen, welchen Schaden die Menschen, wenn überhaupt, erlitten haben, über die »Michaela« berichtet hat. Doch das läßt sich nur sehr schwer feststellen. Wie das Gesetz es verlangt, werden die Namen von unbeteiligten Dritten geschwärzt. Selbst wenn ich sie dennoch identifizieren könnte, dürfte ich keine Einsicht in ihre Akten nehmen.

Erst durch diese aber könnte ich die Auswirkungen der von »Michaela« preisgegebenen Informationen im Vergleich zu den Informationen aus anderen Quellen einschätzen. Deshalb können nur diejenigen, die unmittelbar betroffen waren und jetzt die eigene Akte eingesehen haben, wirklich Genaueres darüber sagen. Wir wissen jedoch, daß die Stasi den Informationen, die sie durch IM erhielt, besondere Aufmerksamkeit widmete. Deren scheinbar harmlose Informationsschnipsel wurden zu einem wesentlich schädlicheren Ganzen zusammengefügt. Nach dieser Methode funktionierte das ganze System.

Während ich also nichts Endgültiges darüber aussagen kann, in welche Schwierigkeiten sie andere gebracht hat, kann ich jedoch etwas zu den Vorteilen sagen, die sie als IM für sich selbst herausschlug. Einen Monat später heißt es beispielsweise in einem internen Vermerk, daß keine Bedenken gegen weitere Auslandsreisen bestehen – ein ganz seltenes Privileg. In einem »Reiseplan zur Ausnutzung einer dienstlichen Reise des IMV ›Michaela‹ nach Japan« vermerkt Leutnant Küntzel: »Die dem IM übertragenen Aufgaben wurden stets mit Bereitwilligkeit entgegengenommen und realisiert.« Es fällt auf, daß in diesen Dokumenten immer von »dem« I[noffiziellen] M[itarbeiter] »Michaela« die Rede ist; eine weibliche Form dafür kannte die Stasi nicht. Tatsächlich war dies auch eine überwiegend männliche Welt: Nur etwa ein Zehntel der Stasi-Spitzel waren Frauen.

Im September 1979 erscheine ich auf der Bildfläche. Beim nächsten Treff »instruiert« Leutnant Küntzel sie, wie sie sich mir gegenüber verhalten soll. Eine Woche später, und kein Lebenszeichen von mir. Ein Monat vergeht, immer noch nichts: »Der IM hatte Bedenken, daß er etwas falsch gemacht hätte. Die Bedenken konnten zerstreut werden.« In einem Rückblick auf die Arbeit des IM »Michaela« stellt Leutnant Küntzel Ende Dezember 1979 zufrieden fest, daß der IM inzwischen zur Übernahme von Aufträgen bereit war, was zu Beginn der Zusammenarbeit nicht der Fall war. »[Als] Schwerpunkt wurde der Kontakt zu dem Garton-Ash benannt. Dem IM wurde betreffs des Verhaltens ein Lob ausgesprochen.«

Die Berichte für 1980 und 1981 folgen unseren sporadischen Kontakten, wie in meiner eigenen Akte festgehalten, unterbrochen von ihren dienstlichen Reisen nach Italien und Dänemark. Im Spätjahr 1981 übernimmt FIM (Inoffizieller Mitarbeiter zur Führung von anderen IM) »Sänger« die bisherige Funktion von Leutnant Küntzel. »Michaela« singt weiterhin für ihre Reisen ins kapitalistische Ausland. Vom März 1982 findet sich in der Akte eine von »Sänger« und »Michaela« vorgenommene »Auswertung …« von Auszügen aus meinem Buch über die DDR, die im *Spiegel* erschienen waren. Im Juli gratuliert »Sänger« ihr zur Verleihung des Vaterländischen Verdienstordens in Silber und überreicht ihr ein Geldgeschenk des Ministeriums von 50 Mark. Bei dem nachfolgenden Treffen berichtet sie ausführlich über die Geschichte mit den Dürer-Bildern. Wenn ich nicht mit ihr gesprochen hätte, wäre mir bei der Lektüre dieser Dokumente völlig entgangen, daß es dabei vor allem um ihre persönliche Enttäuschung darüber ging, daß man sie um die Chance gebracht hatte, nach Amerika zu reisen.

Und so geht es weiter und immer weiter. Ein Kontakt zur Schweizer Botschaft. Die Einschätzung einer weiteren Angestellten. Ein Geschenk des Ministeriums für »Michael« – Dr. Georg – zu seinem 80. Geburtstag. »In würdiger feierlicher Form fand ein gemütliches Beisammensein statt«, schreibt »Sänger«. Dann ein Bericht über den neuen Ehemann ihrer Stieftochter.

Eine Reise nach Österreich. Dr. Georg erkrankt schwer. Ein Treff, der »dazu diente, ›Michaela‹ zu zeigen, daß sie [dieses eine Mal wird die weibliche Form benutzt] in der kommenden schweren Zeit Unterstützung bei unserem Organ finden kann«. Ihr Bericht über einen Brief von Lizzy, in dem diese geschrieben hatte, sie werde nach ihrer Reise nach Wien nicht wieder in die DDR zurückkehren.

Dann Dr. Georgs Tod, Aufgabe der Stelle in Weimar und die Absicht, nach Berlin zu ziehen, erleichtert durch einen Witwenbrief an das Politbüromitglied Kurt Hager (alias Feliks Albin), der Dr. Georg noch aus ihrer Zeit in London während des Krieges kannte. Doch kurz bevor sie Weimar verläßt, noch ein kleiner Bericht über einen Künstler, der einen Ausreiseantrag gestellt hatte …

Während ich den trivialen, manchmal auch intimen Details der Kollaboration von »Michaela« mit der Stasi nachgehe, halte ich inne und frage mich: Soll und darf ich das wirklich alles lesen? Und selbst wenn, dann auch Sie, der Leser dieses Buches?

Wenn Autoren oder Herausgeber kritisiert werden, weil sie Details aus jemandes Privatleben an die Öffentlichkeit weitergegeben haben, berufen sie sich gern auf das »öffentliche Interesse«. Doch in der Praxis verstehen sie unter »öffentlichem Interesse« häufig nur, »was die Öffentlichkeit interessiert« – das heißt, was die Auflage ihrer Bücher oder Zeitungen steigert. Gibt es hier ein echtes öffentliches Interesse, das es rechtfertigen würde, persönliche Details zu veröffentlichen, die »Michaela« auf jeden Fall in eine peinliche Lage bringen und sich möglicherweise auch verheerend auf die Beziehung zu ihrer Stieftochter auswirken werden?

Eine formelle Antwort findet man im sogenannten Stasi-Unterlagen-Gesetz. Nach § 32 dieses Gesetzes darf ich »zum Zwecke der politischen und historischen Aufarbeitung der Tätigkeit des Staatssicherheitsdienstes sowie für Zwecke der politischen Bildung« personenbezogene Informationen aus den Akten über »Personen der Zeitgeschichte, Inhaber politischer Funktionen oder Amtsträger in Ausübung ihres Amtes, soweit sie nicht Betroffene oder Dritte sind«, veröffentlichen, ebenso über Mitarbeiter des Staatssicherheitsdienstes oder von ihm Begünstigte. Das gilt jedoch nur, sofern »durch die Veröffentlichung keine überwiegenden schutzwürdigen Interessen der genannten Personen beeinträchtigt werden«.

Doch wer ist eine »Person der Zeitgeschichte«, und was ist ein »überwiegendes schutzwürdiges Interesse«? Ein Rechtsexperte bei der Gauck-Behörde erläutert mir diese Fragen. Bei Personen der Zeitgeschichte macht das deutsche Recht einen Unterschied zwischen »absoluten« und »relativen« Personen der Zeitgeschichte. »Absolute« Personen der Zeitgeschichte sind etwa Hitler oder Churchill. Bei den »relativen« Personen der Zeitgeschichte beschränkt sich die historische Bedeutung auf ein bestimmtes Gebiet oder einen Zeitraum, und nur dieser Teil ihres Lebens ist sozusagen jagdfreies Wild. »Schutzwürdige Interessen« sind intime Details aus dem Privatleben einer Person, sofern diese für ein Verständnis der Wirkungsweise der Stasi nicht wesentlich sind.

In der Praxis müssen die Angestellten der Gauck-Behörde bei der

Vorbereitung der Akten für den Leser zahlreiche individuelle Entscheidungen treffen. Sie müssen die Namen von »Betroffenen oder Dritten« unleserlich machen, aber die von »Personen der Zeitgeschichte« stehenlassen. Absätze, die »überwiegende schutzwürdige Interessen« betreffen, sollen sie abdecken. Aus diesem Grund sind auch einige Seiten in der IM-Akte von »Michaela« abgedeckt.

Eine Zeitlang hatte ich gedacht, die letzte Entscheidung liege bei den Mitarbeitern der Gauck-Behörde und diese trügen auch die juristische Verantwortung, doch der Rechtsexperte befreit mich von einem Irrtum. Ich allein bin vor Gericht verantwortlich für das, was ich veröffentliche. Demnach könnte »Michaela« mich tatsächlich verklagen, wie sie einen Augenblick lang erwogen hatte. Aber das ist es nicht, was mich beunruhigt. Mir geht es nicht um die juristische, sondern um die moralische Verantwortung. Zum Beispiel, warum soll ich nicht die Sache mit ihrer Stieftochter einfach weglassen?

Zum Glück gelingt es mir, die Stieftochter ausfindig zu machen und ihr die Geschichte eingehend zu erzählen. Sie weiß bereits, daß ihre Stiefmutter sie unter dem Decknamen »Michaela« bespitzelt hat. Sie hat es aus ihrer eigenen Akte erfahren und daraufhin alle Beziehungen zu ihrer Stiefmutter abgebrochen. Bei dieser Gelegenheit hat auch die Tochter »Michaelas« davon erfahren.

Bleibt immer noch die Frau selbst und ihre Beziehungen zu anderen Menschen. Während meiner Arbeit an diesem Buch erörtere ich das Problem mit Freunden. Einige sind der Meinung, ich solle »Michaela« schonen. »Sonst wirst du so wie sie«, sagen sie. »Dann bist du der Spitzel.« Andere meinen, ich sollte auf jeden Fall veröffentlichen, einfach weil die Geschichte *interessant* sei. Das spielt natürlich eine Rolle, reicht jedoch nicht aus. Was mich dann doch zur Veröffentlichung bewegt – allerdings ohne den Namen zu nennen –, ist die Überzeugung, daß es auch um eine größere Sache geht. Hier besteht eine Chance, mit der Anschaulichkeit, die nur durch diese intimen Details bewirkt wird, deutlich zu machen, wie jemand in das Netz einer Geheimpolizei hineingezogen wurde – und wohin eine solche Kollaboration am Ende führt.

6

IM »Schuldt« liefert mehrere peinlich ausführliche Berichte über Gespräche, bei denen wir anscheinend in der Hauptsache die Geschichte des Dritten Reichs diskutiert haben. Abgesehen von seiner Schilderung meines Zimmers in Prenzlauer Berg tragen sie wenig Erhellendes bei. Wie »Schuldt« selbst über eine dieser Begegnungen etwas trübsinnig schreibt: »Insgesamt verlief dieses ›Arbeitsessen‹ für mich nicht sehr erfolgreich.«

Mein Tagebuch macht es mir möglich, ihn zu identifizieren. Er war Dozent für englische Literatur von Anfang Fünfzig, den ich auf einem Empfang aus Anlaß des offiziellen Geburtstages der Königin im Garten der Residenz des britischen Botschafters kennengelernt hatte. In meiner Erinnerung war er grobknochig, leicht glatzköpfig, melancholisch und ziemlich langweilig, obwohl er gut Englisch sprach und gelegentlich auch witzig sein konnte.

Anscheinend gehörte er zu jenen IM – von denen es offenbar viele gab, wie ich von Mitarbeitern der Gauck-Behörde erfahre –, die Stunden damit zubringen konnten, mit der Hand oder der Maschine bis in die kleinsten Details gehende Berichte zu schreiben. Die Stasi war ihr Brieffreund. Die Tiefen seiner Erkundung lassen sich an folgendem Auszug aus seiner Schilderung von einem Mittagessen mit dem Dritten Sekretär der britischen Botschaft ermessen, die sich in meiner Akte befindet, weil beide auch über mich gesprochen hatten. »Die gesamte Atmosphäre des Treffens mit Mr. Wildash war sachlich aber konventioneller, als erwartet (ist da ein konventioneller Umstand eines jungen Mannes gegen einen ›Professor‹ im Spiel?). Während ich zum Essen bemüht war, tschechische Spezialitäten zu bekommen (z.B. Knödel), nahm mein Gesprächspartner ein Gericht mit Geflügelleber zu sich. Er trank zwei oder drei Flaschen Pils, obgleich er seinen Wagen bei sich hatte.« Ich frage mich, wieviel Kilometer von solchem Zeug – »(z.B. Knödel)« – sich in den rund 180 Kilometern Akten befinden, die jetzt von der Gauck-Behörde verwaltet werden. Dreißig? Sechzig?

»Schuldts« eigene Akte verhilft mir zu einem besseren Verständnis, warum er es getan hat. Diesmal finden die Leute vom Archiv alle drei

Teile einer typischen IM-Akte. Teil I umfaßt zwei dicke Aktenordner, Teil II sogar vier, und selbst der dünne Teil III mit seinen Abrechnungen ist aufschlußreich. Zusammengenommen erzählen sie eine traurige Geschichte. Sie beginnt 1960. »Schuldt« ist ein intelligenter, aber sprunghafter Lehrbeauftragter für Englisch an einer Provinzuniversität. Er ist Anfang Dreißig, ledig, hatte während des Krieges eine gute Schule besucht und war für kurze Zeit in der Hitlerjugend. Sein Dekan ist der Meinung, daß er es manchmal mit den Details nicht so genau nehme, findet in seiner Arbeit jedoch viele anregende Ideen. Sein gesprochenes Englisch ist offensichtlich gut, da er vor kurzem von einer Asienreise mit dem Vorsitzenden des Ministerrats, Otto Grotewohl, zurückgekehrt ist, auf der er als Sonderdolmetscher fungiert hat.

Doch jetzt hat man ihn denunziert, weil er in einer Kneipe respektlose Anekdoten von dieser Reise erzählt hat, weil er zuviel trinkt und weil er bei Studenten homosexuelle Annäherungsversuche macht. Ein Student berichtet Einzelheiten über solch einen Vorfall. Nach einem feuchtfröhlichen Abend hatte »Schuldt« eine Gruppe von Studenten in seine Wohnung eingeladen, wo er zudringlich wurde: »[Schuldt] sagte darauf, wenn er seine Lederhose auszieht, dann hole er noch eine Flasche Wein aus dem Keller.« »Schuldt« rechtfertigt sich in einem zehnseitigen maschinengeschriebenen Brief voller Verweise auf die Bedeutung der Homosexualität in der europäischen Kulturgeschichte und mit einer erniedrigenden Selbstkritik. Sein Verhalten, so schreibt er, »war ein grober Verstoß gegen meine Pflichten als Mitglied unserer Partei«. Er werde sich nunmehr »bemühen, den Namen eines Genossen in Ehren zu tragen«.

Es folgen Vorgespräche mit dem »Kandidaten«. Die Erpressung wird nicht ausdrücklich festgehalten, doch gibt es einen ausführlichen Bericht über das formelle Anwerbungsgespräch, das am 29. Dezember 1961 von neun bis halb zwölf Uhr im Rathaus stattfand. Er liefert detaillierte Einschätzungen vieler Kollegen an der Universität. Dann gibt es einen besonderen braunen Umschlag, der in die Akte eingeheftet ist. Auf die Vorderseite ist nur das Wort »Verpflichtung« aufgedruckt: die Verpflichtung, für die Stasi zu arbeiten. Dieser Umschlag ist leer. Teil II enthält jedoch alle Unterlagen seiner Tätigkeit seit 1962 mit regelmäßigen detaillierten Berichten über Kollegen, Studenten und Bekannte. Seit dieser Zeit enthält Teil I ein Konvolut aus Berichten wachsamer anderer IM über ihn selbst (1970 trinkt er noch immer soviel) sowie Fotokopien seiner Korrespondenz. Teil III hält seine Spesen fest: Speisen und Getränke, 5 Mark, 28 Mark für Wein und Zigarren, 100 für Telefonate, 200 für Reisen sowie dann und wann eine »Prämie« für gute Arbeit.

Für 1975 finden wir einen Vermerk über die Verleihung einer Bronzemedaille für »treue Dienste in der Nationalen Volksarmee ... als Zeichen der Anerkennung für ehrliche, gewissenhafte und treue Pflichterfüllung im Ministerium für Staatssicherheit«. Unterschrieben von Minister Erich Mielke.

»Schuldt« wird jetzt für die Stasi interessanter, weil er den Ersten Sekretär an der britischen Botschaft kennenlernt. Diesen freundschaftlichen Kontakt pflegt er tatkräftig in enger Abstimmung mit seinem Führungsoffizier. In der Akte sind Fotokopien der Titelseiten mehrerer Bände der *Penguin Modern Poets*, die ihm der freundliche Erste Sekretär geschickt hat, außerdem Kopien ihrer gesamten Korrespondenz. Im dritten Aktenordner genießt er das Privileg, im Peterhouse College, Cambridge, an einer Konferenz über englische Literatur teilzunehmen. Ausführliche Einschätzungen mehrerer Teilnehmer schließen sich an. Der bekannte britische Literaturkritiker Raymond Williams wird als »fortschrittlicher Bürger« hervorgehoben.

Im vierten Ordner trete ich auf. Er bemerkt verdrießlich, daß ich eine ordentliche Portion von seinem Weinbrand wegtrinke. Vielleicht hofft er auf eine Nachfüllung durch die Stasi. (Nach den Ausgabequittungen gibt ihm der Führungsoffizier beim nächsten Treff 200 Mark, angeblich zur Deckung der Kosten einer Fahrt nach Berlin, doch genug, um mehrere Flaschen anzuschaffen.) Danach reicht er einen eigenen Vermerk über eine mögliche weitere Englandreise ein. Im Frühjahr 1980 wird in der Residenz des britischen Botschafters mit George Steiner als Ehrengast ein Abendessen gegeben (»Professor Steiner führte weiterhin das große Wort ...«), und ein weiteres im Herbst, zu dem, wie er sorgfältig vermerkt, Timothy Garton Ash von Mark Wood von Reuters im Wagen mitgenommen wurde. Im Dezember 1980 erhält er eine Prämie von 300 Mark und wird vor allem wegen seiner Arbeit im Zusammenhang mit der britischen Botschaft gelobt, die er, wie es in der Belobigung heißt, »in seiner Freizeit« verrichtet hat. Dann, im Januar 1981, entwickeln sie eine Strategie zur Wiederaufnahme des Kontakts mit mir.

Zur selben Zeit hört jedoch Abteilung 26 sein Telefon ab und bekommt mit, wie er zu einem Freund sagt: »Na ja, das ist ja alles sehr schön, aber immer (sic) bricht die DDR zusammen.« Damit dürfte er sich eine Silbermedaille verscherzt haben. Doch die Treffs, die Berichte und die kleinen Geschenke gehen weiter. Im März 1984 schlägt er vor, nach Polen zu reisen, um den Kontakt mit besagtem britischen Diplomaten, mittlerweile an der Botschaft in Warschau, wiederaufzunehmen. Immer Zeit für einen kleinen Ausflug auf Kosten der Stasi. Doch an dieser Stelle bricht die Dokumentation plötzlich ab.

Ich kehre zurück zu Teil I und finde in einem weiteren braunen Umschlag einen »Abschlußbericht« mit Datum vom 4. Oktober 1984. »Der letzte Treff mit dem IM ›Schuldt‹ fand am 16. 5. 84 statt«, heißt es da. »Am 10. 7. 1984 verstarb der IM ›Schuldt‹ ... unerwartet.« Er war 57 Jahre alt. »Durch das plötzliche Ableben des IM ›Schuldt‹ ergeben sich keine politisch-operativen Konsequenzen.«

7

IMB »Smith« steuert eine Kritik an meinem äußeren Aufzug bei: »macht recht saloppen Eindruck (offener Kragen, der Schlips benötigt, aber ohne Schlips ...)«.

Er kategorisiert mich ziemlich zutreffend »als Mitglied der bürgerlichen Intelligenz mit liberal-humanistischer Ausbildung und liberaldemokratischer Einstellung«. Außerdem erscheine ich ihm »etwas naiv in [m]einer Neugier. Sucht jede Gelegenheit, mehr zu erfahren. Redet mit alten Arbeitern in der ›Kneipe an der Ecke‹, also mit Bürgern, die sich an die damalige Zeit [des Dritten Reichs] erinnern.«

Ich kann mich an »Smith« überhaupt nicht erinnern, und mein Tagebuch verzeichnet lediglich ein »ausgedehntes Mittagessen m. britischem Kommunisten an der Humboldt-Univ.«. Nach mehreren falschen Spuren – gibt es so viele »Smiths«? – machen die Archivare die richtige Akte ausfindig. Er ist Engländer, ein ehemaliger Dozent an einer technischen Hochschule in Großbritannien, der in den siebziger Jahren einen Lehrauftrag an der Humboldt-Universität übernommen, eine DDR-Bürgerin geheiratet und sich in der DDR niedergelassen hatte. Hier, in Teil I der Akte, findet sich der Vorschlag von Leutnant Wendt, mit ihm Kontakt aufzunehmen und dafür eine »Legende« zu benutzen. Wendt wird ihn anrufen und behaupten, er sei Mitarbeiter des Magistrats. Wenn sie sich treffen, wird Wendt sich als »Heinz Lenz« vom Ministerium für Staatssicherheit vorstellen und sagen, der Name seines Gegenübers sei in den Unterlagen eines westlichen Geheimdienstes in Westberlin aufgetaucht. Es sehe schlecht aus, und sie seien auf seine Mitarbeit angewiesen, um die Sache aufzuklären. Im Klartext: Beweisen Sie Ihre Unschuld!

Der Trick funktioniert. Binnen einer Woche kommt es zu einer weiteren Begegnung mit dem »IM-Kandidat[en] ›Doktor‹«, wie er jetzt genannt wird. Zwei Wochen später schreibt der Kandidat eigenhändig eine Erklärung, in der er sich zum Schweigen über seine Stasi-Mitarbeit verpflichtet, und unterzeichnet sie mit seinem richtigen Namen. Später in Teil I finde ich den obligaten braunen Umschlag mit der Aufschrift »Verpflichtung«. Er enthält seine handschriftliche Erklärung, die Bereitschaft, »das MfS künftig auf freiwilliger Grundlage zu unterstützen«. Zu diesem Zweck, heißt es abschließend, »wähle ich mir den Decknamen ›Smith‹«. Ab 1981 ist er IMB. Diese Abkürzung ersetzte 1980 die bisherige IMV (wie bei »Michaela«), doch die Bedeutung blieb im wesentlichen dieselbe: die höchste Klasse der Spitzel, die »mit Feindverbindung«.

Als Engländer fragt man sich immer wieder: Wenn es in England einen kommunistischen Polizeistaat gäbe, hätten wir dann viele Spitzel? Nun, hier ist ein britischer Spitzel – und ein eifriger obendrein. Teil II der Akte umfaßt etwa 600 Seiten in drei Ordnern, und die reichen nur bis 1986. Der letzte Ordner ist nicht aufzufinden; vielleicht stand er noch in Wendts Büroschrank, vielleicht ist er in den Reißwolf gewandert oder verbrannt worden.

In der Anfangszeit berichtet er hauptsächlich über seine Kontakte zur britischen Botschaft. Dann erhält er den Auftrag, über die Bibliothek des British Council in Westberlin zu berichten. Er liefert eine ausführliche Beschreibung – mit Handskizze – ab. Dann kommen formelle, maschinengeschriebene Anweisungen für eine Reise nach England. Wie soll er sich verhalten, falls »britische Sonderdienste« eine Kontaktaufnahme versuchen? »Werden Sie nicht nervös und bleiben Sie äußerlich ruhig!« Sein Sonderauftrag besteht darin, eine ausführliche Beschreibung – samt Handskizze – von der Zentrale des British Council in Spring Gardens in London Mitte zu geben. »Smith« wird das schon erledigen. Und siehe da, hier ist seine Kugelschreiberskizze: Whitehall, Trafalgar Square, die Mall und dann Spring Gardens, an der falschen Stelle eingezeichnet.

Später erhält er einen weiteren formellen Auftrag. Am 4. Dezember 1982 soll er von elf bis ein Uhr mittags eine weibliche Person und ihren Begleiter im Restaurant »Jade« im Europa-Center in Westberlin beobachten. Hierfür erhält er 150 Mark West als Spesen. In seinem Bericht, der kaum etwas hergibt, äußert er die Vermutung, daß der chinesische Kellner die beiden ebenfalls beobachtet habe.

Zwischen diesen mehr oder weniger lächerlichen Aufträgen stekken der handgeschriebene Bericht von seiner Begegnung mit mir und relativ ausführliche Informationen über weitere Briten, die in der DDR leben. Dann, in Ausführung des Maßnahmeplans am Anfang meiner Akte – »unter Berücksichtigung der subjektiven und objektiven Möglichkeiten des IM« –, liegen sehr detaillierte Anweisungen für den Auftrag vor, den Kontakt mit mir wiederaufzunehmen. Er soll versuchen, über Mr. Wildash von der britischen Botschaft herauszufinden, wo ich mich aufhalte, sich jedoch nur beiläufig erkundigen. »Auf keinen Fall darf der Eindruck eines Vortrages entstehen«, mahnt Wendt. »Smith« neigt anscheinend wie viele Akademiker dazu, Vorträge zu halten, statt ein Gespräch zu führen. Sie besprechen den Text eines Briefes, den er Wildash zur Weiterleitung an mich übergeben soll. Ja, hier ist der Brief. Vielleicht erinnere ich mich noch an unsere Zusammenkunft vor einem Jahr? Er hat inzwischen meine Artikel über Polen gelesen und möchte gern mit mir darüber diskutieren:

»Wenn Sie wieder nach Berlin (Ost oder West) kommen sollten, würde ich mich über eine Gelegenheit freuen, mich mit Ihnen zu treffen und über diese Dinge auszutauschen. Fall Sie weitere Artikel geschrieben haben und mir Kopien davon zusenden könnten, würden Sie mir damit ebenfalls einen großen Gefallen erweisen (in diesem Fall schicken Sie es aus naheliegenden Gründen bitte an die britische Botschaft mit einer Notiz, für wen es bestimmt ist, und nicht an meine Privatadresse!)«

Mir gefällt dieses »aus naheliegenden Gründen«: damit es nicht der Stasi in die Hände fällt, Sie verstehen schon …

Ich kann mich nicht erinnern, diesen Brief je erhalten zu haben, doch jetzt, 15 Jahre später, wird er mir in einer Akte nachgeliefert.

1986 scheint die Abteilung genug davon zu haben, daß »Smith« ihr langatmige Vorträge über europäische Politik hält, statt das abzuliefern, was von ihm verlangt wurde: Einzelheiten über andere Leute. Ich erkenne deutlicher, was der Leutnant mit den beschränkten »subjektiven Möglichkeiten« von Professor »Smith« gemeint hatte. Mitte 1986 bricht die Akte plötzlich ab.

Auch er steht im Telefonbuch. Hallo, sage ich, vielleicht können Sie sich noch an unsere Zusammenkunft erinnern?

»Ja, dunkel.«

Wollen wir uns nicht mal zum Mittagessen treffen?

Gute Idee.

Konnte ein Engländer genauso aussehen wie ein gewöhnlicher DDR-Bürger? »Smith« wird das schon bewerkstelligen. Anorak, braune Hosen, weiße Socken und braune Schuhe. (Selbst Leutnant Wendt sieht sich zu einem Aktenvermerk veranlaßt, daß »Smith« »ordentlich, aber nicht modisch gekleidet« ist.) Er hat ein rosiges, sommersprossiges Gesicht und ein nervöses Lächeln.

Wie wär's mit Hühnchen?

Ja, sagt er, gern.

Jetzt sage ich ihm, um was es geht. Ich lese gerade meine Akte. Ein IM »Smith« hat Berichte über mich geliefert. Es hat den Anschein, als sei er dieser »Smith«.

»Könnte sein«, sagt er.

Dann, ohne weitere Aufforderung, gibt er eine eigene Schilderung von der ersten Kontaktaufnahme, beginnend mit dem ersten Anruf vom »Magistrat«. Er war sehr beunruhigt. Er dachte, es sei jemand von der CIA! Dann trafen sie sich wie verabredet vor der Humboldt-Universität, suchten sich einen leeren Seminarraum, und »Heinz Lenz« zeigte ihm seinen Stasi-Ausweis. Er war schockiert, erst recht, als »Heinz Lenz« ihm erklärte, sie hätten ihn im Verdacht, mit einem westlichen Geheimdienst zusammenzuarbeiten. Er sagt, »Lenz« habe ziemlich dick aufgetragen, in James-Bond-Manier. Als »Lenz« fertig war, war er in Panik. Er hatte Angst, daß sie ihn ausweisen würden – und was würde dann mit seiner Frau und seinem Kind passieren, die noch hinter der Mauer saßen? Er ging nach Hause und besprach die Sache mit seiner Frau. Sie beschlossen, er solle kooperieren, um zu beweisen, daß der Verdacht unbegründet war.

Die falsche Entscheidung natürlich, aber vollkommen verständlich. Doch dann fängt er an zu erklären, er habe auch gemeint, über die Stasi gebe es vielleicht eine Möglichkeit, mit dem Staat zu kommunizieren. In begrenztem Maße habe er versucht, dasselbe zu tun, was Manfred Stolpe durch seine Verbindungen zur Stasi versucht habe: der Spitze eine politische Botschaft zu übermitteln. Das Problem bei einem kommunistischen Staat wie der DDR habe darin bestanden, daß er »kein Gerüst der Zivilgesellschaft« hatte. Zur Behebung dieses Mangels wollte er seinen Beitrag leisten.

Damals glaubte er, die Stasi sei ein relativ kleiner Verein, »so eine Art MI5«. Erst nach 1989 habe er erkannt, welch riesige Organisation dahinterstand. Er hat die Debatte in der Presse verfolgt und findet es »unglaublich«, was manche Leute getan haben: ihre Freunde bespitzelt und dazu beigetragen, sie »in den Knast zu bringen«.

Sein eigenes »Prinzip« bestand darin, mit der Stasi ausführlich über politische und soziale Themen zu sprechen, nicht aber über einzelne

Leute. Trotzdem wollte er gern wissen, wieweit er »sich daran gehalten« habe. Das scheint der richtige Augenblick, ihm eine Kopie des Berichts zu zeigen, den er damals über mich verfaßt hat. Er ist nervös, während er liest, meidet dann einige Sekunden meinen Blick. Sagt, er sei »irritiert« durch die Lektüre. »Zerknirscht, um es milde auszudrücken.«

Er hatte sich in letzter Zeit gefragt, ob es stimmte, was sie ihm gesagt hatten, daß sie seinen Namen in den Unterlagen »eines westlichen Geheimdienstes« gefunden hätten. Warum hatten sie nicht gesagt, welcher Geheimdienst? Damals war er fest von der Richtigkeit ihrer Behauptung überzeugt, doch heute meint er, die Chancen stünden »40 zu 60«, daß die Angelegenheit erfunden war.

Sie war es tatsächlich, sage ich ihm jetzt.

Dann befrage ich ihn über die Episode im Restaurant »Jade«. War es aufregend? Sah er sich selbst als James Bond?

Nein, er hatte eine Heidenangst. Er dachte, er würde erschossen! Später bat er sie, ihm nie wieder einen solchen Auftrag zu erteilen. Andererseits konnte er die D-Mark wenigstens für Bücher und Zeitschriften aus dem Westen ausgeben.

Und die Handskizzen vom British Council?

Wieder Verlegenheit. Er hatte gedacht, dies sei lediglich »ein kleiner Test«.

Er und die Offiziere – es gab mehrere im Lauf der Jahre – redeten ungefähr so wie wir hier miteinander. Warum hatte er dann diese ausführlichen Handnotizen gemacht? »Weil ich ein schlechtes Gedächtnis habe.« Er las von den Notizen ab, dann übergab er sie dem Führungsoffizier. Diese Betreuer waren eine eigenartige Mischung aus Förmlichkeit und Ungezwungenheit. Nach einiger Zeit sagte ihm »Heinz Lenz«, das Ministerium sei zu der Erkenntnis gelangt, er sei kein westlicher Spion, und zum Zeichen des Vertrauens »möchten wir Ihnen das Du anbieten«. Sag einfach Heinz zu mir – und berichte weiter.

Was die Informationen über einzelne Personen anging, die er weitergab, so glaubte er wirklich, das seien nur harmlose kleine Bruchstücke. Für ihn zählte allein die allgemeine politische Analyse, die er ihnen ausführlich lieferte. Ich mache ihn darauf aufmerksam, daß das, was für ihn zählte, nicht unbedingt auch für sie wichtig war. Sie waren gerade an diesen scheinbar harmlosen kleinen Bruchstücken interessiert. Anschließend fügten sie alles zusammen, wie Archäologen, die eine zerbrochene römische Vase rekonstruieren. Ja, das versteht er heute.

Bevor wir uns verabschieden, fragt er mich nervös: »Werden Sie meinen Namen nennen?« Es wäre ihm lieber, ich täte es nicht.

Ich kann ihn beruhigen. Es bleibt bei »Smith«.

Einige Monate später halte ich in Berlin einen öffentlichen Vortrag über Geschichtsaufarbeitung nach dem Kommunismus. Ich gehe ausführlich auf die Öffnung der Stasi-Akten ein. Unter den Menschen, die anschließend zu mir kommen, sehe ich zu meiner Überraschung auch »Smith«. Er übergibt mir einen Umschlag. Zurück im Hotel, öffne ich ihn und finde einen Brief, in dem er mir mitteilt, er habe beantragt, seine Akte einzusehen, und er würde sich freuen, wenn wir uns noch einmal sehen könnten, »um einzelne Punkte zu erörtern«.

Vorerst übersendet er mir drei mit Schreibmaschine beschriebene Blätter unter der Überschrift »Einige Gedanken zum MfS«. Darin wird seine eigene Beteiligung mit keiner Silbe erwähnt, sondern nur das ganze Problem allgemein abgehandelt, wie bei einer Korrespondenz zwischen zwei interessierten Wissenschaftlern. Zum Beispiel: »In dem Material der MfS-Akten spiegelt sich das Selbstverständnis des MfS (Form der Berichterstattung, Interpretation, Terminologie usw.). Jeder, der mit Textanalyse und den Problemen der Wahrnehmung und der Absichten bei der Abfassung von Texten vertraut ist, wird sich der Sorgfalt bewußt sein, die für die Interpretation eines Materials dieser Art erforderlich ist.«

Das Wort »ich« erscheint in seinem Text an keiner Stelle.

8

Ich begegnete Frau R. zum erstenmal in einer kleinen Ausstellung zum antifaschistischen Widerstand in Berlin. Eine weißhaarige Dame von über sechzig Jahren, hob sie sich sogleich durch ihre Haltung und ihren Stil von den Umstehenden ab, souverän, gut gekleidet, redegewandt. Tatsächlich stammte sie aus einer begüterten und gebildeten Familie deutscher Juden. Sie hatte sich Anfang der dreißiger Jahre im jugendlichen Alter zum Kommunismus bekannt und wurde bald nach Hitlers Machtergreifung als Kommunistin von der Schule gewiesen. Sie verließ Deutschland, lernte den Mann fürs Leben kennen und folgte ihm nach Moskau. Sie heirateten und hatten einen Sohn. Es dauerte nicht lange, und der Mann wurde wie so viele andere bei einer der stalinistischen Säuberungen verhaftet und verbrachte mehr als zehn Jahre in sowjetischen Arbeitslagern. Sie selbst mußte in einer der sogenannten »Arbeiterarmeen« Dienst tun; eine Zeitlang nahm man ihr den Sohn weg und steckte ihn in ein Waisenhaus.

Jahrzehnte später, Mitte der fünfziger Jahre, gelang es ihnen, in den inzwischen kommunistisch beherrschten Teil Deutschlands zurückzukehren. Sie bekamen noch ein Kind. Ihr Mann erholte sich nie wieder richtig von der Lagerhaft, doch hier hatte sie wenigstens eine gute Stelle, gleichgesinnte Freunde und ihre geliebten Kinder. Doch dann, kurz vor dem Bau der Berliner Mauer, floh ihr älterer Sohn mit seiner Frau und einem Kind nach dem Westen. Die nächsten zehn Jahre sollte sie ihn nicht wiedersehen.

Nach diesen persönlichen Tragödien, die alle unmittelbar auf die kommunistische Herrschaft zurückgingen, hätte man vielleicht erwarten können, daß sie zu einer militanten Antikommunistin geworden wäre. Doch in ruhiger, melancholischer Leidenschaftlichkeit zeigte sie sich noch immer davon überzeugt, daß der Kommunismus letztlich eine gerechte und großartige Sache sei. Würde damit ihren Leiden ein Sinn abgewonnen? Wenn die Sache doch gerecht und groß war, dann wäre nicht alles vergeblich gewesen. Sie hatte heute gelitten, damit ihre Kinder und Enkel es morgen besser haben würden. Doch das war nur meine Vermutung.

Im Gespräch gab sie sich nicht dem geringsten Pathos hin. Statt dessen war sie überaus wißbegierig, voller kleiner Geschichten und kluger Urteile, die sie mit einer wachen, sachlichen, nasalen Stimme von sich gab. Wir verstanden uns, so meinte ich damals, ausgezeichnet. Mein Tagebuch berichtet von einem vergnüglichen Abendessen in ihrer ruhigen Wohnung mit Parkettfußboden und überquellenden Bücherregalen. Daneben gab es eine Zufallsbegegnung bei der ostdeutschen Premiere von Rolf Hochhuths Stück *Juristen*, in dem es um den Skandal eines ehemaligen Militärrichters der Wehrmacht ging, der im Dritten Reich Todesstrafen – häufig wegen geringfügiger Vergehen – verhängt hatte und nach dem Krieg in Westdeutschland zu hohem Amt und Würden gelangt war.

Am 15. April 1980 sahen wir uns gemeinsam das Stück *Die Bauern* von Heiner Müller an, dem führenden ostdeutschen Bühnenautor nach Brecht, und kehrten dann in ihre Wohnung zurück, wo wir, wie mein Tagebuch verzeichnet, ein herzliches Gespräch miteinander hatten. »Ach, wenn Sie mein Sohn wären. Wie gut müssen Ihre Eltern Sie erzogen haben!« Damals fragte ich mich, was meine Eltern zu dieser Huldigung einer deutsch-jüdischen Kommunistin wohl gesagt hätten. Ich hatte große Sympathie. für die alte Dame, bewunderte sie und sah in ihr eine Freundin.

So bin ich wirklich betrübt, als Frau Schulz mir einige Seiten aus einer Akte aushändigt, die Frau R. als IM für eine operative Gruppe der Hauptabteilung XX identifiziert. Diese Abteilung war für die Durchdringung und Überwachung des kulturellen Lebens, der Hochschulen, Kirchen und der sogenannten »Politischen Untergrundtätigkeit« (PUT) zuständig. Der erste Bericht bringt eine weitere Überraschung. In ihm heißt es, der Bühnenautor Rolf Hochhuth, den ich früher kennengelernt und mit dem ich mich über seine Arbeit unterhalten hatte, habe ihr gesagt, er halte mich für einen Mitarbeiter des britischen Geheimdienstes. »Der weitere Einsatz des IM ist bedingt möglich«, steht am Ende der »Information«.

»Auftragsgemäß«, so beginnt die nächste »Information« mit Datum vom 28. April 1980, »wurde der Kontakt eines IM der HA XX/OG zu dem englischen Staatsbürger Gardon-Ash, Timothi ausgebaut.« Es folgen Mitteilungen über unseren Besuch des Stücks von Heiner Müller und unser anschließendes Gespräch über meine Arbeit zum Widerstand unter dem NS-Regime. »Auf den Einwurf des IM, daß es Zeit werde, in Großbritannien solche Bücher herauszubringen und die Argumente, daß die DDR diese Zeit historisch überwunden habe – im Gegensatz zur BRD – reagierte Gardon-Ash negativ. Er leugnete die Existenz faschistischer Tendenzen in der BRD und betonte, dort sehr viele gute Freunde zu haben.«

»Sehr beeindruckt zeigte sich Gardon-Ash von Weimar. Demnächst fährt er wieder nach Weimar, um an der Shakespeare-Tagung teilzunehmen.«

»Durch den IM wurde nochmals auf die Aussage von Rolf Hochmuth [sic] angespielt, der Gardon-Ash als britischen Spion bezeichnete, worauf G. erwiderte, daß Hochmuth wie viele andere zu viel unseriöse Zeitungen lese, wonach jeder zweite Engländer im Ausland Spion sein müsse. In Verlegenheit geriet er nicht.«

Ein dritter Bericht aus derselben Akte enthält Einzelheiten eines Gesprächs, das ich mit Überlebenden des kommunistischen Widerstands gegen das NS-Regime in Berlin geführt hatte. Ob das tatsächlich ein Bericht von Frau R. ist oder von einem anderen Mitglied der Gruppe, läßt sich nicht eindeutig feststellen. Auf die Frage nach den Hintergründen meines Interesses an diesem Thema hatte ich anscheinend geantwortet, »daß Oxford und Cambridge traditionell derartige Aufträge vergeben. Eine Anspielung der Quelle, daß in den zwanziger und dreißiger Jahren viele Freunde des Kommunismus von diesen Universitäten kamen (Kim Philby) nahm Gorton-Ash mit wortloser Ironie auf.«

Fünfzehn Jahre später sitze ich wieder auf demselben Sofa in derselben Wohnung, aber mit gänzlich anderen Empfindungen. Frau R. ist mittlerweile sehr alt, aber noch immer elegant und geistig rege. Als ich ihr den Grund meines Besuchs nenne, sagt sie: »Was soll ich jetzt tun? Aus dem Fenster springen?« Sie bestreitet kategorisch, davon gewußt zu haben, daß sie von der Stasi als IM geführt wurde, und weigert sich rundheraus, einen Blick auf die Fotokopien zu werfen, die ich aus der Akte mitgebracht habe.

Dann erinnert sie mich an ihre Leiden unter dem Kommunismus, an den sie so lange geglaubt hatte. »Nein, Tim«, sagt sie, »es ist alles nicht so einfach.« Und während sie – diesmal mit Pathos – von den Schrecken der Lager spricht, von ihrem toten Ehemann, ihrem weit entfernt lebenden Sohn, ist uns beiden klar, daß sie das ganze Gewicht ihrer Leiden in die Waagschale meines Urteils legt. Dieses Gewicht wiegt schwer. Sehr bald sage ich ihr, daß ich kein Recht habe, hier als ihr Richter zu sitzen. Ihr Geheimnis werde ich für mich behalten. Sie soll ihre letzten Lebensjahre in Ruhe und Zufriedenheit verbringen können.

Doch beim Abschied kann ich an ihren Augen sehen, daß diese Sache sie verfolgen wird. Nicht, so glaube ich, wegen der bloßen Tatsache der Kollaboration – schließlich war sie Kommunistin in einem kommunistischen Staat –, sondern weil die Tätigkeit als Spitzel für die Geheimpolizei etwas Niedriges und Gemeines ist. All das ist weit, weit entfernt von den hohen Idealen jenes tapferen und stolzen jüdischen Mädchens, das vor so langer Zeit aufbrach, um für eine bessere Welt zu kämpfen. Und natürlich wird sie noch irgendwie die anhaltende Angst verspüren, wenn nicht durch mich, dann durch andere enttarnt zu werden.

Jetzt wünsche ich mir fast, ich hätte sie nicht zur Rede gestellt. Mit welchem Recht, für welche gute Sache habe ich einer alten Dame, die so viel in ihrem Leben erlitten hat, die Gnade des selektiven Vergessens verweigert?

9

Vom Herbst 1980 an geht es in der Akte vor allem um Polen. In einer internen Notiz heißt es, daß ich erneut vorhabe, dorthin zu reisen. Woher wußten sie das? Es gibt einen ausführlichen Bericht über mein Gespräch über »die konterrevolutionäre Organisation KSS ›KOR‹« mit einem leitenden Redakteur einer »antisowjetischen Emigrantenzeitschrift« in Bonn. Hatten sie mein Telefon oder seines abgehört? Auf demselben Blatt wird eine Information aus einer anderen Quelle wiedergegeben – »daß auf Grund der Lage in Polen auf dem Funkspionage-Objekt ›Teufelsberg‹ in Westberlin zusätzlich zwei Funkaufklärungsregimenter nicht näher bekannter US-Einheiten stationiert worden seien«. Außerdem gibt es Kopien meiner Reportagen aus Polen für den *Spiegel.* Alles in allem waren es anscheinend diese Artikel sowie meine Verbindungen zu »antisozialistischen Kräften« in Polen, die schließlich zu den konzertierten Ermittlungen gegen mich führten.

Damals wohnte ich wieder in Westberlin. Am 7. Oktober 1980, als das Wachregiment »Friedrich Engels« am Ende der Militärparade mit Nelken in den Karabinerläufen abmarschierte, fuhr ich über den Checkpoint Charlie zurück und brachte meine letzten Sachen aus dem kleinen Zimmer in Prenzlauer Berg in die große Wohnung in Wilmersdorf. Ein Jahr lang wohnte ich wieder in der Uhlandstraße und schrieb dort mein Buch über die DDR für einen westdeutschen Verlag und ein westdeutsches Publikum. Auszüge aus diesem Buch wurden gleichzeitig mit seinem Erscheinen im Herbst 1981 in einer Spiegel-Serie abgedruckt. Während des ganzen Jahres galt meine große Leidenschaft jedoch Polen, wo die Solidarność-Revolution sich von einer Krise in die nächste wälzte.

Auch die Stasi war von der Solidarność besessen. Während ich mich unter den Streikenden der Lenin-Werft in Danzig befand, beriet sich Genosse Generaloberst Markus Wolf voller Besorgnis mit seinen Kollegen bei den polnischen Diensten. Sie versicherten ihm, die polnische KP werde niemals eine unabhängige Gewerkschaft anerkennen. Wolf flog nach Ostberlin zurück, rief den Außenminister an, um ihm seine beruhigende Insiderinformation mitzuteilen, und dieser fragte ihn nur: »Haben Sie schon Nachrichten gehört ...?« Anfang Oktober sagte Erich Mielke seinen höchsten Offizieren im MfS, daß die Vorgänge in Polen für die DDR eine Lebensfrage seien. Auf der untersten Ebene enthalten die Akten der auf mich angesetzten IM – von »Schuldt« bis Frau R. – allesamt spezifische Erkundigungen über die Reaktionen der Bevölkerung auf die Solidarność. Der ganze riesige Apparat des Ministeriums wurde in Bewegung gesetzt, um herauszufinden, ob die DDR-Bürger von der »polnischen Krankheit« infiziert werden könnten.

Polen selbst wurde jetzt zu einem »Operationsgebiet« für den DDR-Sicherheitsdienst, ein Status, der bislang den Ländern außerhalb des Sowjetblocks vorbehalten blieb. Sie hatten »Operativgruppen« in allen großen polnischen Städten und eine spezielle »Arbeitsgruppe« in Berlin. Diese Gruppe sollte auch dafür sorgen, daß bei meinen Reisen nach Polen Spitzel auf mich angesetzt wurden. In den Akten finden sich keine Anhaltspunkte dafür, daß es tatsächlich dazu kam, aber ich habe bereits entdeckt, daß sich in den IM-Akten Material befindet, das in meiner eigenen Akte fehlt. Wenn die Polen eines Tages beschließen sollten, nach dem Vorbild der Deutschen die Akten ihrer Geheimpolizei freizugeben, werde ich vielleicht doch noch fündig.

Was diese Akte enthält, sind Fotokopien von Papieren, die auf dem Flughafen Berlin-Schönefeld heimlich meinem Gepäck entnommen wurden, während ich an Bord meines Flugzeugs nach Warschau ging. Hierzu gehören polnische Samisdat-Zeitungen, biographische Notizen über führende Persönlichkeiten in der polnischen Politik, Landkarten, Visitenkarten und sogar die Umschläge von Büchern, die ich dabeihatte – und schließlich handgeschriebene Aufzeichnungen aus meinem Notizbuch.

Auf einer dieser Seiten habe ich aus dem Gedächtnis verschiedene Formulierungen des ersten Gebots der Dissidenten notiert, das ich als das Prinzip des Als-ob bezeichne. Da erinnere ich mich zunächst an das Gedicht eines zeitgenössischen polnischen Dichters, Ryszard Krynicki, das einem der mutigsten und charismatischsten polnischen Dissidenten, nämlich Adam Michnik, gewidmet ist:

> »Und wirklich wußten wir nicht, daß man, um hier
> und jetzt zu leben,

doch sich geben muß,
als lebte man woanders und in andrer Zeit.«

Dem füge ich Bemerkungen des großen russischen Dissidenten Andrei Sacharow und eines deutschen Freundes, Gabriel Berger, hinzu, der als politischer Häftling in der DDR im Gefängnis gesessen hat: »Sacharow: Verhalte dich so, als ob du in einem freien Land lebtest! Berger: Als ob es die Stasi nicht gäbe …« Wiedergefunden in einer Stasi-Akte.

Jetzt nehme ich das alte Notizbuch von meinem Regal in Oxford und lese weiter … In der Dämmerung an einem verschneiten Januarmorgen nehme ich den Sonderbus, der durch die Mauer zum Flughafen Schönefeld fährt. »Glatteis an der Grenze.« Dann: »Zollbeamter im Flughafen. Prüft meine Papiere Seite für Seite. Ein Umschlag mit DM 2000,00. Seine Frage mit prüfendem Blick: ›Gehört das Ihnen?‹« In der Zwischenzeit müssen sie heimlich diese Kopien angefertigt haben. Nächste Eintragung: »Mann in mittleren Jahren im Interflug-Jet. Strickweste und Gesicht von der Art, zu dem Pantoffeln passen. Liest mit demonstrativem Genuß das *Neue Deutschland*.«

Noch eine eingehende Durchsuchung am Warschauer Flughafen. Ich meide die Taxifahrer ohne Lizenz, die einen hoffnungslos überhöhten Preis in D-Mark oder Dollar fordern, und nehme ein gewöhnliches, zerbeultes Lada-Taxi durch graue, schneebedeckte Straßen zu meiner beliebten Bleibe, dem Hotel Europejski, einst das eleganteste Hotel der Stadt, doch jetzt so schön schäbig. (Es tut gut, festzustellen, daß Graham Greene, der Hohepriester der Schäbigkeit, hier auch gewohnt hat.) Ein paar Anrufe von meinem Hotelzimmer aus, mit merkwürdigen Hintergrundgeräuschen in der Leitung. Dann gewinnt der Film an Tempo.

Aufgeregtes Treiben in den Solidarność-Büros in der Szpitalnastraße, altertümliche Vervielfältigungsapparate, die in der Ecke schmatzen und stampfen, ein Gewirr erregter Stimmen, lauter als auf jeder Party, Arbeiter, die Professoren zum neuesten, kaum leserlichen Kommuniqué drängen, das auf einer Arbeitsplatte auf zwei Böcken ausgebreitet ist. Um die Ecke im Café sitzen Janek, Joanna, Andrzej kettenrauchend, einen Tee nach dem anderen trinkend. Sie machen ihre Späße und reden alle gleichzeitig. »Cześć!« »Hej!« und ab zum

Straßenbahndepot, wo ein Streik der staatlichen Transportarbeiter angedroht wird. Anführer der Transportarbeiter ist der 28 Jahre alte Wojciech Kamiński, schnauzbärtig, helläugig und mit Lederjacke bekleidet. Sein Vater hatte damals in der polnischen Armee im Westen gegen Hitler gekämpft – als er zurückkehrte, wurde er von den Kommunisten ins Gefängnis gesteckt. Der Sohn brennt jetzt auf seinen Kampf.

Autofahrt in den abgelegenen Südosten des Landes, wo die Bauern ihre eigene Solidarność fordern. Dörfer aus Holzhäusern, malerisch unter hohem Schnee, breite Bauerngesichter, Frauen, die von Hand Körbe flechten: In welchem Jahrhundert leben wir hier? Dann wieder zurück nach Warschau zu einer weiteren Krisensitzung der nationalen Führung der Solidarność, grobgesichtige Bergarbeiter und Stahlkocher mitten zwischen der polierten Täfelung und den eleganten Sekretärinnen des Klubs der katholischen Intelligenz. Aufregung, Humor, schöne Frauen und eine große Sache. Was wollte man mehr? Und überall das wunderbare Logo dieser friedlichen Revolution: »Solidarność« in leuchtendroten, wackligen Buchstaben, die mit Elan und bravourös über das Blatt tanzen, während das kräftige »n« stolz die rotweiße Nationalfahne nach oben trägt.

Polen war das, was angelsächsische Journalisten eine »breaking story« nennen, eine Geschichte, die jeden Tag fortgesetzt wird. Eine solche Geschichte zu verfolgen ist so, als würde man an die Sattelgurte eines Rennpferds geschnallt, das sich in vollem Galopp befindet: sehr aufregend, aber man hat nicht die beste Sicht auf das Rennen selbst. Doch daneben versuchte ich, mir auch einen Blick von der Haupttribüne und sogar aus der Luft zu verschaffen und so das Geschehen als einen Teil der Geschichte zu verstehen. Die Geschichte der Gegenwart.

Für mich war Polen außerdem eine große, politisch-moralische Sache. »Polen ist mein Spanien«, schrieb ich Weihnachten 1980 in mein Tagebuch. In meinen Berichten und Kommentaren bemühte ich mich stets, möglichst genau zu sein, allen Seiten gerecht zu werden und kritisch gegenüberzustehen. Unparteiisch war ich nicht. Ich wollte Solidarność siegen sehen. Ich wollte, daß Polen frei wurde.

Viele Menschen, mit denen ich damals zusammenkam, gehörten der polnischen Generation von 1968 an. Einige von ihnen wurden enge

Freunde und sind es heute noch. Helena Łuczywo, die zierliche, unermüdliche Redakteurin von Samisdat- und Solidarność-Zeitungen, kettenrauchend, kettenredend, war eine beständige Führerin und Helferin. Wojciech Karpiński, Literaturkritiker, sublimer Ästhet, Kenner von Nabokov und Gombrowicz, wurde mein informeller Tutor in polnischer Kulturgeschichte. Dann gab es Adam Michnik, mit seiner außergewöhnlichen Energie, seiner rhetorischen Brillanz und seiner berückenden Darbietung schlechter Zähne; Marcin Król, der eloquenteste Wortführer eines liberalen Konservativismus innerhalb dieser Generation, und der Dichter Ryszard Krynicki, der jedes Wort auf die Goldwaage legte, als hinge der moralische Zustand der Welt daran.

Es gab Dinge, wichtige Dinge, die sie mit den Achtundsechzigern in Deutschland gemein hatten: die nachlässige Kleidung, die programmatische Ungezwungenheit (das zwanglose *ty* anstelle des höflichen *pan* oder *pani* in der Anrede), die Einstellung zum Sex und zu persönlichen Beziehungen ganz allgemein. Aber es gab auch andere, noch wichtigere Dinge, die ganz anders waren. Die polnischen Achtundsechziger rebellierten wie die deutschen gegen die Anschauungen und Lebensweisen der älteren Generationen, doch hier bestanden die Sünden der Väter nicht in der Zugehörigkeit zu einer NS-Organisation oder in der Kollaboration mit dem NS-Regime oder einfach in der Unterlassung eines aktiven Widerstands gegen dieses Regime, sondern in der Zugehörigkeit zur Kommunistischen Partei oder der Kollaboration mit dem kommunistischen Regime oder in der Unterlassung des aktiven Widerstands dagegen. Außerdem hatten die deutschen Achtundsechziger den Nationalsozialismus selbst nicht miterlebt, während die polnischen unter dem Kommunismus gelebt hatten und noch immer leben mußten.

Im Jahr 1968 hatte es in Polen eine schreckliche Kampagne der herrschenden KP gegen Parteimitglieder und Studenten jüdischer Herkunft gegeben – vor allem gegen jene, deren Väter Kommunisten gewesen waren. Jetzt spielten diese Kinder der polnischen Gegenparts zur Roten Lizzy und zu Frau R. eine außerordentlich bedeutende Rolle in der antikommunistischen Opposition: ein weiteres bemerkenswertes Kapitel in dem großen jüdischen Beitrag zur Geschichte Mitteleuropas.

Alle, die sich der Opposition angeschlossen hatten, Juden und

Nichtjuden gleichermaßen, konnten Geschichten erzählen von Schikanen der Geheimpolizei, Diskriminierung und Gefängnishaft, neben denen mir die Geschichten der deutschen Achtundsechziger vom »Berufsverbot« und der »strukturellen Gewalt« zum größten Teil trivial und hysterisch erschienen. Ich mochte diese polnischen Oppositionsgeschichten. Ich hegte tiefe Bewunderung für die älteren intellektuellen Anführer der Solidarność, Männer wie Bronislaw Geremek, der Historiker, der jetzt dabei war, selber Geschichte zu machen, und Pater Józef Tischner mit seinem unerschöpflichen Vorrat an deftigen Witzen aus den Dörfern seiner heimatlichen Berge. Wer mich jedoch am meisten beeindruckte, waren die Stahlarbeiter und Bauern, die Angestellten und Hausfrauen, die jetzt ihre eigene Stimme fanden und sie dazu benutzten, einfache, aber tiefbewegende Worte zu sprechen. Es war ein pfingstlicher Augenblick: Sie redeten in Zungen.

So waren auch die Revolutionen von 1989 in ganz Mitteleuropa, doch es war in Polen 1980–1981, wo ich sie zum erstenmal erlebte. Es war kein Dichter, sondern ein Arbeiter in Posen, ein kleiner Mann mit schmalem Gesicht und einer schmutzigen schwarzen Jacke, der mir sagte: »Das ist eine Revolution der Seele.« Daneben gab es natürlich eine wirkliche Not, eine schreckliche Inflation, sehr viel Chaos und die Angst vor einer sowjetischen Invasion. Doch diese Angst war häufig außerhalb des Landes viel stärker als in Polen selbst. Zbigniew Herbert, der große Dichter des polnischen Widerstands, kehrte im Frühjahr 1981 nach Warschau zurück und scherzte, er könne die Spannung im Ausland nicht mehr ertragen. Ich habe diesen merkwürdigen Perspektivenwechsel später auch bei Reisen in andere Krisenländer erlebt – Nicaragua, El Salvador, selbst in Bosnien. Von außen hat man die Vorstellung, daß jedermann in jedem Augenblick am Rande zum Tode steht. Begibt man sich ins Innere, so sieht man normal gekleidete Menschen, die ihrer gewohnten Tätigkeit nachgehen, einkaufen, flirten, klatschen, alles in einer ruhigen Hauptstraße.

Diese Winterreise endete damit, daß drei stämmige Geheimpolizisten an die Tür meines Hotelzimmers klopften, mich in ihrem ramponierten Polonez zur Polizeiwache fuhren und mir 24 Stunden Zeit ließen, um das Land zu verlassen. Dann flog ich nach Hamburg zu einem Gespräch mit dem Herausgeber und den Chefredakteuren des *Spiegel*. Dieses Gespräch werde ich nie vergessen. Nach den Aufzeichnungen in meinem Notizbuch verlief es etwa so: Redakteur zu mir: »Werden die Russen nächste Woche einmarschieren?« Ich erkläre, daß Warschau der denkbar schlechteste Ort ist, um sich zu dieser Frage eine Meinung zu bilden. Herausgeber zu einem der Redakteure: »Haben wir Panzer?« Erst einen Augenblick später wird mir klar, daß er Fotos mit einem Panzer für eine Titelgeschichte meint. Redakteur: »Eigentlich hat sich der russische Panzer nicht so gut verkauft.« (Auf einer früheren Titelseite hatte ein russischer Panzer einen weißen polnischen Adler zermalmt.) Herausgeber, in seinem Sessel zurückgelehnt, halb zu sich selbst: »Blut muß ordentlich fließen, damit wir eine gute Titelgeschichte haben ...« Sein Humor entsprach nicht dem meinen.

Der Gegensatz zwischen Polen und Deutschland (Ost und West) hatte eine besondere Schärfe. Allgemein gesagt, überwogen in Polen die Erfahrung der Freiheit und die Hoffnung auf ihre Dauer die Angst vor einem Krieg; in Deutschland war es genau umgekehrt. Dafür gab es mehrere Gründe – je eigene Geschichtserfahrungen, je eigene Beziehungen zu Rußland –, doch eine ganz besondere Besorgnis der Deutschen bestand darin, daß im Fall einer Invasion Polens durch die Armeen der Warschauer-Pakt-Staaten auch Einheiten der Nationalen Volksarmee mitmarschieren müßten, wie schon 1968 beim Einmarsch in die Tschechoslowakei. Deutsche Soldaten würden abermals die polnische Grenze überqueren, 41 Jahre nach dem Überfall durch Hitlers Wehrmacht. An dem Tag, an dem ich Ostberlin verließ, heißt es in meinem Tagebuch: »Es spricht inzwischen vieles dafür, daß die Russen in Polen einmarschieren werden. (Und die Deutschen? Dr. D. sagt heute ja.)« Dr. D. war natürlich Dr. Demps, der mir gerade ein Abschiedsessen gegeben und diesen schönen Band mit Zille-Zeichnungen geschenkt hatte.

Es ist sehr schwer, sich in die Ängste jener Zeit zurückzuversetzen. Weil der Einmarsch dann doch nicht erfolgt ist, haben wir irgendwie das Gefühl, daß er gar nicht hätte erfolgen können. Doch heute, während ich dies niederschreibe, liegt vor mir das offizielle Protokoll dessen, was der Parteiführer der DDR, Erich Honecker, dem polnischen Politbüromitglied Stefan Olszowski am 20. November 1980 gesagt hat: »Wir sind nicht für Blutvergießen. Das ist das letzte Mittel. Doch selbst dieses letzte Mittel muß angewandt werden, wenn die Arbeiter-

und Bauernmacht verteidigt werden muß. Das sind unsere Erfahrungen aus dem Jahre 1953, das zeigen die Ereignisse 1956 in Ungarn und 1968 in der Tschechoslowakei.« Vor mir liegt außerdem eine graphische Darstellung aus den Archiven des DDR-Verteidigungsministeriums, ein Szenario für die Überquerung der polnischen Grenze durch die NVA. Wie nah die Sowjetunion tatsächlich davorstand, in Polen einzumarschieren, und in welchem Umfang eine Beteiligung der DDR ernsthaft erwogen wurde, wird wohl für immer der historischen Spekulation überlassen bleiben. Solche Befürchtungen jedoch waren zweifellos nicht aus der Luft gegriffen.

Daneben gab es im Westen eine noch größere Furcht, die uns heute noch unglaublicher vorkommt. Es war die Angst, daß in der verschärften Spannungssituation des sogenannten »Zweiten Kalten Kriegs« – Reagan gegen Breschnew, amerikanische Marschflugkörper gegen sowjetische SS-20 – die polnische Revolution zur Lunte am Pulverfaß eines Atomkriegs werden könnte, der alles Leben auf der Erde vernichten würde. Das war die Zeit der riesigen Friedensdemonstrationen in Bonn, London und Amsterdam. Die Menschen hefteten Aufkleber an ihre Autos mit der Aufschrift: »Es ist fünf vor zwölf.«

Ich hatte, kein Zweifel, mehr Sympathie mit der Freiheitsbewegung in Osteuropa als mit der Friedensbewegung in Westeuropa. Tatsächlich pflegte ich einen polemischen Austausch mit dem Historiker E. R. Thompson, dem großen alttestamentlichen Propheten der britischen Friedensbewegung, über das Verhältnis zwischen den beiden Bewegungen. Wie ich mich heute erinnere, war ich damals der Meinung, die Gefahr eines atomaren Krieges werde bis zur Hysterie übertrieben. Doch wieder spielt einem die Erinnerung einen Streich. Verblüfft lese ich auf der letzten Seite meines Tagebuchs für 1980: »Innerhalb des nächsten Jahrzehnts wird es einen Atomkrieg geben.« Und dann in Großbuchstaben, als wäre die Formulierung in Kleinbuchstaben der Sache noch nicht angemessen: »INNERHALB DES NÄCHSTEN JAHRZEHNTS WERDEN WIR EINEN ATOMKRIEG ERLEBEN.«

Vor diesem Hintergrund einer Revolution und der drohenden Apokalypse geschah eine große Veränderung in meinem Leben. Ich verliebte mich. Danuta hatte im regimekritischen Intellektuellenmilieu der wunderschönen Stadt Krakau gelebt, bevor sie nach Westberlin kam. Sie war voller Poesie und Wunder, sehr hübsch, sehr lebendig, ansteckend in ihrer Begeisterung und ihrer Traurigkeit. Zwischen diesen hektischen Reisen nach Polen gab es sommerliche Radfahrten, sonnige Nachmittage in den herrlichen Wäldern am Wannsee, Abende in griechischen Restaurants um die Ecke. Doch kaum waren wir in die Uhlandstraße zurückgekehrt, brachte ein Telefonanruf oder eine Radionachricht weitere Krisenmeldungen aus dem Osten.

Wenn ich dann mit dem Wagen losfuhr, um einen neuen Artikel zur Hauptpost in der Winterfeldtstraße zu bringen, von wo er als Fernschreiben nach London übermittelt wurde, hörte ich über Kassettenrecorder die Stimme von Dietrich Fischer-Dieskau, die sich von einem Schubert-Lied zum nächsten schwang:

»Lachen und Weinen zu jeglicher Stunde
Ruht bei der Liebe auf so mancherlei Grunde.«

Ja, so ist es in der Liebe – und in der Revolution. In meinem Tagebuch wechseln sich unsere Augenblicke der Verzückung und Krise mit »großer Angst um Polen« ab. Unser eigenes Schicksal und das Schicksal Polens erschienen uns völlig ineinander verwoben.

Heute wünschen sich unsere Söhne, daß wir ihnen Geschichten erzählen, am liebsten lustige, über das Leben unter dem Kommunismus und vor allem über die Geheimpolizei. »Mama, komm, erzähl uns noch eine Geschichte über die blöde Polizei!« Solche Geschichten sind für sie ebenso exotisch fern wie Kindermärchen und das bemalte Stück Berliner Mauer, das heute als Buchstütze auf unserem Dielenschrank dient – das könnte ebensogut aus Pompeji stammen.

Selbst mich kostet es eine große Anstrengung des Gedächtnisses – oder der Phantasie? –, das Erlebte zurückzuholen. Zum erstenmal entdeckte ich an mir selbst, was es heißt, von einer Regierung daran gehindert zu werden, etwas zu tun, was man unbedingt tun möchte. Die Behinderung durch einen Vater, einen Schulleiter, eine private Autorität, das hatte ich gekannt, aber die unmittelbare durch eine Regierung noch nicht. Ich hatte natürlich davon gelesen und es dann in Osteuropa mit ansehen können; doch jetzt erfuhr ich es am eigenen Leibe. Und mit mir jemand, den ich liebte.

Grenzen, Visa, Genehmigungen wurden der Stoff des Alltagslebens, wie sie es vorher nie gewesen waren. Die Grenzposten verfolgten uns bis in unsere Träume. Meinem Tagebuch zufolge träumte ich in einer Nacht im März 1981, wir säßen in einem Zug durch Polen und erörterten, wie wir hinauskommen könnten. Die Datumsstempel auf unseren Visa fälschen? Dann stürmt ein Grenzposten auf einem von einem Pferd gezogenen Fuhrwerk, wie man es in vielen polnischen Dörfern noch sieht, neben dem Zug her und brüllt: »Ustrzyki Alarm!« In derselben Nacht träumt Danuta, wir gingen mit einer Gruppe von Freunden durch einen Wald zu einer Grenze. Wir werden von DDR-Grenzschützern festgenommen. Sie befehlen der Gruppe, sich zu teilen: diejenigen, die für die DDR sind, nach links, die dagegen sind, nach rechts. Dann schießen sie los, auf beide Gruppen gleichermaßen. Sie entkommt, und während sie die Grenze überquert, nimmt sie von einem Silbertablett, das von einem Schwarzen in DDR-Uniform gehalten wird, eine in Teig gebackene Auberginenscheibe.

Das letzte surrealistische Detail ging möglicherweise auf die von Peter Zadek üppig inszenierte Hans-Fallada-Revue zurück, die wir einige Tage zuvor im Theater gesehen hatten. Es war kaum weniger surreal für mich, daß ich wenige Stunden später der jährlichen Stehparty des *Spectator* in London beiwohnte. Oder bei einer anderen Stippvisite in England der Vorstellung der neuen britischen Sozialdemokratischen Partei in den Connaught Rooms mitten in London. »Eine ziemlich glanzlose Angelegenheit«, steht in meinem Tagebuch. Und ich halte David Owens dramatische Erklärung fest: »Unser Land befindet sich in einer tiefen Krise.«

General Jaruzelskis Ausrufung des Kriegsrechts in Polen am 13. Dezember 1981 traf uns beide in England, als wir im neuen Haus von James in Oxford wohnten. Am ersten Abend des Kriegsrechts zitterte Danuta am ganzen Körper. Ihr Land befand sich in einer wirklich tiefen Krise. Ich kämpfte gegen meine Enttäuschung und reine Schuldgefühle an, weil ich nicht dort war, während unsere Freunde in Lager gesteckt wurden. Ich bemühte mich, mit einem Hilfskonvoi in das Land zu kommen, doch wie ich bereits befürchtet hatte, verweigerte mir die Botschaft ein Visum. »In Polen steht [er] bereits auf Sperrliste«, bestätigt heute eine Notiz in meiner Akte.

Es waren keine fröhlichen Weihnachten. Diese Kehrtwendung zu einer Diktatur, das eiserne Tor, das auf der Brücke nach Polen krachend zugeschlagen wurde, machten den Entschluß Danutas, ihr Leben mit meinem zu teilen, noch unumstößlicher. Und damit auch den hohen, unermeßlichen persönlichen Preis, in einem anderen Land ganz von vorn anzufangen. Eines Nachts träumte sie, sie sei in ihr altes Haus in Krakau zurückgekehrt. Vor dem Haus stand ein Baum. Sie legte ihn um.

Ich dagegen war wieder zurück in meinem eigenen Land, ja in derselben alten Stadt. Doch wenn auch die Stadt noch dieselbe war, das »Ich« war nicht mehr dasselbe. Bis zu diesem Augenblick der Bindung hatte ich wohl mit einem merkwürdig englischen – und überhaupt einem merkwürdigen – Ichideal gelebt, einem Ideal der emotionalen Unverletzlichkeit, der Selbstbeherrschung und der Selbstgenügsamkeit: »etwas zurückhaltend«, wie Lizzy von Kim Philby gesagt hatte. Ich war der heimliche Soldat, der am weitesten vorankam, weil er allein reiste. In einem anderen Notizbuch aus jener Zeit finde ich: »In Conrads *Victory* gelesen … Heyst: ›Ich weiß nur eins: Wer eine Bindung eingeht, ist verloren. Der Keim der Fäulnis hat sich in seiner Seele eingenistet.‹« Meine eigene Maxime, bis vor kurzem. Doch jetzt dachte ich anders. »Wer eine Bindung eingeht, ist vielleicht nicht ganz verloren«, schrieb ich. »Der Keim der Erlösung hat sich in seiner Seele eingenistet.«

10

Trotz all der beeindruckenden Hinweise, die sie in ihrem »Maßnahmeplan« vom Frühjahr 1981 zusammengestellt haben – Reaktivierung der IM, Überwachung der Post, Koordinierung mit der HVA, Nachfrage beim KGB wegen des neuerwachten britischen Interesses an Kim Philby –, waren die Offiziere der Abteilung II/9 im Herbst 1981 noch kein bißchen klüger in der Frage, womit ich mich nun wirklich beschäftigte. Doch kurz vor Weihnachten verzeichneten sie schließlich einen Durchbruch.

Am 24. Dezember 1981 berichtet Oberstleutnant Kaulfuss an den Leiter der Hauptabteilung II, Generalleutnant Kratsch: »Wie aus der Anlage ersichtlich, hat Garton-Ash seinen offiziellen Aufenthalt in der DDR zur illegalen Informationsbeschaffung ausgenutzt.«

Was verbirgt sich hinter dem harmlosen Wort »Anlage«? Der Geheimbericht eines Spitzels? Der Mitschnitt eines abgehörten Telefonats? Ein Brief, der im Mantel der Dunkelheit aus meinem Briefkasten in der Uhlandstraße gefischt wurde? Ein Wink des KGB? Gespannt blättere ich um …

... und finde: Kopien der Auszüge aus meinem Buch über die DDR, die in diesem November im *Spiegel* vorabgedruckt wurden. Demnach war die Stasi hinter die wirklichen Absichten meines Aufenthalts in der DDR nur dadurch gekommen, daß sie meinen eigenen veröffentlichten Bericht las, zur gleichen Zeit wie Millionen gewöhnliche Leser des führenden Nachrichtenmagazins der Bundesrepublik Deutschland.

Bei der Durchsicht der unter der provozierenden Überschrift »Bei den roten Preußen« erschienenen Serie wird mir noch einmal deutlich, warum die Stasi so verärgert war. Ich schildere ausführlich die Militarisierung der DDR-Gesellschaft, das Ausmaß des Unterdrükkungsapparats und nenne die geschätzte Zahl der Spitzel. Ich zitiere aus einem Artikel, in dem der Minister für Staatssicherheit erklärt hat: »Die Tätigkeit des Ministeriums für Staatssicherheit und die dabei erzielten Ergebnisse wären undenkbar ohne die tatkräftige Hilfe und Unterstützung der Bürger unseres Landes.« Mein Kommentar: »Hier sagt der Minister ausnahmsweise die Wahrheit.« Ich verdeutliche diese tatkräftige Unterstützung durch die DDR-Bürger am Beispiel des Schauspielers, der in Schwerin den Faust spielte und uns in seine Wohnung einlud, wo er uns allen große Martinis einschenkte, sich selbst jedoch nur ein kleines Bier. Dann versuchte er Andreas Exmann darüber auszufragen, ob er möglicherweise an eine Flucht in den Westen denke, und fragte mich, ob ich von der »ausländischen Presse« sei. »Zwar mag Mephisto in der DDR noch immer für den Teufel arbeiten«, schrieb ich, »Dr. Faust aber arbeitet für die Stasi.«

Vor allem aber ziehe ich einen ausgiebigen und für die DDR ungünstigen Vergleich zwischen dem Widerstand der Polen gegen das kommunistische Regime und dem ostdeutschen Konformismus. Vielleicht könnten eines Tages auch die Ostdeutschen den revolutionären Schritt von der Solidarität einer privaten Ernüchterung zur öffentlichen Solidarität der Polen tun, »doch heute, Anfang der achtziger Jahre, scheint dies so wahrscheinlich wie die Demontage der Mauer«.

Jetzt, als es zu spät war, wurden die ostdeutschen Behörden munter. Die Presseabteilung des Außenministeriums gelangte zu dem Urteil, in meinem Buch über die DDR wolle ich »den Anschein einer objektiven Untersuchung der unterschiedlichen gesellschaftlichen Entwicklung in der DDR und der VRP [Volksrepublik Polen] erwekken«, während ich »in Wahrheit aber einem Übergreifen konterrevolutionärer Entwicklungen auf die DDR das Wort [rede]«. In Anbetracht der Rolle, die ich offensichtlich »im ideologischen Krieg imperialistischer Medien gegen die DDR auch weiterhin zu spielen gewillt [sei]«, schlägt der Unterzeichner vor, mich auf die »Einreisesperrliste« zu setzen. Außerdem bestellten sie einen Vertreter der britischen Botschaft ins Außenministerium, um einen formellen Protest auszusprechen.

Der Vermerk eines Gesprächs vom 4. Januar 1982 mit dem Ersten Sekretär der britischen Botschaft ist beigefügt; Kopie an den stellvertretenden Außenminister. Nach diesem Vermerk, abgefaßt von einem Herrn Grundmann von der Abteilung Nordeuropa/Großbritannien, wurde Mr. Astley darüber informiert, daß meine Publikationen »nicht nur böswillig erdachte Lügen und Verleumdungen der DDR dar[stellen], sondern bewußt [dazu] auf[wiegeln], sich gegen Frieden, Entspannung, friedliches Zusammenwirken der Völker und Völkerverständigung zu engagieren. Es handel[t] sich um eine Verletzung der Schlußakte [von Helsinki] und stell[t] eine direkte Einmischung in innere Angelegenheiten der DDR dar. Mit Nachdruck wurde der Erwartung Ausdruck verliehen, daß sich solche Aktivitäten, die gegen die Entwicklung der Beziehungen zwischen der DDR und GB [Großbritannien] gerichtet sind, nicht wiederholen.«

In seiner Antwort »erwähnte [Astley] die sogenannte persönliche Freiheit der britischen Journalisten, wobei die Botschaft keine Möglichkeit habe, Einfluß auf das zu nehmen, was er schreibt«. Doch für den Genossen Albrecht war dieses Argument »nicht akzeptabel ..., da Ash nicht irgendein Journalist sei, sondern im Rahmen der Kulturvereinbarung in der DDR weilte«. Astley erwiderte, der britischen Seite gefalle auch nicht alles, was die DDR über England veröffentliche, beispielsweise eine Meldung des *Neuen Deutschland* über 50000 Obdachlose in Großbritannien. Albrecht wies den Vergleich als »unseriös« zurück. Dem Vermerk zufolge bedauerte Astley letztlich diesen Vorfall und bat als guter Diplomat, »das Verhalten Ashs nicht mit Aktivitäten der britischen Regierung zu identifizieren und es nicht als die Beziehungen belastendes Moment zu werten«.

Die Akte schreitet dann sehr schnell zum formellen »Abschlußbericht« voran, der vom 27. April 1982 datiert. Hier kommt es zu einer

Revidierung der ursprünglichen Einschätzung meiner ideologischen Einstellung. Jetzt bin ich nicht mehr »bürgerlich-liberal«, sondern »konservativ und reaktionär«.

Sodann werden alle hauptsächlichen Ermittlungsergebnisse in der Akte zusammengefaßt. Meine persönlichen Umstände und meine historische Forschung, meine Kontakte zur britischen Botschaft, zu Werner, »Michaela« und Lizzy Philby, der »Roten Lizzy«. Es »muß ... eingeschätzt werden, daß die tatsächliche Zahl seiner Kontakte weitaus höher gewesen sein dürfte als die der bekannten Kontaktpartner«. Dann kommen meine Aktivitäten in Polen und meine Verbindungen »zur Führung der Konterrevolution«; die »konspirative Kontrolle« meines Gepäcks auf dem Flughafen Berlin-Schönefeld und deren Ergebnisse; meine anschließenden Artikel im *Spiegel* sowie »in britischen Zeitungen und Zeitschriften«. Schließlich die Veröffentlichung eines Buches, in dem ich »in besonders widerwärtiger Weise ... die wirtschaftliche und gesellschaftliche Entwicklung in der DDR [verleumde] und ... die Partei- und Staatsführung sowie die Außen- und Sicherheitspolitik unserer Republik« angreife. Dabei bediente ich mich »sowohl militanter als auch verfeinerter antikommunistischer Argumente«. Auszüge aus diesem Buch seien im RIAS »verlesen« worden, der mich außerdem telefonisch interviewt habe. Aus dem Telefonat sei hervorgegangen, daß ich mich jetzt wieder mit großer Wahrscheinlichkeit in Oxford aufhalten würde.

Abschließend stellt Leutnant Wendt fest, ich hätte mein Forschungsthema »Berlin 1933–1945« als Vorwand gebraucht, um Material zur Diffamierung der DDR zu sammeln, und in meinen Artikeln über Polen hätte ich mich »offen auf die Seite der Konterrevolution« gestellt. Da ich mich inzwischen wieder vorwiegend in England aufhalten würde, seien »die Möglichkeiten einer weiteren operativen Bearbeitung weitgehend eingeschränkt. Auf Grund der wiederholten Einmischungsversuche von Garton-Ash in die inneren Angelegenheiten der DDR und der VR Polen wird die OPK ›Romeo‹ mit der Einleitung einer Einreisesperre bei der Hauptabteilung VI zum Abschluß gebracht.«

Aus nicht ganz geklärten Gründen ging die Schranke sieben Monate lang nicht herunter. In Werners Akte berichtet ein Oberleutnant Günther vom Grenzübergang Friedrichstraße, am 25. August 1982 sei ich dort um 9 Uhr morgens erschienen und hätte ein Tagesvisum für den Aufenthalt in Ostberlin beantragt. Dem Unterzeichnenden sei ich aus der Vergangenheit bekannt, da ich »einen negativen Artikel über die Güst [Grenzübergangsstelle] in der Westpresse veröffentlicht hatte ... Während der Paß- und Zollkontrolle trat er [Garton Ash] ruhig und zurückhaltend auf und spricht mit den Kontrolleuren nur das Notwendigste. Dabei versucht er es immer erst auf englisch, obwohl er die deutsche Sprache beherrscht. Der Bürger war sauber und ordentlich gekleidet und sein Äußeres ist gepflegt.« Er beobachtete, wie ich von einem Mann begrüßt wurde und mit diesem in einem Wagen davonfuhr. Nachdem er dessen Nummer notiert hatte, konnte er ermitteln, daß das Fahrzeug auf Werner Krätschell zugelassen war.

In meiner eigenen Akte befindet sich ein kurzer Aktenvermerk von Leutnant Wendt: »Am 6. Dezember 1982 erfolgte bei der Hauptabteilung VI die Einleitung einer Reisesperre zu ›Romeo‹ bis zum 31. 12. 1989.« Doch was sollte sich bis zum 31. Dezember 1989 alles ändern!

Dem Aktenvermerk zufolge wurden im einzelnen gesperrt die Einreise, der nicht vom Transitabkommen zwischen der DDR und der Bundesrepublik Deutschland erfaßte Transit sowie »auf Weisung des Genossen Minister der spezifische Transit zwischen der BRD und Westberlin«.

1983 wurde ich dann am Bahnhof Friedrichstraße aus der S-Bahn von West- nach Ostberlin herausgeholt und zurückgeschickt. Als ich den Beamten nach dem Grund fragte, erwiderte er, »die Angabe von Gründen ist international nicht üblich«. Einige Zeit später wurde ich wiederum am Bahnhof Friedrichstraße aus dem Zug von Westberlin nach Polen herauskomplimentiert. Auch hier gab der Grenzer keinen Grund an, versäumte jedoch nicht, mir die fünf D-Mark zurückzugeben, die ich für das Transitvisum bezahlt hatte.

11

Jetzt möchte ich Näheres über die Stasi-Offiziere erfahren. Wenn ich und meine Freunde die eine Seite und die Spitzel die zweite Seite des Dreiecks waren, dann waren die Offiziere die dritte. Wie war es, im MfS zu arbeiten? Wie kamen sie zu ihrem Posten? Was sahen sie in den Ermittlungen gegen mich? Was machen sie heute?

Das ist nicht einfach. Einige Stasi-Offiziere haben mit Historikern und Journalisten geredet. Der mittlerweile offenbar senile Erich Mielke wurde im Gefängnis für den *Spiegel* interviewt. Markus Wolf ist zum Liebling von TV-Talk-Shows avanciert. Einige haben ein »Insiderkomitee zur Aufarbeitung der Geschichte des MfS« gegründet, um die Geschichte ihres Ministeriums mit mehr Verständnis zu erforschen, als Outsider bislang gezeigt haben. Sie haben sich auch an Workshops mit ehemaligen Opfern der Stasi beteiligt: eine eigenartige Mischung aus Oral History und Gruppentherapie. Eine solche Gruppe hat sich unter der Leitung des Ostberliner Pfarrers Ulrich Schröter über mehrere Jahre hinweg regelmäßig getroffen. Viele ehemalige Stasi-Offiziere sind heute arbeitslos, doch einige haben eine interessante neue Beschäftigung gefunden. Pfarrer Schröter erzählt mir von einem, der jetzt als »Begräbnisredner« tätig ist und bei Beerdigungen ehemaliger Kollegen sehr gefragt sein soll.

Ich erkenne sehr schnell, daß diejenigen, die am bereitwilligsten mit mir reden, meistens von der Hauptverwaltung Aufklärung (HVA) kommen. Was sie getan hatten, Spionage im Ausland, entsprach eher dem, was »normale« Geheimdienste tun, dem, was alle Staaten tun, so daß sie überzeugt sind, weniger oder gar keinen Grund zur Scham zu haben. Wolfgang Hartmann zum Beispiel, eine Leuchte des Insiderkomitees, schlägt ein Mittagessen in der Kneipe Sternchen unweit der Karl-Marx-Allee vor, ganz in der Nähe der Wohnung, wo ich mit Lizzy Philby gesprochen hatte. Bei der Begrüßung sagt er mir, dies hier sei ein beliebter Treffpunkt für Agenten gewesen. Ein Mann mit einem raumgreifenden, bierseligen, geschwätzigen Naturell, hatte Hartmann selber Agenten geführt und war mit falschen Papieren in die Bundesrepublik gereist, um dort seine, wie er feinfühlig sagte, »Partner« zu treffen. Sein bester »Partner«, sagt er, war hoher Regierungsbeamter in Bonn. Einer von den Achtundsechzigern, Sie wissen schon …

Hatte er keine Angst auf diesen Geheimmissionen, bei denen er jeden Augenblick verhaftet und zu einer langjährigen Gefängnisstrafe verurteilt werden konnte?

Beim erstenmal sicher, aber man gewöhnte sich schnell daran. Man hatte es eigentlich sehr leicht, als Deutscher in Deutschland, und er achtete sorgfältig auf seinen Mannheimer Tonfall, den er von seinen Eltern übernommen hatte.

Ich bemerke, daß er sich hervorragend den schwerfälligen Habitus eines westdeutschen Sozialdemokraten alter Schule angeeignet hat. Tarnung oder Wirklichkeit? Vielleicht weiß er es selbst nicht mehr.

Der stämmige Klaus Eichner war ein hochrangiger Offizier der Abteilung, die Gegenspionage betrieb, also versuchte, die Spione der Gegenseite auszuspionieren, während die Tätigkeit der Hauptabteilung II unter General Kratsch offiziell in der Abwehr ausländischer Agenten innerhalb der Grenzen der DDR bestand. Das erste war die »Gegenspionage«, das zweite die »Spionageabwehr« – in der Theorie zwei verschiedene Dinge, doch nach Ansicht der Experten bestehen in der Praxis immer Überschneidungen zwischen beiden.

Eichner hatte die Tätigkeit der westlichen Geheimdienste genau erforscht. Er sagt, die Stasi habe den westdeutschen Geheimdienst BND vollständig infiltriert: »Wir wußten alles, was sie über uns wußten.« Doch der britische Secret Intelligence Service (SIS oder MI6) sei hervorragend gewesen. Seine Arbeit war von »hoher Qualität«, beschränkt auf wenige Einzelagenten und immer »gentlemanlike« – er gebraucht das englische Wort. Er hatte einmal die Gelegenheit, die Gesprächsnotizen eines SIS-Offiziers mit denen seines ostdeutschen Pendants, die beide unter diplomatischer Tarnung arbeiteten, zu vergleichen, als es einmal zu einer Begegnung zwischen beiden kam. Der Bericht des Engländers war um Klassen besser! Subtil, scharfsichtig, interessiert am Einzelmenschen, während der DDR-Mann in seinen ideologischen Klischees befangen war. Nein, er wollte mir nicht verraten, wie sie an den britischen Bericht gelangt waren.

In seiner kleinen Hochhauswohnung schildert Werner Großmann, der letzte Leiter der HVA, daß sie im Winter 1989/90 wie die Berserker arbeiteten, um ihre eigenen Akten zu vernichten. Als die großen Reißmaschinen nach der Erstürmung des Ministeriums abgeschaltet wurden, machten sie mit ihren kleinen persönlichen Reißwölfen weiter – »wie der da drüben«, sagt er und zeigt hinter die Gardinen. Dort steht er, der kleine Geheimnisfresser: eine sentimentale Erinnerung an glücklichere Tage, wie das Gewehr eines alten Soldaten an der Wand.

Dann ist da sein Vorgänger, Markus »Mischa« Wolf, der Vater und legendäre langjährige Chef dieser Hauptverwaltung Aufklärung. Eine hochgewachsene, gutgekleidete, distinguierte Erscheinung, schreitet Wolf die Straßen seines Wohnviertels wie ein König entlang und nickt den Passanten, die ihn grüßen, huldvoll zu. Als wir uns dem Doppelstandbild von Marx und Engels nähern, das noch immer – aber wie lange noch? – mitten im Zentrum von Ostberlin steht, frage ich ihn, worin sich die Methoden der Geheimdienste im Westen und im Osten unterschieden. »Ich würde sagen, überhaupt nicht«, antwortet er, ohne zu zögern. Wenn es einen Unterschied gab, dann zwischen den Methoden beider Seiten in Europa, die in den achtziger Jahren vergleichsweise »zivilisiert« geworden waren, und denen der CIA in Lateinamerika oder des israelischen Mossad und anderer Geheimdienste im Nahen Osten.

Wozu waren die Spione gut?

Sie trugen dazu bei, den Frieden in Europa zu bewahren. Jede Seite wußte so viel, daß es der einen unmöglich war, einen Akt der Aggression vorzubereiten, ohne daß die andere schon vorher davon erfuhr. Vor allem verringerten sie die Gefahr eines Atomkriegs. Und der, darauf besteht er, war eine wirkliche Gefahr. Der Kalte Krieg war nicht, wie der Historiker Eric Hobsbawm ihm gegenüber erst vor wenigen Tagen behauptet hatte, ein imaginärer Krieg. Er erinnert sich noch, wie er während der Berlin- und der Kubakrise die ganze Nacht wach blieb und auf jede noch so kleine Information »von unseren Quellen« wartete. Er glaubte damals tatsächlich, daß wir an der Schwelle zu einem Krieg standen.

Wolf ist alles das, was man ihm nachsagt, gut aussehend, intelligent, gebildet, interessant, witzig, charmant. Damit stellt er einen vor ein schwieriges Rätsel: Wenn es so ist, wie um Himmels willen konnte er es 35 Jahre lang in diesem Ministerium mit dieser Bande aushalten? Es ist wieder das Rätsel Speer. Doch Markus Wolf, der Albert Speer der DDR, wartet noch auf seine Gitta Sereny. Diese brachte Speer allmählich und schmerzhaft zu der Einsicht in das ganze Ausmaß seiner

Mitverantwortung für den größten Schrecken des Dritten Reichs, den Holocaust. Wolf steht die Einsicht in seine volle Mitverantwortung für die Schrecken der Unterdrückung der Bevölkerung in der DDR noch bevor – weniger entsetzlich, zweifellos, aber dennoch, wie er selbst sagt, »schlimme Sachen«.

Er behauptet, er habe in seinem Dienst ein anderes Ethos gepflegt, als es im restlichen MfS üblich war, und andere bestätigen das. Doch dann, in Anspielung auf die bekannte Wortschöpfung von Günter Gaus, der die DDR einmal eine »Nischengesellschaft« genannt hat, bezeichnet er die HVA als seine »Nische«. Ein großer Büroblock im Hauptkomplex des Ministeriums für Staatssicherheit: welche Nische! Tatsache ist, daß sein Dienst eng mit dem Unterdrückungsapparat der DDR verzahnt war. Beide haben in unzähligen Fällen kooperiert – was sogar aus meiner eigenen Akte hervorgeht. Er war selbst stellvertretender Minister und arbeitete jahraus, jahrein eng mit Mielke zusammen.

Diejenigen, deren berufliche Aufgabe es war, ihre eigenen Landsleute zu bespitzeln, sind meistens viel weniger mitteilsam. Einige wenige von ihnen haben sich trotzdem an Pfarrer Schröters Gesprächskreis beteiligt. Kurt Zeiseweis zum Beispiel ist ein regelmäßiger Teilnehmer und war stellvertretender Leiter von Abteilung XX in Berlin, verantwortlich für die Beobachtung und Kontrolle der Dissidenten, des kulturellen Lebens, der Kirchen und Universitäten der Hauptstadt, einschließlich der Humboldt-Universität zu meiner Zeit. Die klassische Tätigkeit einer politischen Geheimpolizei. Werner lädt nun Herrn Zeiseweis zu einem Gespräch in sein Pfarrhaus in Pankow ein.

Ein kleiner, weißhaariger Mann mit winzigen blaugrauen Augen und rosigen Backen, trägt Zeiseweis braune Laufschuhe, graue Hosen und eine Trainingsbluse mit der überraschenden Aufschrift »The Next Generation«. Er wurde 1937 geboren. Während seiner Kindheit war sein Vater im Krieg. Seine Mutter war arm, treusorgend und mußte hart arbeiten – und sie war Kommunistin. Unter dem neuen Regime wurde er in ein Partei-Internat geschickt. Seine Mutter, inzwischen Parteisekretärin, schlug ihn später für eine Stelle im MfS vor. Und dort ging er dann hin und arbeitete 30 Jahre lang in der Berliner Bezirksverwaltung, zumeist in Abteilung XX.

Der kleine Herr Zeiseweis verbreitet eine Aura bürokratischer

Korrektheit und ruhiger Selbstgefälligkeit. Er erinnert sich, wie, als er während der sogenannten »Roten Woche« an der Humboldt-Universität sprach, die Studenten ihm gesagt hätten, er sei besser als der stellvertretende Außenminister. Heute legt er vor allem Wert auf die Feststellung, daß er immer hohe Maßstäbe an Benehmen und Anstand anlegte. Er war ein pflichtbewußter Familienvater. Er ist seiner Frau stets treu geblieben und sie ihm auch. Ihre Kinder wurden gut erzogen, in einer Siedlung, in der nur Mitarbeiter der Stasi wohnten. In der Familie wurde grundsätzlich kein Westfernsehen angeschaut, nein, niemals – bis auf ein einziges Mal, als die Amerikaner auf dem Mond landeten.

Im Ministerium hat es schlimme Dinge gegeben, ja, das muß er zugeben. Zum Beispiel die Stasi-Fußballmannschaft Dynamo Berlin, von der Mielke so besessen war, und die Filzgeschichten in ihrem Umfeld. Aber damit hatte er nichts zu tun. »Ich bin ein Gegner des Fußballs«, sagt er ganz ernst. Außerdem gab es Leute in seiner Abteilung, die darüber sprachen, wie man den oppositionellen Pfarrer Rainer Eppelmann »beseitigen« könnte, indem man etwa einen Autounfall oder etwas Ähnliches arrangierte. Auch damit wollte er nichts zu tun haben. Ein andermal diskutierten sie die Möglichkeit, eine junge Frau auf Robert Havemann anzusetzen, die ihn mit einer Geschlechtskrankheit infizieren sollte. Auch das hatte er nicht unterstützt.

Er nicht. Nein, er war ein anständiger Mann. Aber einmal – ein einziges Mal – hatte er sich etwas zuschulden kommen lassen. Als sie einmal eine Wohnung durchsuchten, fanden sie eine herrliche Sammlung von »kleinen Modellbau-Autos«, wie er sich ausdrückte. (Werner sagt mir später, in der ganzen DDR habe man dazu »Matchbox-Autos« gesagt, doch Zeiseweis' innere Zensurinstanz hindert ihn heute noch daran, die westdeutsche Bezeichnung zu gebrauchen.) Die übrigen an der Durchsuchung Beteiligten ließen verschiedene Gegenstände aus der Wohnung mitgehen. Und auch er konnte einfach nicht widerstehen. Jawohl, er steckte ein paar dieser kleinen »Modellbau-Autos« ein. Ja. Später kam das Ganze heraus, und er mußte beichten. »Da habe ich mich wirklich geschämt.«

Als er gegangen ist, blicken Werner und ich einander an, schütteln den Kopf und lachen in uns hinein. Andernfalls müßten wir heulen. Hier, in diesem Sessel, saß vor uns ein Musterexemplar des kleinen bürokratischen Vollstreckers des Bösen. Ein guter Familienvater. Stolz auf seine Korrektheit, Loyalität, Fleiß und seine Anständigkeit – alle diese »Sekundärtugenden«, in denen man einen Schlüssel zur Zusammenarbeit mit dem Nationalsozialismus gefunden hat (und die die »Preußische Gesellschaft« nun wiederbeleben möchte). Er ist bis heute unfähig, das systematische Unrecht einzusehen, dem er treu gedient hatte, während ihn sein Gewissen peinigt, weil er ein paar Spielzeugautos gestohlen hat.

Wie verhielt es sich mit den Offizieren, die in der HA II direkt mit meinem Fall befaßt waren? Diese Hauptabteilung, erfahre ich von Fachleuten, dehnte sich in den siebziger und achtziger Jahren sehr stark aus, von einer relativ kleinen Abwehrgruppe von etwa 200 hauptamtlichen Mitarbeitern in Berlin zu einer der größten und bedeutendsten Abteilungen des Ministeriums mit über 1400 festen Mitarbeitern allein in der Zentrale im Jahr 1989. Ihr Leiter seit 1976, General Kratsch, der am Ende meiner Akte in Erscheinung tritt, wurde zu einem der engsten Mitarbeiter Mielkes. Er war ein fleißiger, fähiger Spezialist und konnte auch hart und rücksichtslos sein, in seiner Arbeit wie in internen Machtkämpfen. 1987 wurde ihm die Verantwortung für die gesamte »Abwehr« im Ministerium übertragen. Währenddessen wurde seine eigene Abteilung ausgeweitet, um den wichtigsten Herausforderungen zu begegnen, die sich aus all den neuen, entspannungsbedingten Vereinbarungen mit dem Westen ergaben. Sie beobachteten nicht nur westliche Spione, sondern auch gewöhnliche Diplomaten, Journalisten, Wissenschaftler, Künstler, überhaupt jeden aus dem Westen, der das kommunistische System hätte untergraben können.

Leider sollen die Herren von Hauptabteilung II besonders verschwiegen sein. »Die von der Abwehr sind sehr zugeknöpft«, hatte Herr Hartmann entschuldigend erklärt. Das Insiderkomitee kann mir da wenig helfen, also muß ich es allein versuchen. Anfangs habe ich nur den Familiennamen, den damaligen Rang und die Abteilung der Offiziere, die mit meinem Fall befaßt waren: Leutnant Wendt als Sachbearbeiter, Major Risse, Referatsleiter, die Oberstleutnants Fritz und Kaulfuss, Abteilungsleiter, und Generalmajor Kratsch als oberster Chef. Dann findet die stets hilfsbereite Gauck-Behörde für mich deren Personalkarten, die zumindest Vornamen, Geburtsdatum und alte Paßfotos enthalten. Später erhalte ich ihre Personalakten, die weitere Einzelheiten über ihre familiäre Herkunft, Anwerbung, Laufbahn und eventuelle Disziplinarverfahren enthalten. Wie ein Detektiv mache ich mir nach und nach ein Bild von ihnen und setze mich auf ihre Spur.

Wie es sich ergibt, fange ich von oben an. Pfarrer Schröter kann mit einem einzigen Anruf die Adresse von General Kratsch ermitteln. Doch Kratsch soll nicht zum Gespräch bereit sein. Seine Wohnung liegt zufällig in demselben idyllischen, aber heruntergekommenen Dorf am Rande Berlins, wo 1980 meine damalige Freundin Andrea wohnte. Er hat kein Telefon, zumindest ist seine Nummer auch über die Auskunft nicht zu erfahren. Also beschließe ich, eine persönliche Vorsprache beim General mit einem Besuch von Andreas altem Haus zu verbinden. Ob sie dort noch wohnt?

Eine lange Fahrt hinaus mit der S-Bahn, die schon ziemlich in die Jahre gekommen ist. Gepflasterte Straßen, dann führt ein unbefestigter Weg zu einem Bungalow mit mittelgroßem Garten, der mit einem rostigen Metallgitter eingezäunt ist. Ich klingle. Frau Kratsch kommt mit schweren, langsamen Schritten zur Gartentür. Ich frage nach Herrn Kratsch, und sie läßt mich etwas zögernd ein.

General a. D. Kratsch steht in kurzen Gärtnerhosen da und hält einen Rechen in der Hand. Ein untersetzter Mann mit imposantem Bauch, einem kurzgeschnittenen Bart, der sich über ein großes Doppelkinn erstreckt, und mit wachsamen Schweinsaugen.

Ich erkläre, ich sei Historiker aus Oxford, seine Abteilung habe eine OPK-Akte über mich angelegt und ich würde gern über die Hintergründe mit ihm sprechen: die Akte, seine Tätigkeit und über den Kalten Krieg allgemein.

Er zögert zunächst eine ganze Weile, dann erklärt er sich bereit. Wir verabreden uns für zwei Tage später.

Zum Abschied erkundige ich mich nach der Straße, in der Andrea damals gewohnt hatte. Oh, das ist aber noch ein ganzes Stück, meint er, kommen Sie, ich fahre Sie hin.

Jetzt bin ich es, der zögert, aber er sagt: »Wissen Sie, der Kalte Krieg ist doch vorbei, da kann ich Sie ruhig hinbringen!« Und dann steige ich in seinen kleinen VW ein.

Andrea ist umgezogen, aber ich finde sie in der Dachgeschoßwohnung einer baufälligen Villa mit einem Garten, der sich bis zu einem hübschen See erstreckt. Sie sieht noch fast genauso aus, wie ich sie in Erinnerung habe, blond, lächelnd, doch ihre Kinder sind bald aus dem Jugendalter heraus, das sie liebevoll betreut in dieser abgeschirmten Welt hinter der Mauer verbracht haben. Sie glaubt, sie habe es als alleinerziehende Mutter im Osten leichter gehabt, als wenn sie im Westen gelebt hätte. Außerdem meint sie, die Wende sei für ihren Sohn und ihre Tochter gerade zur rechten Zeit gekommen. Sie hatten diese sichere, behütete Kindheit – und jetzt haben sie die Freiheit.

Wir erinnern uns freundlich-verhalten an unsere längst vergangene *amitié amoureuse.* »Weißt du noch ...?« Ich erzähle ihr von der Akte und dann von dem verrückten Verdacht, der mir kam, als ich zum erstenmal an dem kleinen Resopaltisch im Zimmer von Frau Schulz in der Gauck-Behörde auf meine Akte blickte. Dieser Abend in Prenzlauer Berg, wie sie die Vorhänge aufzog und das Licht anmachte.

Sie ist leicht erschüttert. Ich hatte sie doch wohl nicht im Verdacht, für die Stasi zu arbeiten? Aber ja, natürlich erinnert sie sich an diesen Abend. Eigentlich kann sie sich nicht vorstellen, daß sie die Vorhänge aufgezogen hat. Aber das Licht hat sie angemacht.

Warum?

»Weil ich dein Gesicht sehen wollte.«

Zwei Tage später fahre ich früh am Morgen, wieder mit der S-Bahn, zu meinem Interview mit General Kratsch. Er begrüßt mich an der Gartentür, gekleidet in einen Synthetik-Trainingsanzug, und dann gehen wir durch einen bunten Vorhang aus Perlenschnüren in einen Bungalow voll mit Nippes aus Holz und weißen Zierdeckchen. Auf einem Regal steht ein gutes Sortiment Kochbücher.

Er möchte mit seiner Geschichte ganz von vorn anfangen, was mir auch recht ist. 1945 war er 15 Jahre alt (so wie »Michaela«), sein Vater befand sich in Kriegsgefangenschaft. Er hatte nur Volksschulbildung, dann wurde er Verkäufer in einem Eisenwarengeschäft. Aber während der ganzen Zeit hatte er Sehnsucht nach Abenteuer. Er kann sich noch erinnern, daß er eine Anzeige in einer westdeutschen Fachzeitschrift, *Der Eisenhändler*, gelesen hat, die illegal in die DDR geschmuggelt und in seinem Geschäft herumgereicht wurde. Es ging um eine Stelle in Südafrika, und er spielte erregt mit dem Gedanken, sich auf die Annonce hin zu bewerben. Während ich ihm zuhöre, habe ich das Gefühl, als wollte er wirklich sagen: Hätte ich es doch bloß getan! Dann wollte er zur Marine gehen. Doch statt dessen sorgten sie dafür – »sie« –, daß er ins MfS kam.

Er erhielt seine Ausbildung in Potsdam, wo man ihm etwas über den großartigen britischen Geheimdienst beibrachte, seine unerreichten Fähigkeiten, seine lange Tradition, seinen Charakter als Bestandteil der Entwicklung des Imperialismus, den Lenin als »höchstes Stadium des Kapitalismus« bezeichnet hatte. Danach wurde er in der Abwehr eingesetzt, »auf der englischen Linie«. Er, ein 23jähriger ehemaliger Eisenwarenverkäufer aus Thüringen, sollte etwas gegen den legendären britischen Secret Intelligence Service ausrichten! Später wurde er zur »amerikanischen Linie« versetzt, und schließlich war er für die Bekämpfung der westdeutschen Spionage zuständig. Wieder hatte er dieses Gefühl. Da sollte er, ein Niemand, gegen den alten Fuchs General Gehlen antreten, der schon unter Hitler Chef des militärischen Geheimdiensts im Osten war, dann für die Amerikaner gearbeitet und schließlich für Adenauer den Bundesnachrichtendienst aufgebaut hatte.

Trotzdem hatte er gegen Gehlen beachtliche Erfolge zu verzeichnen, vor allem mit Doppelagenten. Wenn ein feindlicher Agent gefaßt wurde, setzte er sich manchmal ins Nebenzimmer, um das Verhör zu verfolgen. Er wollte wissen, warum sie es getan hatten.

Und warum hatten sie es getan?

Zum Teil des Geldes wegen. Zum Teil aus Abenteuerlust. Und dann gab es noch das, was er als »Ideologie« bezeichnet. »Sie taten es für die Freiheit, wie sie sagten.«

Was passierte anschließend mit ihnen?

Oh, sie wurden natürlich zu langen Haftstrafen verurteilt.

Oder zum Tod?

Ja, das auch, vor allem in den frühen Jahren. Aber diese Leute kannten das Risiko, das sie eingingen.

1976 wurde er Leiter der gesamten Hauptabteilung. Es war eine Chance, eng mit dem Minister zusammenzuarbeiten, eine aufregende Zeit, obwohl es damals diesen einen schweren Rückschlag mit Stiller gab – einem Stasi-Offizier, der für den Westen arbeitete und dann dorthin entkam. Doch in den achtziger Jahren hatte er zunehmend das Gefühl, daß die Dinge auf ein falsches Gleis gerieten. Er gewöhnte sich daran, dem Ministerium zu entrinnen und statt dessen im Restaurant Moskau gut und ruhig zu speisen. Da Tischplätze in Ostberliner Restaurants immer knapp waren, kam es vor, daß neben ihm Besucher aus den Vereinigten Staaten saßen. Er verwickelte sie gern in eine Unterhaltung. Wenn die gewußt hätten, mit wem sie da sprachen …

Manchmal, wenn er sich auf diese Weise von seinem Arbeitsplatz entfernt hatte, rief der Minister bei ihm an und fragte ihn, wo er denn gewesen sei. Einmal, es muß Mitte der achtziger Jahre gewesen sein, sagte er Mielke, er habe einen der regelmäßigen Vorträge gehört, in denen ein hoher Parteifunktionär die gegenwärtigen politischen Entwicklungen skizzierte und den Zuhörern die Parteilinie erläuterte.

»Und hat er Ihnen auch gesagt«, schnaubte Erich Mielke, »daß die DDR pleite ist?«

»Nein«, erwiderte Kratsch, »das hat er uns nicht gesagt.«

»Na, dann sage ich dir das!«

Demnach hatte Mitte der achtziger Jahre, zu einer Zeit, als die DDR von vielen Analytikern, Politikern und Geschäftsleuten des Westens als stabilster und wirtschaftlich gesündester Ostblockstaat betrachtet wurde, der Chef ihrer Geheimpolizei dem Leiter seiner Spionageabwehr gesagt, daß das Land bankrott war. Sie wußten es doch besser.

Hatte Mielke mit »pleite« insbesondere die alarmierenden Zahlen der Auslandsverschuldung der DDR in harter Währung gemeint?

Ja, aber nicht nur das. Es war auch politisch gemeint. Sie sahen die Illusionen Honeckers, und sie sahen den Widerspruch zwischen einer Öffnung nach Westen und dem Versuch, das kommunistische System zu erhalten. Er, Kratsch, war der Mann, der die wütenden Anrufe von Mielke entgegennehmen mußte, wenn DDR-Bürger in westlichen Botschaften Asyl suchten oder eine neue Enthüllungsgeschichte im *Spiegel* erschien. Und er erwiderte dem Minister: Wie können Sie von mir erwarten, daß ich das verhindere, wenn wir alle diese internationalen Abkommen geschlossen haben, um unsere Beziehungen zum Westen zu verbessern, über die Arbeitsbedingungen für Journalisten, über die Bewegungsfreiheit, die Achtung der Menschenrechte? Ein eindrucksvoller Tribut an die subversive Seite der Entspannung, meine ich.

In diesen letzten Jahren wurde er seiner Arbeit zunehmend überdrüssig. Er wollte sowieso mit 60 Jahren aufhören: im Oktober 1990. Doch am 3. Oktober 1990 war Deutschland vereinigt, und seine Dienste wurden nicht mehr benötigt.

Nachdem Kratsch seine eigene Geschichte erzählt hatte, fragte ich ihn, warum sie mich als möglichen Spion untersucht hatten.

Ganz einfach, sagt Kratsch. Wie er mir bereits erzählt hat, hatte man ihnen vom ersten Tag an in der Spionageschule eingepaukt, wie teuflisch effektiv der legendäre britische Geheimdienst sei. Doch dann, etwa seit Mitte der sechziger Jahre, konnten sie keine britischen Spione mehr im Lande entdecken. Die Offiziere der Abteilung II/9 waren verzweifelt. Natürlich wußten sie, wer die Berufsoffiziere des SIS bei der britischen Botschaft waren, hielten sie unter Beobachtung, fotografierten alle ihre Treffs mit Dissidenten und so weiter. Doch wo blieben ihre Agenten?

Sobald also ein nur halbwegs verdächtig aussehender Engländer daherkam, wurde sogleich eine OPK eingeleitet, um festzustellen, ob er nicht doch einer dieser fehlenden Agenten war. Sie gaben die Hoffnung nicht auf, wurden jedoch immer wieder enttäuscht.

Lag es daran, daß der Secret Service so tüchtig war, wenn die Stasi keinen seiner Agenten fing, oder vielleicht daran, daß er gar keine hatte?

Eher das letztere, meint Kratsch.

Ich sage Kratsch, wenn man ihn so reden höre, könnte man fast vergessen, daß die Stasi eine Organisation war, von der normale Menschen in Angst und Schrecken versetzt wurden. Hatte er selbst nie Angst gehabt?

»Angst!« ruft er aus, hebt beide Hände in die Höhe, und sein dikker Bauch bebt vor Entrüstung. Natürlich nicht! Überhaupt nicht. Die Leute hatten keine Angst, sie waren dankbar für die Sicherheit! »Man hat uns von oben und von unten gedankt.« Und er will mir noch etwas mitteilen: Die Leute, die am Jahrestag der Gründung des Ministeriums als erste zu ihnen kamen und gratulierten, waren die Vertreter der CDU, der alten Blockflötenpartei, die jetzt in Helmut Kohls gesamtdeutscher CDU aufgegangen ist. Doch heute sind die Christdemokraten die ersten, die alles auf die Stasi schieben! In Wirklichkeit war die Stasi in all den Jahren der Partei streng unterstellt. Darin war Mielke sehr genau. Alles wurde mit Honecker abgesprochen, alle wichtigen Entscheidungen wurden vom Parteiführer gegengezeichnet.

Ich frage ihn, ob er sich persönlich etwas vorzuwerfen habe. »Nein«, sagt er, »ich habe meinen Job getan.« Die übliche Rechtfertigung: Ich habe nur meine Arbeit getan, meine Pflicht, habe nur Befehle ausgeführt. Nein, er fühlte sich an nichts schuldig, es sei denn daran, daß er sich nicht kritischer darüber geäußert hatte, wie die Dinge in den achtziger Jahren liefen, über Honeckers Selbstverherrlichung und das Ausbleiben von Reformen.

»Aber das ist überall so, auch bei Ihnen, wenn man dem, was in den Zeitungen steht, Glauben schenken kann. Ständig wird das Königshaus kritisiert, aber man hat nicht den Mut, zu handeln!«

Der Personalakte von Gerhard Kaulfuss entnehme ich, daß er am 23. Februar 1933 im Sudetenland geboren wurde. Sein Vater mußte in den Krieg, als er gerade sechs Jahre alt war, und kehrte erst 1947 aus sowjetischer Kriegsgefangenschaft heim; da war der junge Gerhard schon vierzehn. Acht entscheidende Entwicklungsjahre ohne Vater. Schulbesuch im besetzten Sudetenland während des Krieges: eine NS-Schule. Dann der Zusammenbruch und die Flucht in die sowjetische Besatzungszone. Ursprünglich wollte er Verkäufer werden, kam jedoch über die Freie Deutsche Jugend ins MfS. Im Lauf der Zeit arbeitete er sich zum Oberstleutnant und Leiter der Abteilung II/9 hoch.

Eine Momentaufnahme aus dem Familienleben. 1971 erhält seine achtjährige Tochter ein Päckchen aus Westdeutschland: zwei Tafeln Schokolade, Süßigkeiten, Käse, Zucker, Tee, eine Kinderzahnbürste, Seife. Notrationen, wie sie nach Biafra gingen! Alarmglocken läuten im Ministerium. Eine formelle Disziplinaruntersuchung wird eingeleitet. Wie kam es dazu? Während ihres Urlaubs in Bulgarien hatte seine Tochter mit einem Mädchen aus der Bundesrepublik Freundschaft geschlossen. »Obwohl seitens des Gen. Major Kaulfuss durch Wechseln des Badeplatzes versucht wurde, diesen Kontakt zu unterbinden, kam es doch verschiedentlich noch zu Kontakten zwischen den Kindern, bei denen die Tochter des Gen. Major Kaulfuss die Wohnadresse dem westdeutschen Mädchen übergab.« Schlußfolgerung: Dieser Kontakt könnte von einem westlichen Geheimdienst ausgenutzt werden. Sollte noch ein weiteres Päckchen eintreffen, müßte es zur Untersuchung in die Abteilung gebracht und anschließend zurückgeschickt werden.

In der Akte steht eine alte Adresse in Karlshorst, wo sich auch das Hauptquartier der Roten Armee befunden hatte. In einer staubigen Straße mit stark beschädigtem Pflaster finde ich eine zweistöckige Doppelhaushälfte, die in schmuddeligem Rotbraun gestrichen ist. Auch hier ein Drahtzaun mit Gartentor, das nur durch einen elektrischen Türöffner geöffnet werden kann – und den Namen des Bewohners. Kaulfuss. Ich drücke den Klingelknopf. Die Gardine hinter einem Fenster im ersten Stock wird zur Seite gezogen. Für kurze Zeit erscheint ein Gesicht. Ist es dasselbe wie auf dem Paßfoto in der Akte? Er öffnet die Haustür, wartet jedoch oben auf der Eingangstreppe, etwa sechs Meter entfernt. Ja, er ist es, kein Zweifel.

»Herr Kaulfuss?« sage ich mit erhobener Stimme.

»Ja.

»Mein Name ist Timothy Garton Ash, ich bin Zeithistoriker aus Oxford und möchte mich gern mit Ihnen über die Geschichte des MfS unterhalten.« Ich gebrauche die offizielle Abkürzung für das Ministerium statt des abschätzigen »Stasi«.

Langsam kommt er zur Gartentür, ohne sie jedoch zu öffnen. Wie Kratsch trägt auch er einen Trainingsanzug aus Synthetik, diesmal in Rot und Schwarz. Er hat einen bitteren Zug um die Mundwinkel, so wie auf dem Foto, und seine Augen sind blutunterlaufen. Säuft er?

Hätten Sie vielleicht Zeit für ein Gespräch?

»Nein.« Er ist bereits vom Insiderkomitee angesprochen worden und hat abgelehnt. Die verschiedensten Leute hatten ihn aufgesucht und wollten ihn sprechen, der Verfassungsschutz, der Bundesnachrichtendienst, selbst Leute vom »FBIA«, wie er etwas verworren sagt. Er hatte sie alle abgewiesen. Es steht ja sowieso alles in den Akten.

Ja, sage ich, aber die Akten sagen uns nie die ganze Wahrheit. Gespräche mit Zeitzeugen sind unentbehrlich für ein Verständnis der Hintergründe und der Motive der Beteiligten. (Stimmt ja alles, aber auch: auf alle Fälle das Gespräch in Gang halten, die Schnur nicht reißen lassen, den alten Karpfen vorsichtig reinholen ...) Und (versuchen wir es jetzt) ich habe auch einen persönlichen Grund: Als ich zu Beginn der achtziger Jahre als Forschungsstudent hier war, wurde in Ihrer Abteilung eine OPK-Akte über mich geführt.

Wir debattieren noch ein bißchen.

»Ach«, sagt er schließlich, »kommen Sie rein. Wir reden doch noch ein Viertelstündchen.«

Er führt mich zu einer Gartenschaukel. Ich rieche Alkoholdunst, Zigarettenrauch, Langeweile und Leere. Er hängt noch immer den alten Klischees an. Der Staat wurde von westlichen Agenten, Terroristen, Provokateuren bedroht. Wie der Name versprach, gab der Staatssicherheitsdienst den Menschen Sicherheit, und jetzt denken sie sehnsüchtig an ihn zurück, wo es soviel Unsicherheit gibt: Kriminalität, Arbeitslosigkeit, Drogen. Ja, es gab eine Minderheit, die wegen ihrer politischen Ansichten zu leiden hatte. Aber das ist normal. Genau dasselbe ist in Westdeutschland passiert. Wie nannten sie das dort? Ich sage »Berufsverbot?« Ja, das ist es! Es war *genau* dasselbe!

Aber ich dachte, Ihr System sollte das bessere sein?

»Na ja …«, er lacht bitter. Auf jeden Fall waren die meisten dankbar für die Sicherheit, und sie waren bereit, dafür auf etwas Freiheit zu verzichten.

War er gegen Ende in irgendeiner Weise desillusioniert? Nein, er hatte das Gefühl, etwas geleistet zu haben. Schließlich hatte dieser Staat etwas erreicht: Jahr für Jahr in der Geschichte der DDR war das Bruttosozialprodukt real gestiegen. In der Bundesrepublik war es genau umgekehrt. Dort ging es Jahr für Jahr zurück. Ich äußere leichte Skepsis. Na gut, zumindest der Anteil der Arbeiter sei zurückgegangen. Aber Westdeutschland ist doch immer reicher geworden, oder etwa nicht? Ja, aber die meisten können sich die Waren nicht leisten, die in den Schaufenstern liegen.

War er selber schon einmal im Westen?

Na ja, vor der Vereinigung natürlich nicht. Doch danach war er einmal an der Nordsee und einmal in Westberlin. Aber das alles hatte ihn nicht beeindruckt. Nein. Einmal hatte ihn seine Enkeltochter gebeten, ihr eine Kuckucksuhr mitzubringen. Also fuhr er hinüber zum KadeWe. Es war *widerlich*. Alle diese Waren, die für normale Menschen unerschwinglich waren. Und dann hatten sie nicht einmal die Kuckucksuhr.

Nein, ihm gefällt Westberlin überhaupt nicht, nachdem er sein ganzes Leben dagegen gearbeitet hat. Doch einmal, kurz nach der Vereinigung, konnte er es sich nicht verkneifen, hinüberzufahren und sich ganz privat die Hauptquartiere der westlichen Geheimdienste anzusehen, die er nur von Fotos kannte, die CIA-»Objekte« in Dahlem und so weiter. Sie sahen ganz so aus wie auf den Fotos.

Er wirkt jetzt entspannter. Vielleicht ist die Zeit gekommen, ihn zu meiner Akte zu befragen. Doch sofort verschließt er sich wieder.

Nein, er hat mich gewarnt, über seine Arbeit will er nicht reden.

Nein, er erinnert sich nicht an Leutnant Wendt.

Nein, er erinnert sich nicht an meinen Fall.

Gab es denn so viele Operative Personenkontrollen?

Nein, jedenfalls nicht in seiner Abteilung. Ein paar vielleicht …

Aus 15 Minuten sind 50 geworden. Doch jetzt ruft seine Frau nach ihm. Sie will geschaukelt werden. Es geht ihr nicht gut, verstehen Sie.

Als wir zur rostigen Gartentür zurückgehen, frage ich ihn, ob seine Abteilung viele Spione gefangen habe.

O ja, und natürlich erhielten sie langjährige Gefängnisstrafen.

Doch darüber möchte er nicht reden. Was er mir sagen möchte, ist, daß es so nicht weitergehen kann: die Kriminalität, die Arbeitslosigkeit, die Ungleichheit. Die Menschen sind aufgebracht.

Ich verabschiede mich, doch während er von der Gartentür zurückgeht, hebt sich seine Stimme: »So kann es nicht weitergehen, das sage ich Ihnen, und wenn man uns dazu aufruft, auf die Straße zu gehen, werden wir das tun. Wir werden dabeisein ...« Heldenhafter, kläglicher Trotz.

Dann höre ich das Quietschen der Gartenschaukel.

Nun komme ich zu Oberstleutnant Fritz, Nachfolger von Kaulfuss als Leiter der Abteilung II/9 und der Mann, der 1982 den Abschlußbericht zu meiner Akte abgezeichnet hatte. Im Unterschied zu seinem Vorgänger ist Alfred Fritz ein sehr beschäftigter Mann. Am Tor zu ihrer sauberen, graugestrichenen Doppelhaushälfte, ebenfalls in Karlshorst, sagt mir seine Frau, er sei von frühmorgens bis spätabends unterwegs: »Sie wissen ja, wie es ist in der Versicherungsbranche.«

Ich hinterlasse meine Karte, und sie schlägt mir vor, abends um zehn Uhr anzurufen. Während ich dann am Telefon erkläre, ich sei Historiker und arbeitete über die Stasi-Akten, unterbricht er mich schon mit der Frage: »Hatten wir mit Ihnen nicht während meiner Dienstzeit zu tun?« Ich erzähle ihm von der Akte. Nach einigem Hin und Her erklärt er sich schließlich zu einem Gespräch bereit – »wenn Sie meinen, daß es einen Sinn hat« –, morgens um halb acht.

Laut Personalakte ist der Oberstleutnant inzwischen 65. Ich erwarte einen weiteren in die Jahre gekommenen, dickbäuchigen, schwerfälligen Mann wie Kaulfuss und Kratsch. Doch der Mann, der mich mit einnehmendem Lächeln begrüßt, sieht aus wie ein jugendlicher Mittfünfziger. Er hat mit dem Fön toupierte Haare und trägt schwarze Jeans, ein grell gemustertes Hemd mit rosaroten und grauen Dreiecken und eine passende lachsfarbene Krawatte, die von einer großen Krawattennadel gehalten wird. Seine Hemdsärmel sind bis zur Hälfte der Unterarme hochgeschlagen. In seiner neuen – ja was? Tarnkleidung? Uniform? – Identität gibt er jeden Zoll einen westdeutschen Versicherungsvertreter.

Ich bedanke mich, daß er seine kostbare Zeit für mich opfert. Ja, das ist das Problem, noch nie in seinem Leben stand er so unter Druck.

Schlimmer als im Ministerium?

»Nein. Sie wissen ja selbst, wie das ist in diesem Job, die vielen Treffs am Abend und so …« Dabei blickt er mich erwartungsvoll an.

»Sie wissen ja selbst, wie das ist« … was meint er damit?

Er nimmt meine Visitenkarte vom Tisch auf, blickt lächelnd darauf und sagt: »Na ja, es gibt die verschiedensten Legenden, oder? ›Zeithistoriker‹ zum Beispiel. Historiker oder SIS, es ist mir alles recht. Es waren schon mehrere da. Ich habe keine Hemmungsschwellen …«

Ich versichere ihm, daß ich tatsächlich Historiker bin. Er scheint etwas enttäuscht. Vielleicht hat er sich darauf gefreut, Erinnerungen mit einem alten Sparringspartner auszutauschen. Oder vielleicht glaubt er mir einfach nicht. So oder so, er ist bereit zu reden.

Am Anfang war der Krieg. Der Krieg war für ihn eine prägende Erfahrung, so wie für Kratsch und Kaulfuss. Sein älterer Bruder ist an der Front gefallen.

Und Ihr Vater?

»Meinen Vater habe ich nie gekannt. Ich war das, was man ein uneheliches Kind nennt.« Er lächelt immer noch, aber ich kann die Anspannung in seiner Stimme hören und den alten Schmerz spüren.

Zu Beginn der fünfziger Jahre war er bei der Bezirksfinanzabteilung in Schwerin angestellt. Er war SED-Anwärter. Als er von einem Mann des MfS angesprochen wurde, hatte er das Gefühl, es sei »eine Ehre«, die DDR gegen die ausländischen Spione zu verteidigen, die das Land »massenweise« infiltrierten.

»Sie müssen bedenken, wie es damals war. Es war die Zeit der ›Müllplatzjungen‹. Die CIA bezahlte Jugendlichen aus Westberlin ein paar Groschen, damit sie rüberkamen und in den Mülleimern der Roten Armee hier in Karlshorst herumwühlten.« Die meisten wurden natürlich erwischt.

Aufregende Jahre. Er war überzeugt, eine wichtige Arbeit zu leisten. Und in den fünfziger Jahren besaßen sie noch die Unterstützung der Bevölkerung. Sie gingen sogar in die Fabriken und erläuterten ihre Tätigkeit, und die Menschen klatschten Beifall. (Kommt er nicht einmal jetzt auf den Gedanken, daß die Menschen vielleicht aus Angst geklatscht haben?)

In den siebziger Jahren änderten sich die Dinge zum Schlechteren. Im Ministerium gab es weniger Idealismus, dafür mehr Karrieredenken.

Galt das auch für den jungen Leutnant Wendt?

Er weiß es nicht. Wendt war immer sehr zurückhaltend.

Und Major Risse?

»Ich glaube, Risse hat es ehrlich gemeint, wie ich.«

Daneben hatte er das Gefühl, daß die Dinge draußen im Lande nicht mehr richtig liefen. In privaten Gesprächen machten er und seine Kollegen zwei Hauptprobleme dafür verantwortlich: das Autoproblem und das Reiseproblem. Das Autoproblem bestand darin, daß einfach keine anständigen Autos zu haben waren. Die Leute bekamen nur einen lahmen kleinen Trabant oder Wartburg, und selbst darauf mußten sie zehn Jahre lang warten. Das Reiseproblem bestand darin, daß die meisten DDR-Bürger nur in einige Länder des Ostblocks reisen durften.

Hatten sie jemals über das Freiheitsproblem gesprochen?

»Nein.« Nachdenkliche Pause. »Obwohl das Reiseproblem natürlich irgendwie damit zusammenhing.«

Außerdem stellten sie fest, daß sie für immer mehr andere Aufgaben herangezogen wurden. Ich erwähne eine Bemerkung, die Oberstleutnant Eichner von der HVA mir gegenüber gemacht hatte: »Zuerst hatten wir einen Staat. Dann hatten wir eine Partei, damit der Staat funktionierte. Dann hatten wir die Staatssicherheit, die versuchen sollte, die Partei und den Staat funktionsfähig zu machen. Und es hat immer noch nicht funktioniert!«

»Ungefähr so«, sagt Fritz.

Die Leute seiner Abteilung mußten sogar zu Fußballspielen gehen und dort als Ordner dienen. Es war absurd. Ihre eigentliche Aufgabe war es, westliche Spione zu enttarnen, auch wenn sie sich jetzt auf die sogenannte »Spionage aus legalen Positionen« konzentrierten: Diplomaten, akkreditierte Korrespondenten, Gastprofessoren und dergleichen. Seine Abteilung, die für alle westeuropäischen Länder zuständig war, bearbeitete vielleicht 30 Operative Personenkontrollen im Jahr.

Fingen sie tatsächlich irgendwelche Spione?

Ja, ein paar. Spione aus dem Westen wurden in der Regel ein oder zwei Monate in Untersuchungshaft gehalten und dann ausgewiesen; in schweren Fällen kamen sie vielleicht vor Gericht und wurden verurteilt, anschließend jedoch häufig ebenfalls abgeschoben. Waren es jedoch DDR-Bürger, dann erhielten sie langjährige Gefängnisstrafen.

Zu seiner Zeit hatten sie jedoch wenig Erfolg mit Franzosen und Briten, denen ihre Hauptaufmerksamkeit galt. Es gab eine Diplomatin, die sie fast zur Zusammenarbeit gebracht hätten: Die Frau hatte eine Affäre, was sie mit Hilfe von »B-Maßnahmen« herausfanden. (»B-Maßnahmen« bedeuteten den Einbau von Abhörmikrophonen, während »A-Maßnahmen« im Abhören von Telefongesprächen bestanden.)

Natürlich versuchten sie, diese Information dazu zu benutzen, um sie anzuwerben. Sie war verheiratet, Sie verstehen.

»Sie meinen, Sie haben versucht, sie zu erpressen?«

»Ja, das tut doch jeder Geheimdienst.« Doch diesmal klappte es nicht. Der Mann, mit dem sie etwas hatte, war Engländer, der später nach England zurückging. Dann grient er ein bißchen und fragt: »Das waren nicht etwa Sie?«

»Nein.« (Außerdem geht es Sie gar nichts an.) Ich merke seinem schiefen Lächeln an, wie sehr er diese Seite seines Berufs vermißt: den Voyeurismus, die intimen Details, die Spiele, die sie dann mit dem Leben einer Frau spielten. Heute muß er sich wohl mit dem begnügen, was schnüffelnde Zeitungs- und Fernsehreporter an Details aus dem Privatleben anderer vor dem Publikum ausbreiten. Hier haben wir es mit einer westlichen Form des organisierten Voyeurismus zu tun, der angeblich ebenfalls durch einen höheren Zweck gerechtfertigt wird: dort die »Staatssicherheit«, hier »das öffentliche Interesse«.

Er kehrt zu seinem Lieblingsthema zurück: Wie hart sie gearbeitet haben. Schon um Viertel nach sieben, spätestens halb acht saß er an seinem Schreibtisch. Um Viertel vor acht mußte er bei General Kratsch Bericht erstatten. Dann mußten Akten studiert, laufende Fälle mit seinen Kollegen besprochen werden: Maßnahmepläne, Koordinierung, Observationsberichte, Abschlußberichte, neue IM werben, alte überprüfen. Das Mittagessen wurde vom Abteilungsleiter aufwärts in einer besonderen Kantine eingenommen, die leicht erhöht in der Mitte des Gebäudekomplexes des Ministeriums lag. »Monarchenhügel« wurde er genannt. Die Arbeit setzte sich fort bis in den späten Nachmittag, und am Abend gab es diese Treffs mit den IM, gewöhnlich in »konspirativen Wohnungen«. Ein Zwölfstundentag war das wenigste, außerdem viele Wochenenden.

Kam er auch privat mit seinen Kollegen zusammen?

An Weihnachten oder Silvester gab es ein Betriebsfest »in einem Objekt, wissen Sie«. Einmal gab es zum Beispiel eine Party in Wandlitz. »Da war der Tisch schön gedeckt, es gab eine Menge zu trinken und zu essen, da wurde getanzt und so – eine gemütliche Atmosphäre.« Ansonsten hatten sie keine Zeit.

Heute muß er täglich ebensolange arbeiten, denn von der Rente, die man als ehemaliger Offizier bekommt, kann man nicht leben. Es ist nicht der volle ihm zustehende Betrag, sondern nur 70 Prozent einer Sozialrente auf der Grundlage des ostdeutschen Durchschnittsverdienstes. Das ist so ungerecht, sagt er. Es verstößt doch gegen das Prinzip der Gleichheit vor dem Gesetz ... Worauf seine Frau, die im

Zimmer saubergemacht hat, wütend ausruft: »Das hat doch keinen Zweck!« und die Tür so laut hinter sich zuschlägt, daß der Drücker herunterfällt. (Aus der Personalakte erfahre ich, daß auch seine Frau und seine drei Töchter für die Stasi gearbeitet haben.)

Ja, fährt er fort, die soziale Sicherheit, das war eins der wirklich guten Dinge in der DDR. Und jetzt haben wir alle diese Unsicherheit und die Verbrechen und die Arbeitslosigkeit. Was nützt Ihnen die Freiheit, wenn Sie nicht das Geld haben, sie zu genießen? Er sieht jetzt alle diese Schwierigkeiten bei seinen Kunden. Sie brauchen dringend eine Privatversicherung, da der Staat nicht mehr für Sicherheit sorgt, aber häufig können sie die Prämien nicht bezahlen.

Von der Welt der Staatssicherheit zur Welt der Privatversicherung verkörpert Alfred Fritz einen viel allgemeineren Übergang. Gestern Offizier in der grauen Uniform, heute Versicherungsvertreter in schwarzen Jeans; doch drinnen ist es noch derselbe alte Fritz.

Major Risse ist nach Dresden verzogen. Ich erhalte seine Adresse vom dortigen Einwohnermeldeamt; in diesem Deutschland kann man die Adresse von beinahe jedermann bekommen, indem man einfach anfragt.

Er ist nicht zu Hause. Ich sehe mich nach etwas um, womit ich mir die Wartezeit verkürzen könnte; mein Blick fällt auf ein tempelähnliches Gebäude, bei dem es sich um das Deutsche Hygiene-Museum handelt. Dort gibt es Sonderausstellungen über die Pille und Aids sowie eine Dauerausstellung zum Thema Verdauung, mit großen leuchtenden Nachbildungen der inneren menschlichen Organe aus Kunststoff über den Köpfen der Besucher: Magen, Gallengang, oberer Dickdarm, unterer Dickdarm, Rectum, jeweils in eigener Farbe. Ich erkundige mich bei einer weißhaarigen Dame hinter dem Schalter, wie ich zur »Gläsernen Kuh« komme, einem durchsichtigen, lebensgroßen Modell, das sämtliche Knochen, inneren Organe, das Gehirn und die Nervenstränge zeigt. Sie sagt: »Gehen Sie durch Aids zur Verdauung, und dort sehen Sie die Kuh zu Ihrer Rechten.«

Das berühmteste Ausstellungsstück ist allerdings nicht die Gläserne Kuh, sondern eine »Gläserne Frau«, die mit erhobenen Armen auf einem Tisch steht, auf dem Knöpfe mit den Namen der verschiedenen Körperorgane stehen: Leber, Herz, Nieren und so weiter. Drückt man auf den betreffenden Knopf, so leuchtet es auf. Die Museumswärterin erzählt mir, daß dies ein neues gläsernes Modell ist. Das alte war ziemlich abgenutzt, so daß sie nach der Vereinigung eine ganz neue Frau angefertigt haben. »Sieht sie nicht gut aus? Aber drinnen ist sie genau wie die alte.«

Als ich Klaus Risse am Abend telefonisch erreiche, erklärt er sich zu einem Gespräch bereit. Er ist daran interessiert, daß die Tätigkeit des MfS »objektiver« dargestellt wird. Er macht einen gesprächigen Eindruck, so wie die Sachsen eben sind.

»Wäre es Ihnen jetzt möglich?« frage ich, obwohl es schon spät ist. »Eigentlich wäre ich gern noch heute abend nach Berlin zurückgefahren.« Nein, das geht leider nicht, er erwartet seine Frau jeden Augenblick zurück. Aber wir könnten uns für morgen zum Frühstück verabreden. Also um acht, im Foyer des Hotels? Einverstanden. Während ich ein Zimmer für die Nacht nehme, frage ich mich, ob er kommen wird. Vielleicht bringt ihn seine Frau davon ab?

Bis es soweit ist, vertiefe ich mich in die Fotokopien von seiner Personalkarte und Auszügen aus seiner Personalakte. Geboren 1938 in der Nähe von Dresden, sein Vater 1944 an der Front gefallen: auch hier der fehlende Vater. In einem internen Fragebogen des MfS wird er gefragt, ob er sich jemals »in Westberlin oder Westdeutschland« aufgehalten habe. Seine Antwort: »1954–1 1/2 Std. Westberlin, mit dem Freund Geschäfte angesehen.« 1975 wird er zur Abteilung II/9 in Berlin versetzt. Von 1978 bis 1983 ist er Leiter von Referat A, zuständig für Großbritannien. Sein Hobby ist Angeln.

Auf dem Paßfoto der Personalkarte sieht er ziemlich unangenehm aus, doch der Mann, der mich am nächsten Tag im Foyer erwartet, hat ein sympathisches, offenes Gesicht und klare Augen. Er ist gepflegt gekleidet, trägt ein weißes Hemd mit Schlips, einen braunen Sakko und Slipper. Anfangs singt er das gleiche Lied wie seine ehemaligen Kollegen: »Ich wollte für eine bessere Welt arbeiten.« Doch sehr bald verläßt er diesen ausgetretenen Pfad. Das System funktionierte nicht, sagt er, weil es nicht funktionieren konnte, wegen der menschlichen Natur. Man kann Menschen nicht ändern und zu etwas anderem machen als dem, was sie sind. Der Kommunismus rechnete nicht mit dem »inneren Schweinehund«. Es hätte nur dann funktionieren können, wenn die Menschen Engel gewesen wären. Sein Urteil ist schlicht, aber mitnichten oberflächlich: Das war der Grundfehler des Kommunismus.

Natürlich konnte er das alles 1945 noch nicht wissen, als sie ganz von vorn mit dem Wiederaufbau anfingen. Sein Vater war an der Front gefallen. Einer seiner Brüder geriet auf entsetzliche Weise unter die Räder eines Traktors, der in den letzten Tagen des Krieges Baumstämme für Panzersperren durchs Dorf schleifte. Seine Mutter, eine Landarbeiterin, mußte mit ansehen, wie der Kopf ihres Sohnes von den Rädern des Traktors zermalmt wurde. Die Familie war ausgebombt, alle ihre Habe wurde vernichtet. Von April bis Oktober ging er barfuß. »Wir waren die Ärmsten der Armen.« Doch seine Mutter erhielt sie am Leben; zuerst seine Mutter und dann der Staat. In der Volksschule zeigte er gute Leistungen und erhielt das höchstmögliche Stipendium, damit er auf einem staatlichen Internat das Abitur machen konnte. Der Staat hat sehr geholfen, doch es war die Mutter, die so hart arbeitete und sich den letzten Groschen vom Munde absparte, um für ihn Kleidung und Schulbücher zu kaufen, damit er mithalten konnte. Seine Stimme klingt stark belegt, als er das erzählt.

Mit 18 Jahren mußte er sich entscheiden. Er war ein großer Naturfreund und wollte auf der Universität Fischwirtschaft studieren. Angeln war bereits seine Leidenschaft. Doch sie – »sie« – hatten anderes mit ihm vor. Sie sagten: Tu etwas für den Staat, der so viel für dich getan hat. Also ging er ins MfS und arbeitete zunächst im nahegelegenen Pirna, dann in Dresden und schließlich in Berlin, aber immer auf »der Linie 2« – Abwehr.

Im Rückblick entdeckt er heute bei sich einen Prozeß progressiver politischer Ernüchterung. Er hatte einen engen Freund in einer der Landwirtschaftlichen Produktionsgenossenschaften, der ihm erzählte, wie die Dinge sich wirklich verhielten, dort unten. Es machte ihn wütend, wenn er die absurden Geschichten in der Zeitung las, in denen ständig die Fünfjahresplanziele übertroffen wurden. Er sah die Widersprüche zwischen Theorie und Praxis und die Heuchelei der Herrschenden, die – er zitiert Heine – heimlich Wein tranken und öffentlich Wasser predigten. Und es gab bestimmte Dinge, die sich in seiner Arbeit ereigneten. Er hält inne und schüttelt den Kopf: »Da gab es zum Beispiel etwas, das ich noch nie jemandem erzählt habe ...«

Bei einem ihrer Lehrgänge, als er noch in Dresden war, las der Ausbilder aus einem Brief vor, den eine Frau an ihren Mann geschrieben hatte, oder vielleicht auch nur an ihren Freund, so genau weiß er das nicht mehr. Es war aber ein so schöner Brief, so weise, so tief, so voller Herzenswärme und Liebe. Wieder droht ihm die Stimme vor Rührung zu versagen. »Das habe ich nie vergessen.«

Aber warum wurde der Brief den Stasi-Offizieren vorgelesen?

»Ach, weil der Mann IM war.« Der Frau war wohl ein Verdacht gekommen, doch der Führungsoffizier hatte mit ihm eine Erklärungsstrategie entwickelt, und es war ihnen gelungen, ihren Argwohn zu zerstreuen.

»So sollten Sie arbeiten«, war die Botschaft des Ausbilders. Doch im Herzen von Klaus Risse kam eine ganz andere Botschaft an.

Er hat seine Arbeit getan. Doch die Zweifel verstärkten sich – jedenfalls erscheint es ihm heute so, mit der ordnenden Kraft nachträglicher Einsicht. Da gab es außerdem die langen Arbeitsstunden und die absurden Restriktionen. Man durfte nicht heiraten ohne die Genehmigung des Ministeriums. War der Vater oder auch nur der Onkel der Braut bei der SS gewesen, so mußte man sich entscheiden zwischen ihr und der Stelle. Man konnte kein Haus kaufen ohne Genehmigung. Man durfte nicht ins Ausland reisen ohne Genehmigung. Man durfte sich ja nicht mal einen Bart stehenlassen! Ich denke an General Kratsch, der auf seinem Paßfoto glattrasiert war, jetzt aber einen Vollbart trägt.

Er wollte von dort weg, sagt er, »aber ich fand nicht den Mut«. Er hatte nichts anderes gelernt. Er hatte Angst vor den Konsequenzen. Doch 1989 hatte er bereits einen Antrag gestellt, wieder nach Dresden versetzt zu werden, als sogenannter »OibE«(Offizier im besonderen Einsatz), einer in der wachsenden Zahl derjenigen Offiziere, die von der Stasi auf gewöhnlichen zivilen Posten untergebracht wurden. Hätte es die Wende nicht gegeben, so würde er heute als »Offizier im besonderen Einsatz« hier in diesem Hotel arbeiten.

Statt dessen kümmerte er sich ein Jahr lang um die Sicherheit der Staatsbank in Dresden, wurde entlassen, als die Deutsche Bank das Kommando übernahm, und verkauft jetzt Lüftungssysteme für Restaurants. »Die westlichen Firmen waren hinter uns her«, sagt er. »Sie wußten, daß wir fähige, fleißige Leute waren.« Aber es ist eine häßliche neue Welt, in der das Geld alles diktiert und Menschen »über Leichen gehen«. Es gibt viele Verlierer hier im Osten. »Einige sind in meinem Wohnblock schon aus dem Fenster gesprungen.« Dieses westliche System ist auch nicht die Antwort. Aber die richtige kennt er nicht.

Seine Frau wiederum hätte fast ihre Stelle verloren, nachdem sein Name auf einer Liste mit den Namen von Stasi-Offizieren in der Zeitung abgedruckt worden war. Selbst enge Freunde begannen, an ihm zu zweifeln, seit die Medien sensationelle Enthüllungen über die Stasi gebracht hatten, Geschichten von Folterkammern, in denen Gefangene bis zum Hals im Wasser stehen mußten, und ähnliches. Ja, da waren schlimme Sachen passiert, gibt er zu, aber das war in Abteilung XX, nicht in seiner.

Jeder, mit dem ich rede, hat also einen anderen, auf den er die Schuld schieben kann. Diejenigen, die für den Staat gearbeitet haben, sagen, »wir waren es nicht, es war die Partei«. Die für die Partei gearbeitet haben, sagen, »wir waren es nicht, es war die Stasi«. Geht man zur Stasi, dann sagen die Offiziere der HVA, »wir waren es nicht, es waren die anderen«. Spricht man mit den »anderen«, dann bekommt man zu hören, »das war nicht unsere Abteilung, es war die XX«. Hat man Herrn Zeiseweis von Abteilung XX vor sich, dann sagt er, »*ich* hatte nichts damit zu tun«.

Als die Kommunisten in Mitteleuropa die Macht ergriffen, sprachen sie davon, eine »Salamitaktik« anzuwenden, um die Opposition scheibchenweise auszuschalten. Nach dem Ende des Kommunismus erleben wir nun die Salamitaktik des Verleugnens.

Risse kann zur Aufklärung einiger Details in meinem Fall beitragen. Die Bezugnahme auf § 97 StGB am Anfang meiner Akte sei eine Formalität gewesen. Falls es jedoch zu einer formellen Anklage gekommen wäre, dann hätten es die Juristen des MfS peinlichst genau genommen. Sie bestanden auf Beweisen, die auch vor Gericht standhielten. Die ideologische Einschätzung im Eröffnungsbericht – »bürgerlich-liberal« – war aber wichtig. Sie bedeutete, daß ich irgendwo in der Mitte eingestuft wurde: nicht als »progressiv«, aber auch nicht als »reaktionär«. Diese drei waren die Hauptkategorien.

In welcher Weise erfolgte die Nachfrage beim KGB, wie sie im Maßnahmeplan vorgesehen war? Na ja, man schickte eine Bitte nach Karlshorst, wo »die Freunde« saßen. Sie hatten sie also auch »die Freunde« genannt? Ja, es war durchaus üblich, auf eine Akte zu schreiben »Konsultieren mit den Freunden« oder sogar einfach »mit dem Freund«. Doch die Freunde waren in Wirklichkeit nie besonders freundlich. »Sie behandelten uns als ›kleine Würstchen‹« – bestenfalls als Juniorpartner und schlimmstenfalls noch als Vertreter eines besetzten Landes.

Und die Arbeitsgruppe zur Solidarność in Polen? Ja, er konnte sich daran erinnern, er sollte sogar selbst nach Polen fahren, worüber er alles andere als glücklich war. Aber er glaubt nicht, daß die Gruppe sehr effektiv war.

Was die frühen Beobachtungsberichte angeht, noch bevor ich überhaupt nach Ostberlin gezogen war, so hatte das MfS eine ganze Truppe am Grenzübergang Bahnhof Friedrichstraße stationiert, deren Leute bereit waren, sich an die Fersen eines jeden Besuchers zu heften, der einen auch nur halbwegs verdächtigen oder interessanten Eindruck machte.

Die gesamte Abteilung II/9 hatte vielleicht 20 bis 30 hauptamtliche Mitarbeiter. Sein eigenes Referat für Großbritannien, Referat A, hatte fünf Mitarbeiter. Pro Jahr bearbeiteten sie nicht mehr als fünf bis zehn

Operative Personenkontrollen und höchstens zwei bis drei Operative Vorgänge, die höchste Stufe. Also betrug das Verhältnis der Beobachter zu den Beobachteten etwa 1:3 oder sogar 1:2. Wie um alles in der Welt brachten sie ihre Zwölfstundentage zu, wenn sie nur so wenige Personen zu beschatten hatten? Was *taten* sie eigentlich den lieben langen Tag?

»Eine gute Frage«, sagt Risse – und eine, die er nur schwer beantworten kann. Natürlich gab es unzählige Sitzungen. Die Bearbeitung der OPK- und der OV-Akten ging stark ins Detail, wovon ich mich selbst überzeugen konnte. Die Führung von laufenden und die Anwerbung neuer IM war auch ein sehr zeitraubendes Geschäft.

Ich frage ihn, so wie ich die anderen gefragt habe, ob sie irgendwelche Agenten geschnappt haben. Nein, nicht zu seiner Zeit. »Der Fritz, Alfred« – er nennt den Namen, als läse er eine Karteikarte ab – habe ihm möglicherweise die Geschichte mit der Diplomatin erzählt, die sie beinahe umgedreht hätten.

Hatte er denn keine Skrupel, eine Frau mit Geschichten aus ihrem Privatleben zu erpressen, an die man mit Hilfe versteckter Mikrophone gekommen war?

Ja, er hatte Skrupel, aber »das tut doch jeder Geheimdienst« – er gebraucht genau dieselbe Wendung wie Fritz.

Ich komme noch einmal auf den von ihm behaupteten Idealismus seiner Nachkriegsgeneration zurück und frage ihn, ob es bei seinen jüngeren Kollegen anders war. Zum Beispiel bei Leutnant Wendt.

»Ach der Wendt, Henning«, ruft er lächelnd aus. Wendt, Henning, war ein Arbeitstier, gründlich, wortgewandt, ein guter Mann am Schreibtisch. Aber er hatte kein großes Talent zum Anwerben neuer IM, da er übervorsichtig und auch »kontaktscheu« war.

Ich sage ihm, daß ich darin bereits meine Erfahrungen gemacht habe, da Wendt sich gegen meine Bemühungen, mit ihm zu sprechen, sehr wehrt.

»Ah ja, das sieht ihm ähnlich! Aber vielleicht will seine Frau es nicht. Wissen Sie, meine Frau ist genauso. Als sie gestern abend zurückkam, sagte sie: Du bist verrückt, mit dem zu reden. Du gehst besser nicht hin ...«

Hatte sie recht? Ich denke nicht. Denn ich nehme aus dem Gespräch den Eindruck von einem intelligenten, im Grunde auch anständigen

Mann mit, der – bei seiner Kindheit nur allzu verständlich – dazu kam, seinem Land an einem schlimmen Ort zu dienen. Ein Mann, der nicht den Mut fand, auszusteigen, der jedoch wirklich aus seinen Fehlern gelernt hat. Während ich zu meinem Hotelzimmer zurückgehe, um meine Notizen aufzuschreiben, nachdem ich mich von ihm verabschiedet und ihm alles Gute gewünscht habe, formt sich in meinem Kopf ein überraschender Satz: »Klaus Risse ist ein guter Mensch.« Nicht einfach ein Mensch mit einer säuberlich abgetrennten Sphäre der persönlichen Anständigkeit, so wie der KZ-Aufseher, der tagsüber Menschen umgebracht und nach Feierabend Bach gehört und mit seinen Kindern gespielt hat. Nicht einfach ein besserer Zeiseweis. Ich meine einen Menschen mit echter Herzensgüte und einem Gewissen, das nicht vor der Bürotür abgeschaltet wird.

Ich habe ihn nur einmal gesehen, so wie er jetzt ist, nicht wie er damals war, in Uniform, furchteinflößend. Vielleicht war sein Gesicht damals tatsächlich so unangenehm, wie es auf dem Paßfoto der Personalkarte aussieht. Es mag durchaus Dinge gegeben haben, die er getan hat oder an denen er beteiligt war, schreckliche Dinge, von denen er mir nichts erzählt hat, die er lieber vergessen will oder einfach vergessen hat. Wäre ich selbst wirklich ein Opfer der Stasi oder gar das unmittelbare Opfer seiner Handlungen gewesen, würde ich wahrscheinlich ganz anders darüber denken. Aber solange ich keine anderen Evidenzen finde, sehe ich es so.

Heinz-Joachim Wendt: geboren am 16. August 1952 in Bad Kleinen. Als er noch ein Kleinkind ist, ziehen seine Eltern in den nahegelegenen Ostseehafen Wismar, wo beide in der staatlichen Fischerei arbeiten. Er besucht die Polytechnische Oberschule »Gerhart Hauptmann« und zeigt dort vor allem im Sportunterricht gute Leistungen; deshalb wird er mit 13 Jahren in die Kinder- und Jugendsportschule Rostock geschickt, die auf die Ausbildung sportlich begabter Kinder spezialisiert ist. (Das war ein Teil des hochorganisierten Systems staatlicher Förderung, das dazu beitrug, daß die DDR bei Olympischen Spielen so viele Medaillen errang.) Mit 15 Jahren muß er jedoch auf die Erweiterte Oberschule Wismar wechseln – »auf Grund einer ernsten Sportverletzung«, wie es in seinem handschriftlichen Lebenslauf heißt. 1969 wird er Sekretär der FDJ-Gruppe in seiner Klasse.

Im Frühling ebendieses Jahres wird er von der Stasi als sogenannter »Gesellschaftlicher Mitarbeiter für Sicherheit« geworben. Er verfaßt und unterschreibt eine kurze Erklärung, in der er sich bereit erklärt, »das Ministerium für Staatssicherheit im Rahmen meiner Möglichkeiten zu unterstützen«, und bestätigt, er sei darüber belehrt worden, »daß ich über die Verbindung zum MfS mit niemandem sprechen darf«. Er ist 16 Jahre alt.

Als er zwei Jahre später volljährig wird, machen sie den Vorschlag, ihn als IM anzuwerben. Der fünfseitige Vorschlag beginnt mit dem Lebenslauf des Kandidaten und seiner bisherigen Mitarbeit: »Er berichtete schriftlich über Probleme und Personen und erschien pünktlich zu den vereinbarten Treffs.« Was ihn für das MfS attraktiv macht, ist sein Kontakt zu anderen Jugendlichen während der Freizeit. Beim Werbungsgespräch selbst soll dem Kandidaten »aufgezeigt [werden], daß der Gegner mit Hilfe der politisch-ideologischen Diversion versucht, besonders auf Jugendliche negativ einzuwirken. Das MfS ist für den Schutz unseres Staates und dadurch auch für den Schutz der Jugend vor feindlichen Einflüssen verantwortlich. Da wir diese Aufgabe nicht allein durchführen können und jeder DDR-Bürger entsprechend der Verfassung der DDR für den Schutz unseres Staates mit verantwortlich ist, wenden wir uns an ihn und benötigen seine Unterstützung.« Wenn er, wie sie vermuten, einverstanden ist, soll er den bisherigen Decknamen »Dieter Fischer« weiterführen. Die »Werbung« soll am 23. 2. 1971 um 19.00 Uhr in der konspirativen Wohnung »Koch« erfolgen.

In der Akte befindet sich eine handschriftliche »Erklärung«, die mit den Worten schließt: »Über die Form der Zusammenarbeit [mit dem MfS] darf ich mit niemandem sprechen, auch nicht mit meinen nächsten Verwandten.«

Seine Akte als regelmäßiger IM enthält einige Berichte über Lehrer und Schulkameraden, doch anderthalb Jahre später wird sie geschlossen, weil Heinz-Joachim Wendt sich mit 19 Jahren verpflichtet, mindestens zehn Jahre im MfS als Berufssoldat Dienst zu leisten. Das war eine Alternative zum üblichen Militärdienst. Jetzt unterschreibt er in sauberer Langschrift eine vierseitige »Verpflichtung«, »... mit aller Entschlossenheit den Kampf gegen die Feinde der Deutschen Demokratischen Republik und des sozialistischen Weltlagers zu führen«. Er verpflichtet sich, »nach den Geboten der sozialistischen Ethik und Moral zu handeln« und im Bewußtsein der »verbrecherischen Methoden der imperialistischen Spionage- und Agentenzentralen« größte Wachsamkeit an den Tag zu legen. Er will auch dafür sorgen, daß weder er noch seine nächsten Angehörigen nach Westberlin, Westdeutschland oder in andere kapitalistische Länder reisen oder Verbindungen dorthin unterhalten.

Das ist 1971. In einer Einschätzung vom November 1973 heißt es: »Er ist offen und ehrlich. In der Vergangenheit war er leicht beeinflußbar. Nach mehrmaligen Aussprachen stellte er diese Charakterschwäche ab.« Einfach ausgeschaltet, wie ein Lämpchen in der »Gläsernen Frau« im Deutschen Hygiene-Museum.

Er macht weiterhin Karriere. 1974 zieht er nach Berlin, um in die expandierende Abteilung II/9 einzutreten. Er ist Operativer Mitarbeiter in dem für Großbritannien zuständigen Referat A. Das MfS genehmigt seine Heirat, wenngleich unter bestimmten Auflagen (die jedoch offenbar zu den »schutzwürdigen Interessen« gehören, wie sie im Gesetz über die Stasi-Unterlagen bestimmt werden). 1984 wird er als Nachfolger von Risse Referatsleiter und 1986 zum stellvertretenden Leiter der gesamten Abteilung befördert. Zur selben Zeit macht er ein Diplom an der Juristischen Hochschule Potsdam, der Stasi-Universität. Nach seinem Diplomzeugnis bestand er seine Abschlußprüfung in den Fächern Marxistisch-leninistische Philosophie, Wissenschaftlicher Kommunismus, Kriminaltaktik und Imperialistische Medienpolitik mit »gut«, in den Fächern Internationale Rechtsbeziehungen und Strafrecht dagegen nur mit »befriedigend«.

Sein Gehalt und sein Rang nehmen entsprechend zu: Feldwebel, Unterleutnant, Leutnant, Oberleutnant, Hauptmann. Eine Beurteilung vom März 1989 ist sehr positiv, vermißt bei ihm jedoch »ein verständnisvolleres Hineindenken in die Sachzwänge und den oft geringeren Spielraum der höheren Leitungsebenen«. Er bekleidet eine Funktion im »Kreis-Propagandaaktiv«, beschäftigt sich in seiner Freizeit mit »schöngeistiger und politischer Literatur« und besucht »kulturelle und sportliche Veranstaltungen«. Im April wird er für eine Beförderung zum Major vorgeschlagen. Diese wird formell durch einen Befehl des Ministers vom 7. Oktober 1989 bestätigt, dem 40. Jahrestag der Staatsgründung der DDR. Mit 37 Jahren Major: ein Grund zum Feiern. Doch innerhalb weniger Wochen ist der ganze Staat zusammengebrochen. Was für ein Sturz muß es für ihn gewesen sein.

Wendt entzieht sich am konsequentesten von allen jedem Versuch, mit ihm ins Gespräch zu kommen. Nachdem das Insiderkomitee mir gesagt hatte, er sei verstorben, und die Gauck-Behörde zunächst den falschen Wendt herausgesucht hatte, findet sie schließlich den richtigen und damit auch den Vornamen. Im Berliner Telefonbuch füllt der Name Wendt zwei ganze Seiten, aber keiner von ihnen heißt Heinz-Joachim. Auch die Auskunft kann mir nicht weiterhelfen. Ich fahre hinaus zu der alten Anschrift, die auf seiner Personalkarte steht. Sie liegt in Hohenschönhausen, einem Ostberliner Stadtteil, in dem viele Stasi-Leute wohnten. Ich finde ein unscheinbares Wohnhaus, das einmal der Stasi gehört hat und jetzt als Unterkunft für Asylbewerber dient.

Auf erneutes Nachfragen erhalte ich vom Insiderkomitee den Tip, möglicherweise sei Wendt wieder zu seinen Eltern nach Wismar gezogen. Nachdem ich in diese schöne, aber verfallene Hafenstadt an der Ostsee gefahren bin und mir gerade genug Zeit genommen habe, ihre gotische Backsteinkirche und den Marktplatz zu bewundern, mache ich seine Eltern in einer Neubauwohnung ausfindig. Sobald ich durch die Sprechanlage nach ihm frage, nimmt die Stimme seiner Mutter einen beunruhigten und abwehrenden Ton an. In der Zeit, die ich benötige, um die Treppen zu ihrer Wohnung hinaufzusteigen, ruft sie ihren Sohn an. Eine rotbackige, aufgebrachte Fischfrau teilt mir schon an der Wohnungstür mit, daß Heinz-Joachim nicht mit mir reden will. »Kein Interesse!« Durch die halbgeöffnete Tür erblicke ich einen traurigen alten Mann. Während ich nach Berlin zurückfahre, stelle ich mir den Kummer der Eltern eines Sohnes vor, dessen Leben verfehlt ist: ein Schmerz, an den ich gerade gerührt habe.

Dann schreibe ich an seine Eltern, entschuldige mich für mein Eindringen und lege einen Brief an den Sohn bei, in dem ich ihm darlege, warum ich gern seinen Teil der Geschichte hören würde. Er antwortet unter der Adresse seiner Eltern in einem höflichen, sorgfältig formulierten Brief.

»Natürlich kann ich mich an Sie und einige Ihrer Veröffentlichungen erinnern«, schreibt er, und: »Ich habe seit längerem damit gerechnet, daß Sie sich eines Tages dieser Problematik annehmen werden.« Leider kann er mich jedoch bei meiner Arbeit nicht unterstützen. Seine Gründe »sind rein privater Natur« und weder politischer noch beruflicher Art. Er ist jedoch zuversichtlich, daß ich auch ohne ein Gespräch mit ihm in der Lage sein werde, »die in den Akten enthaltenen Fakten einigermaßen objektiv zu beurteilen ... Allein der zeitliche Abstand bringt ja schon die verschiedensten Sichtweisen hervor. Jedenfalls bei mir, da ich heute manches mit anderen Augen sehe als beispielsweise vor fünfzehn Jahren oder in der sogenannten Wendezeit.« Er bittet mich, »von der Ernsthaftigkeit seiner Beweggründe überzeugt« zu sein und von »weiteren Kontaktversuchen« – ein plötzlicher Rückfall in den Stasi-Jargon – Abstand zu nehmen. Schließlich wünscht er mir noch viel Erfolg für mein geplantes Vorhaben.

In der Zwischenzeit habe ich mich bei den Einwohnermeldeämtern in Wismar und Berlin erkundigt und schließlich einen Computerausdruck mit einer Adresse in Berlin erhalten. Dorthin schreibe ich ihm noch einmal und bitte ihn, ob er nicht vielleicht in einigen wenigen Sätzen erläutern könne, was er damit gemeint hatte, daß er »heute manches mit anderen Augen sehe«. Ich wiederhole meine Worte aus dem ersten Brief, daß ich ohne ein persönliches Gespräch zu seiner Person und seiner Motivation nur anhand der Akte berichten kann: »für den Historiker [ist das] immer sehr unbefriedigend, weil die Akten uns nur einen Teil der Wahrheit vermitteln. Für eine wirklich faire Beschreibung braucht man auch die Sichtweise des Handelnden.« Und ich füge hinzu: »Aber auch im Geiste der Fairneß möchte ich Sie ganz direkt fragen: würde die Nennung Ihres Namens für Sie oder Ihre Familie möglicherweise berufliche oder persönliche Konsequenzen haben, die ich nach heutiger Lage der Dinge nicht ermessen kann?«

Ich denke dabei an Schwierigkeiten für ihn, seine Frau am Arbeitsplatz oder für ihre Kinder, vielleicht in der Schule, mit ihren Freunden oder deren Eltern. Ich diskutiere sogar mit ostdeutschen Freunden, ob es nicht besser wäre, allen Stasi-Offizieren die Wohltat der Anonymität zu erweisen. Alles in allem sind sie nicht dieser Meinung. Zweifellos absurd wäre es im Fall von General Kratsch, einem der höchsten Amtsträger im Ministerium. Kaulfuss, Fritz und Risse waren hohe Offiziere – alle schließlich im Rang eines Obersts – und leben jetzt entweder im Ruhestand oder kurz davor. Ihre Kinder sind erwachsen. Sie baten nicht um Anonymität, als wir miteinander sprachen. Doch Wendt, mittlerweile ein Mittvierziger, hat noch ein halbes Arbeitsleben vor sich. Wenn ein Kollege oder ein Vorgesetzter dieses Buch lesen sollte, würde er oder seine Frau möglicherweise Schwierigkeiten am Arbeitsplatz bekommen, so wie die Frau von Major Risse, nachdem dessen Name in der Zeitung genannt wurde. Vor allem hat Wendt möglicherweise kleine Kinder, die als Folge der Veröffentlichung gehänselt oder verspottet würden. Ich weiß es einfach nicht. Die Atmosphäre, die mittlerweile in der ehemaligen DDR herrscht, ist weniger hysterisch und die Bevölkerung besser über die Stasi informiert als zu Beginn der neunziger Jahre, aber ich muß ihm die Chance geben.

Drei Wochen später, nachdem ich ihm einen weiteren Brief geschrieben habe, um sicherzugehen, daß er den vorigen erhalten hat, antwortet er:

»Um nicht als unhöflich zu erscheinen, bestätige ich Ihnen hiermit den Erhalt Ihrer Briefe vom 10. und 26. September.« Aber er bekräftigt nochmals, »daß ich Sie, aus welchen Gründen auch immer, nicht unterstützen werde. Ich hoffe, daß Sie sich deswegen nicht persönlich verletzt fühlen. Wie die Gespräche mit meinen ehemaligen Kollegen zeigen, passiert Ihnen derartiges vermutlich nicht sehr oft.« Er hoffe, »daß Sie meine Haltung als endgültig akzeptieren und von weiteren Kontaktversuchen absehen werden«. Und er schließt: »Aus gegenwärtiger Sicht kann ich auch nicht die Notwendigkeit besonderer persönlicher, familiärer und beruflicher Rücksichten erkennen [hinsichtlich der Nennung seines Namens]. Verfahren Sie deshalb bei der Fertigstellung Ihrer Forschungsarbeit bitte so, wie Sie es für richtig und angemessen halten.«

In meiner Antwort schreibe ich ihm, daß ich seine Entscheidung zwar bedauere, aber natürlich respektiere und ihm ein Exemplar der deutschen Fassung des Buches schicken werde.

Ich bedauere es tatsächlich, nicht nur, weil er direkt mit meinem Fall befaßt war und 1981/82 vermutlich – wenn das zahlenmäßige Verhältnis der Beobachter zu den Beobachteten tatsächlich so war, wie Major Risse es erinnert – viele Arbeitsstunden damit verbrachte, mich mit seinen damaligen Augen zu beobachten. Ich bedauere es insbesondere, weil er einer anderen Generation angehörte als die übrigen. Deren beruflicher Werdegang war unmittelbar beeinflußt durch den Krieg: Sie alle lebten Nachkriegsleben. Wendt dagegen war mein Zeitgenosse, nur drei Jahre älter als ich. Ähnlich wie ich ist er gänzlich im geteilten Europa des Kalten Krieges aufgewachsen. Anders als ich hatte er nichts anderes gekannt als das Land und das System, in das er hineingeboren wurde. In ihrem trockenen, bürokratischen Stil erzählt seine Akte schon einiges darüber, wie er dazu kam, das zu tun, was er getan hatte, doch persönlich hätte er so viel mehr erzählen können. Vielleicht wird er seine Haltung ändern, wenn er dieses Buch gelesen hat? Oder vielleicht auch nicht.

12

Die Stasi belegte mich nicht nur mit einer Einreisesperre bis Ende 1989, sie speicherte mich außerdem in das System der vereinigten Erfassung von Daten über den Gegner – nach den russischen Initialen SOUD genannt. Das System ging zurück auf einen Vorschlag Juri Andropows, als er noch Chef des KGB war, und war ein umständliches, in Moskau stationiertes System für den Austausch von Informationen zwischen den Sichherheitsdiensten aller Ostblockländer. Es gab nicht weniger als 15 Feindkategorien, angefangen mit gegnerischen Agenten über die Mitglieder subversiver Organisationen und Mitarbeiter von »Zentren der politisch-ideologischen Diversion«, ausgewiesene Personen, westliche Diplomaten und Korrespondenten bis hin zu Terroristen und Schmugglern.

Ich wurde in die Kategorie 5 eingeordnet: »Personen, die Aufträge gegnerischer Geheimdienste, der Zentren der politisch-ideologischen Diversion, zionistischer, feindlicher Emigranten-, klerikaler sowie anderer Organisationen zur Durchführung subversiver Tätigkeit gegen die Staaten der sozialistischen Gemeinschaft ausführen.« Mein Zentrum der politisch-ideologischen Diversion war die BBC.

Nach einer Studie der Gauck-Behörde leistete die Stasi den größten Einzelbeitrag zum System, und innerhalb des MfS lieferte die Hauptabteilung II die meisten Namen. Unter der Rubrik »Terroristen« führten sie 132 Mitglieder der RAF (Rote Armee Fraktion) sowie weitere neun, denen die DDR selbst Asyl gewährt hatte: der Feind als Gast. Daneben hatten sie 97 Angehörige der Wiking-Jugend erfaßt, jener Neonazi-Organisation, deren Mitglieder mich in Westberlin überfallen hatten.

Die Experten der Gauck-Behörde legen nahe, daß die SOUD-Daten dem russischen Geheimdienst nach wie vor zur Verfügung stehen – ein etwas beunruhigender Gedanke. Andererseits sind sie aber der Meinung, daß das System damals ziemlich ineffektiv war, weil die meisten Sicherheitsdienste des Ostens ihre besten Quellen für sich behielten. Daß ich im System gespeichert war, hat mich jedenfalls nicht daran gehindert, in andere Ostblockländer zu reisen. So habe ich Rußland und Ungarn offiziell als Journalist besucht. Die polnischen Behörden hoben schließlich im Frühjahr 1983 ihre Einreisesperre gegen mich wieder auf und erlaubten mir, der zweiten Wallfahrt des Papstes in sein Heimatland zu folgen und mitzuerleben, wie er sein Volk ermutigte, »in Hoffnung auszuharren«. »Obwohl das totalitäre kommunistische System in seiner äußeren Form fortbesteht«, schrieb ich, »wird es in Wirklichkeit noch immer von innen demontiert.« Danach mußte jedes einzelne Visum der polnischen Botschaft abgerungen werden, aber ich fuhr, so oft ich konnte, wieder dorthin.

In die Tschechoslowakei reiste ich als »Tourist« ein. Bevor ich nach Prag flog, verbarg ich sorgfältig die Namen und Anschriften der Personen, die ich besuchen wollte, und schrieb sie in abgekürzter Form in winzigen Buchstaben auf die Rückseite eines Euroschecks. Dissidenten rief ich grundsätzlich nie vorher an, sondern erschien einfach an der Tür, nachdem ich mich überzeugt hatte, daß mir niemand gefolgt war. Ich schlich mich durch den Wald, um der Polizei vor Václav Havels Landhaus zu entgehen. Dann schrieb ich als »Ein Sonderkorrespondent« oder einmal als »Mark Brandenburg«.

Außerdem brachte ich den belagerten Dissidenten in mehreren Ländern Geld, Bücher und Nachrichten. Diese kamen von ihren Freunden und Genossen im westlichen Exil und von kleinen gemeinnützigen Einrichtungen, in denen ich aktiv mitwirkte: eine »Jagiellonian Foundation« für Polen oder unser harmlos klingendes »Central and East European Publishing Project«, das Samisdat-Verleger und Untergrundzeitungen in Mittel- und Osteuropa unterstützte. Auch damit stand ich nicht allein. Obgleich es bis 1989 weitgehend die Aktivitäten einer Minderheit waren, beteiligten sich daran Menschen fast sämtlicher politischer Schattierungen, von Neokonservativen wie dem britischen Philosophen Roger Scruton (die treibende Kraft hinter der Jagiellonischen Stiftung) über lebenslange Liberale wie Ralf Dahrendorf (der Vorsitzende unseres zentral- und osteuropäischen Verlagsprojektes) bis zu Neotrotzkisten wie Oliver Macdonald (von der Zeitschrift *Labour Focus on Eastern Europe*). Wie in einem Krieg waren wir durch den gemeinsamen Gegner verbunden.

Wenn ich meine alten Notizbücher zur Hand nehme und durchblättere, finde ich Einträge in einer absichtlich unleserlichen Schrift: »Lordly invite for KB & EK?«, »A. M. for ZL?«, »Berlin-Berdyayev«. Übersetzt: Konnte ich einen britischen Lord dazu bewegen, den Solidarność-Aktivisten Konrad Bieliński und Ewa Kulik eine Einladung zu schicken? Hatte Adam Michnik einen Text für die in Paris ansässige polnische Literaturzeitschrift *Zeszyty Literackie*? Würde Isaiah Berlin ein Vorwort zu einer polnischen Samisdatausgabe von Berdjajew schreiben? Und so weiter. Ich erinnere mich daran, wie ich auf einer Bank in einem staubigen Park in Breslau saß, während eine Untergrundaktivistin – die heute eine führende Rolle in der polnischen Frauenbewegung spielt – einige Nachrichten in winziger Schrift auf dünnem Zigarettenpapier vorlas. Dann steckte sie das Papier schnell in den Mund und verschluckte es.

Vielleicht waren einige meiner eigenen konspirativen Vorsichtsmaßnahmen übertrieben, doch da die Menschen, die ich aufsuchte, weitaus gefährdeter waren als ich, durfte ich ruhig ein bißchen paranoid sein. Ich freue mich sehr, daß ich die Geheimpolizei an der Nase herumgeführt habe. Dieser Zweck heiligte vollkommen diese Mittel; und wenn ich dabei auch den Nervenkitzel des Spiels genoß, warum denn nicht?

Die DDR hielt ihre Einreisesperre für mich nicht konsequent bis zum 31. Dezember 1989 durch. Nach einer nachdrücklichen Intervention durch den damaligen britischen Botschafter in Ostberlin ließen sie mich für genau zwei Tage einreisen, damit ich den offiziellen Feiern zum 35. Jahrestag der DDR am 7. Oktober 1984 beiwohnen konnte. Es fiel mir allerdings auf, daß mich die Leute im Internationalen Pressezentrum äußerst kühl behandelten. (Inzwischen erfahre ich, daß die Abteilung II/13 des MfS nicht weniger als 24 verdeckte Offiziere im Personal des Pressezentrums untergebracht hatte.) »Das Stadtzentrum«, berichtete ich, »wimmelte von Polizisten in Uniform und Zivil. Immer wenn ich in mein Hotel zurückging, wurde ich von Zivilpolizisten *(Stasi)* angehalten ... Als ich alte Freunde besuchte [Werner und Annegret Krätschell], warteten vier Männer in einem dunkelgrünen Lada auffällig unauffällig vor der Tür. Na ja, auch eine Möglichkeit für den Staat, für Vollbeschäftigung zu sorgen.« Heute finde ich eine Anweisung der Stasi für die Grenzbeamten, daß ab dem 8. Oktober 1984 die Einreisesperre gegen mich wieder in Kraft tritt und das Visum ungültig zu stempeln ist: »Ersucht das Objekt um eine Erklärung, ist ihm zu sagen, daß er versehentlich ein Visum bis zum 8. 10. 84 erhielt.«

Im April 1985 gelangte ich für anderthalb Tage wieder hinein, als ich den damaligen britischen Außenminister Geoffrey Howe auf einer Tour durch drei osteuropäische Staaten begleitete. Da ich zu der Gruppe von Journalisten gehörte, die im Flugzeug des Ministers mitflogen, nehme ich an, daß eine Einreiseverweigerung zu einer kleinen diplomatischen Verwicklung hätte führen können. Wiederum war die Begrüßung frostig. Danach blieb ich für vier weitere Jahre ausgesperrt, obwohl ich zwischendurch einige Einreiseanträge stellte. Jede Ablehnung ist säuberlich auf den Karteikarten der Stasi festgehalten. Auf der SOUD-Karte befindet sich ein Verweis auf eine Einschätzung meiner Person aus dem Jahr 1986 durch Abteilung III der HVA, zuständig für ihre als Diplomaten getarnten Agenten, die somit vermutlich auf Berichten des HVA-Mannes (oder der HVA-Frau) in der DDR-Botschaft in London beruhte.

Inzwischen begannen Polen und Ungarn sich mit zunehmender Geschwindigkeit und Spannung in Bewegung zu setzen. Im Juni 1989 war ich anläßlich der halbfreien Wahlen, bei denen die Solidarność einen triumphalen Sieg davontrug und der Kommunismus praktisch abgewählt wurde, in Warschau. Als eines Morgens um acht Uhr in meinem Zimmer im Hotel Europejski das Telefon klingelte, war das letzte, was ich erwartet hätte, die Stimme eines Beamten des DDR-Außenministeriums. Er teilte mir förmlich mit, daß meiner Einreise in die DDR keine Hindernisse mehr im Wege stünden. So befand ich mich wenige Wochen später wieder in Ostberlin, im Hotel Metropol, von dem aus man einen weiten Blick auf den Bahnhof Friedrichstraße hatte.

Dort brachte ich ein gut Teil meiner Zeit damit zu, die Veröffentlichung eines Artikels in mehreren führenden europäischen Zeitungen zu organisieren. Geschrieben hatte ich ihn gemeinsam mit János Kis, dem führenden ungarischen Dissidenten, der jetzt an der Spitze eines jungen Bündnisses Freier Demokraten stand, und Adam Michnik, gerade Chefredakteur der *Gazeta Wyborcza* geworden, der Tageszeitung der Solidarność, die von den kommunistischen Behörden beim ersten Runden Tisch von 1989 offiziell zugelassen worden war. »In Polen und Ungarn heute«, schrieben wir, »hat Europa eine beispiellose Chance. Es ist die Chance, aus dem Kommunismus eine liberale Demokratie zu machen. Das ist bisher noch keinem gelungen. Niemand weiß auch, ob es gelingen kann.« Und wir appellierten an die westlichen Führer und die europäische öffentliche Meinung, diesen

Prozeß der Transformation zu unterstützen. Die Telefonistinnen im Hotel Metropol taten ihr Bestes, damit dieser Frontalangriff auf alles, wofür die DDR stand, gleich überall in Europa erscheinen konnte.

Ich führte eine Reihe von absurden Interviews mit DDR-Vertretern auf unterer Ebene. Ein Dr. Kleitke vom DDR-Institut für Internationale Beziehungen, der sich verzweifelt an die von Kurt Hager vorgegebene ideologische Linie zur nationalen Frage klammerte, weigerte sich sogar, auch nur von »Deutschen« zu sprechen, und benutzte statt dessen die Begriffe »DDR-Bürger« und »BRD-Bürger«. Mutig räumte er immerhin ein, daß es zwischen einem DDR- und einem BRD-Bürger eine gewisse Gemeinsamkeit gab. »Wir mögen uns irgendwie.« Aber sie mochten auch Engländer und Holländer, beeilte er sich hinzuzufügen.

Ich unterhielt mich bis spät in die Nacht mit einer kleinen Gruppe von Dissidenten in der Wohnung einer ihrer führenden Persönlichkeiten, Gerd Poppe. (Aus seiner eigenen, mehrbändigen Stasi-Akte geht hervor, daß die Stasi versucht hatte, seine Familie zu zerrütten, indem sie einem IM den Auftrag erteilte, sich seiner Frau zu nähern, und Lehrer in der Schule anhielt, seine Kinder gegen ihn aufzubringen.) Sie waren alle zutiefst deprimiert. Sie glaubten nicht, daß die DDR dem Weg folgen würde, den Polen und Ungarn inzwischen vorgegeben hatten. Der Artikel, den ich anschließend schrieb, war stark von diesem Gespräch beeinflußt und fiel deshalb zu pessimistisch aus. Der Untertitel des *Spectator* meinte, frei nach Shakespeares *Sommernachtstraum*, daß ich »nach einem Loch in der Mauer seufzte«. Während ich die großen Perspektiven dessen sah, was sich in Polen und Ungarn ereignete, konnte ich genauso wie Gerd Poppe und seine Freunde einfach nicht glauben, daß es in der DDR zu einer so schnellen Veränderung kommen könnte und die Menschen innerhalb weniger Monate einfach durch die Mauer spazieren würden.

Überhaupt war der einzige Mensch in meinem Freundes- und Bekanntenkreis, der diese Entwicklung vorhergesagt hatte, weder ein Dissident noch ein Politologe, Diplomat oder Journalist, sondern Ursula von Krosigk, die alte Dame, bei der ich gewohnt hatte, als ich zum erstenmal nach Berlin kam. Eines Tages erzählte sie mir beim Frühstück von einem merkwürdigen Traum. In diesem Traum hatte man die Grenze zwischen Ost- und Westdeutschland lediglich für ein paar Stunden geöffnet, doch innerhalb dieser wenigen Stunden strömten so viele Menschen über die Grenze, daß sie nicht mehr geschlossen werden konnte – und Deutschland war wieder vereinigt.

Das bewegendste Gespräch bei diesem Besuch hatte ich mit Werners ältestem Sohn Joachim. Aus dem netten kleinen Zwölfjährigen auf dem von der Stasi heimlich aufgenommenen Foto von 1980 war jetzt ein hochaufgeschossener, zorniger junger Mann von 21 Jahren geworden. Wir saßen auf dem Balkon des Pfarrhauses in der schwülen Julihitze, und er erzählte mir, wie er und seine Freunde versucht hatten, von sich aus die Kommunalwahlen zu beobachten, wie die Behörden die Ergebnisse gefälscht und wie die Polizisten sie nach ihrem Protest gegen den Wahlbetrug an den Haaren über die Straße geschleift hätten. Die meisten Menschen im Land, sagte er, seien zu dumm, passiv und eingeschüchtert, um etwas zu unternehmen. Vielleicht würden sich die Dinge in der DDR eines Tages ändern, doch das werde noch viele Jahre dauern, und dann werde er alt und grau sein. Er wollte *leben*, er wollte reisen. Bis jetzt war er nur ein einziges Mal herausgekommen, vier Tage lang nach Westberlin. Wenn jemals die Chance kommen sollte ...

Einige Wochen später erhielt ich einen Brief von Joachim, frankiert in Westberlin. Er war zum Urlaub nach Ungarn gefahren und wie viele andere über die nur noch nachlässig bewachte Grenze nach Österreich geflohen. Von dort war er über ein Aufnahmelager nach Westberlin gelangt, nur wenige Kilometer vom alten Pfarrhaus in Pankow entfernt. Doch es war natürlich sowohl für ihn wie für die Familie unmöglich, sich gegenseitig zu besuchen – wahrscheinlich auf lange Jahre hinaus. In Pankow gab es aber eine Stelle, wo einige alte Betonblöcke herumlagen. Wenn man auf einen dieser Blöcke kletterte, konnte man über die Mauer hinweg auf den S-Bahnhof Wolankstraße in Westberlin sehen. Nachdem er telefonisch einen Zeitpunkt ausgemacht hatte, begab sich Joachim auf einen der Bahnsteige des Bahnhofs, während auf der anderen Seite, im Osten, seine jüngeren Geschwister, Bruder und Schwester, auf einem der Betonblöcke standen. Sie winkten und riefen sich gegenseitig über die Mauer zu. Danach war seine kleine Schwester so fassungslos, daß ihre Mutter sagte: Bitte mach das nie wieder.

Dann kam der Oktober, und Erich Honecker wurde schließlich abgesetzt – unter dem Druck Gorbatschows und der Demonstrationen in Leipzig, die Montag für Montag mit zunehmender Kraft einsetzten wie die Wehen einer Geburt. Die Montagsdemonstrationen begannen stets mit einem Gottesdienst in der Nikolaikirche. Ich flog nach Berlin, mietete einen Wagen, bezahlte wieder einmal ein Bußgeld wegen Überschreitung der Höchstgeschwindigkeit auf der Autobahn nach Leipzig, steuerte im kalten Nebel einen Parkplatz in der Nähe der Nikolaikirche an, überredete den Küster an der verschlossenen Tür, mich in die vollbesetzte Kirche einzulassen, drängte mich durch die Menge in ein Seitenschiff – und da stand der alte Freund Fenton, seinen großen Kopf wie zum Gebet gesenkt. Wieder hatte sich ein Kreis geschlossen.

Dann kam der November, und ich war gerade durch die frisch durchbrochene Mauer am Potsdamer Platz nach Westberlin und wieder zurück spaziert, wie in einem Märchen. Ich saß mit Werner in meinem Zimmer im Metropol. Vom hohen Fenster aus konnten wir auf die Südseite des Bahnhofs Friedrichstraße blicken, wo man normalerweise so gut wie keine Fußgänger sah, weil dieser Weg nur bis zur Mauer führte. Doch jetzt war Ursulas Traum in Erfüllung gegangen, und Scharen von Menschen strömten hin und her. Werner umklammerte seine Pfeife und sagte: »Guck dir das an! Du kannst dir nicht *vorstellen*, was das für mich bedeutet!«

Während wir gebannt hinuntersahen, wußten wir, daß nichts wieder so sein würde, wie es einmal war. Der Kommunismus war vorbei. Der Kalte Krieg war vorbei. Es war alles vorbei. Nur eines wußten Werner und ich damals noch nicht: daß er auch »Buche« war und ich auch »Romeo«.

13

Jetzt ist es Oktober 1995. Ich komme in mein Arbeitszimmer im Church Walk, Oxford, und finde auf dem Fußboden unter dem Faxgerät die Seiten aus einer IM-Akte, die Werner mir gerade aus seinem Pankower Pfarrhaus gefaxt hat. 30 Seiten handgeschriebene Berichte eines Führungsoffiziers über seine regelmäßigen Treffs mit IM »Freier« in der konspirativen Wohnung von »Elisa«.

IM »Freier« war ein Mann der Kirche und berichtete ausführlich über Werner, seinen Amtsbruder. In dem Bericht über ein Treff am 7. Februar 1979 geht es um ein unbestimmtes Gerücht, Werner unterhalte »intime Beziehungen zu einer nicht näher bezeichneten Person«. Sah der IM irgendwelche Möglichkeiten, zur Klärung des Gerüchts beizutragen? Hauptmann Exner schreibt:

»Im Moment sieht der IM keine Möglichkeit, diesen anonymen Hinweis im Rahmen eines vertraulichen Gesprächs (gemütliches, aufgelockertes privates Zusammentreffen bei alkohol. Getränken) mit Pfr. K [Werner] zu klären. Er will zwar versuchen, jede sich bietende Möglichkeit in selbständiger Entscheidung dazu wahrzunehmen, schätzt aber ein, daß die günstigste Möglichkeit sich bei der vorgenannten Klausurtagung ... ergeben wird ... Der Unterzeichner deutete dem IM an, daß dessen dabei entstehende Unkosten zurückerstattet werden.«

Letzte Woche saßen wir eines Abends bei einem Glas Wein im Pfarrhaus zusammen. Werner las diese Stelle seiner Frau Annegret und mir vor, und wir hielten uns die Seiten vor Lachen. Wie viele Ehen, fragte ich mich, konnten den Stasi-Akten-Test so leicht bestehen?

In dem Bericht heißt es weiter: »Anknüpfend an den o. g. Auftrag versuchte der IM gleich wieder damit ein persönliches Anliegen zu verbinden. Dabei zielte er auf die Möglichkeit einer neuen Reise in die BRD ab, die ihm vom Unterzeichner zugesichert wurde.«

Demnach arbeitete IM »Freier« ähnlich wie IM »Michaela« zum Teil wegen der Westreisen mit der Stasi zusammen, und die Stasi setzte ihrerseits regelmäßig die mauerdichte staatliche Kontrolle über die Reisemöglichkeiten ihrer Bürger als Mittel ein, um sich die Kooperation der IM zu sichern.

Die Identifizierung des IM »Freier« wurde von der Gauck-Behörde schriftlich bestätigt. Doch als Werner ihn am Telefon zur Rede stellte, stritt er schlichtweg alles ab und schickte ihm anschließend einen gewundenen Brief, der ihn entlasten sollte.

Ob er wohl ein Faxgerät hat?

Das ist im Alltagsleben der Prozeß, für den es im Deutschen gleich zwei Begriffe, »Vergangenheitsbewältigung« und »Geschichtsaufarbeitung«, gibt. Die zweite Runde der deutschen Vergangenheitsbewältigung, verfeinert durch die Erfahrung der ersten Runde, nach Hitler. Wiederum verlaufen die Linien der Ermittlung, Enthüllung, Beschuldigung und Versöhnung kreuz und quer durch das Land. Und nicht nur durch dieses Land. Im Zeitalter der Fotokopien, Faxgeräte, faseroptischen Kabel und Satelliten können perfekte Faksimiles eines belastenden Dokuments in Sekundenschnelle auf dem Globus übermittelt und am nächsten Tag in zahllosen Kopien vervielfältigt werden. Gestern war Ihr Geheimnis noch in einem verstaubten Aktenordner verwahrt. Heute liegt es offen auf einer Million Frühstückstischen.

Auf der ganzen Welt sehen sich Länder mit dem Problem »der Vergangenheit« konfrontiert. Alle postkommunistischen Staaten Europas und Asiens, die ehemaligen Diktaturen Lateinamerikas und Südafrikas. Einige, wie Spanien nach Franco und Polen unter seiner ersten Solidarność-Regierung, bemühen sich, einen dicken Strich unter die Vergangenheit zu ziehen. Laßt das Vergangene vergangen sein! Adam Michnik ist ein vehementer Befürworter dieser Linie. »Gebt dem Mitgefühl den Vorrang«, sagt er und macht geltend, den Akten der Geheimpolizei könne man sowieso keinen Glauben schenken: »Können wir zum Beispiel Dokumenten trauen, die von Stasi-Spitzeln präpariert sind? Niemand hat mich davon überzeugt, daß diese Dokumente glaubwürdig sind.«

Andere haben andere Wege eingeschlagen. Sie haben Prozesse geführt, Prozesse, die zum Teil eine solche Bezeichnung nicht verdienen, wie im Fall des Scheinprozesses gegen die Ceauşescus in Rumänien, oder friedlichere Schauprozesse, wie gegen den ehemaligen kommunistischen Führer Todor Schiwkow in Bulgarien. Es gab Säuberungen innerhalb des Staatsdienstes wie die tschechoslowakische »Lustrace« – ein Wort, dessen lateinische Wurzeln auf rituelle Reinigung deuten. Es gab Kommissionen aus Historikern, Juristen und ausgewählten Politikern, die sich mit bestimmten Aspekten der kommunistischen Vergangenheit beschäftigt haben wie der Niederschlagung des Prager Frühlings oder der Verhängung des Kriegsrechts in Polen. In Chile und Südafrika wurden Kommissionen für »Wahrheit und Versöhnung« ins Leben gerufen.

Nur das neue Deutschland hat alle diese Wege zugleich eingeschlagen. In Deutschland hat es Gerichtsprozesse, Säuberungen und Wahrheitskommissionen gegeben. Noch dazu hat man systematisch die Akten der Geheimpolizei für jeden und jede geöffnet, der wissen will, was die Stasi ihm oder ihr oder was er oder sie anderen angetan hat. Das ist einzigartig. Von allem anderen abgesehen, welches andere postkommunistische Land hätte die erforderlichen Mittel dazu? Das Budget der Gauck-Behörde für 1996 betrug DM 234 Millionen, mehr als der gesamte Verteidigungshaushalt Litauens im selben Jahr.

Die Behörde hat über 3000 Mitarbeiter aus Ost und West. Frau Schulz organisierte früher Stadtrundfahrten in Westberlin für das Gesamtdeutsche Institut. Ihre Nachfolgerin, Frau Duncker, hatte vor 1989 bei der ostdeutschen Nachrichtenagentur ADN gearbeitet. Somit ist die Gauck-Behörde selbst ein Mikrokosmos des deutschen Einigungsprozesses. Während ich auf eine Begegnung mit Joachim Gauck warte, werde ich in ein Gespräch zwischen zwei Sekretärinnen verwickelt. Es geht um den jüngsten Auftritt von Joachim Wiegand, jenem hohen MfS-Offizier, der Werner seinen Telefonanruf bei mir in Oxford vorgehalten hat, vor dem Stolpe-Untersuchungsausschuß. Die Sekretärin Ost sagt empört, wenn man dieses fiese kleine Schwein reden höre, könnte man meinen, die Stasi sei eine Unterabteilung der Heilsarmee gewesen. Sekretärin West fröhlich: »Ja, aber ich habe gehört, es hatte doch einen hohen Unterhaltungswert.« Zwei Welten prallen über den Schreibtischen aufeinander. Joachim Gauck selbst hat wie Werner Krätschell seine Mühe, die Werte und die Erfahrung von Menschen, die in einer Diktatur gelebt haben, einer Gesellschaft zu vermitteln, die sich eher für den Unterhaltungswert interessiert. Es ist Luther in der Welt der TV-Talk-Shows. Ich bin nicht sicher, ob Luther obsiegt.

Die Historiker in der Forschungsabteilung der Gauck-Behörde sind selbst ein kleiner Teil dieser Geschichte. Ein paar kommen aus dem Osten und haben harte Erfahrungen hinter sich. Andere haben früher DDR-Studien an westlichen Instituten betrieben. Einige der führenden Persönlichkeiten kommen jedoch aus dem Institut für Zeitgeschichte in München, das berühmt ist wegen seiner Forschungsarbeit über die NS-Zeit. Gebildete, liberale Menschen in den Dreißigern oder Vierzigern, sind sie peinlich genaue Pathologen der Zeitgeschichte, ausgebildet an den Leichen der Gestapo und der SS. Auch ihre eigene Geschichte ist auf eine besondere Weise charakteristisch: Die eine Hälfte ihres Berufslebens haben sie damit verbracht, die eine deutsche Diktatur zu erforschen, und die zweite Hälfte werden sie damit verbringen, die darauf gefolgte Diktatur zu untersuchen, während sie selber die ganze Zeit hindurch in einer friedlichen, wohlhabenden deutschen Demokratie leben.

Jeder, der unmittelbar mit den Akten arbeitet, erhält dadurch außergewöhnliches Wissen. Wie vernünftig und verantwortungsvoll die Menschen, die Verfahren und die ganze Atmosphäre auch sein mögen, es hat noch immer einen voyeuristischen Reiz, derart intime Details aus dem Leben anderer zu erfahren. Bei meinen Aktendamen fällt mir auf, daß ihre Stimme sich leicht hebt, wenn sie über »Michaela« oder »Schuldt« oder sonst eine Person in meiner Akte sprechen. Ja, sagen sie, die Arbeit kann manchmal *sehr* interessant sein. Die Lebensgeschichten und so.

Wie ich selbst erfahren habe, bedeutet dieses Wissen immer noch Macht. Ein wichtiger Teil jener Macht, über die ein Stasi-Offizier verfügte, wird dem Mitarbeiter der Behörde übertragen und gelangt von dort an den einzelnen Leser, Journalisten oder Wissenschaftler oder an den Personalchef, der darum gebeten hat, einen bestimmten Angestellten oder Stellenbewerber zu »gaucken«. Diese müssen wiederum entscheiden, welchen Gebrauch sie davon machen wollen. Einstellen? Entlassen? Entlarven oder verschonen? Vor allem wenn diese beiden kleinen Buchstaben »IM« erscheinen: der schwarze Fleck. Selbst wenn man an den höheren guten Zweck glaubt, selbst wenn sie durch Gesetz und öffentliche Aufsicht stark kontrolliert wird, diese Macht hat immer noch etwas Düsteres an sich.

Zusammen mit Werner besuche ich Frau Trümpelmann, eine hübsche, intelligente Frau, die einzelne Akten für Besucher in der Normannenstraße vorbereitet. Sie schildert die seltsame Mischung der Gefühle unter ihren Kolleginnen und Kollegen. Sie haben die Empfindung eines geheimen Wissens und somit einer geheimen Macht –

fast als arbeiteten sie für die Stasi selbst. Doch viele von ihnen sträuben sich auch dagegen, Freunden oder Fremden zu erzählen, wo sie arbeiten. Inzwischen habe ich festgestellt, daß es Frau Duncker lieber ist, wenn ich ihren wirklichen Namen nicht nenne. In ihrem Viertel, so erzählt sie, wohnen viele ehemalige Stasi-Offiziere, und sie müsse Unannehmlichkeiten, wenn nicht Schlimmeres befürchten. Die Leute sind noch immer gut organisiert, sagt sie.

Diese Akten können Leben verändern. Eine der Besucherinnen, die vor kurzem bei Frau Trümpelmann die Akteneinsicht beantragt hat, hatte fünf Jahre im Gefängnis gesessen, weil sie einen Fluchtversuch unternommen hatte. Jetzt hat sie beim Studium der Akte herausgefunden, daß es der Mann war, mit dem sie damals zusammenlebte, der sie bei der Stasi denunziert hatte. Sie lebten immer noch zusammen. Erst an diesem Morgen hatte er ihr noch einen schönen Tag im Archiv gewünscht. Die Frau brach in Frau Trümpelmanns Armen zusammen.

Frau Trümpelmann, die einen kirchlichen Hintergrund hat, gibt sich größte Mühe, den Menschen zu helfen. Meistens ruft sie vorher an, um sie vorzubereiten. Sie erläutert den Lesern sorgfältig den Charakter dieser Akten, bevor sie sie mit ihnen in den Lesesaal entläßt. Sie hält sich auch bereit, den Besuchern während der Lektüre Trost zu spenden. Doch der Druck, der auf ihr lastet, ist schwer. Sie hat Probleme mit den Augen und dem Herzen. Wie kann man tagaus, tagein mit Gift hantieren, ohne sich dabei selbst zu vergiften?

Nicht alle Mitarbeiter der Gauck-Behörde sind so einfühlsam wie Frau Trümpelmann. Wenn es noch einmal dazu käme, müßte man vielleicht mehr Mühe darauf verwenden, jene Mitarbeiter auszubilden, die sich unmittelbar den Opfern der Unterdrückung widmen. Wenn es dieses dritte Mal geben würde, könnte Deutschland seine Vergangenheit dann mit ganzer Perfektion aufarbeiten. Doch geht es ja gerade darum, daß es zu diesem dritten Mal nie mehr kommt.

Bis Ende Juni 1996 hatte die Gauck-Behörde rund 1,7 Millionen Überprüfungsanfragen von öffentlichen und privaten Stellen beantwortet. Mit anderen Worten, jeder zehnte DDR-Bewohner ist »gegauckt« worden. Im selben Zeitraum hatten über eine Million Frauen und Männer – genau 1 145 005 – Einsicht in die eigenen Akten beantragt. Von diesen hatten knapp 420 000 bereits ihre Akten eingesehen, und mehr als 360 000 hatten erleichtert – oder etwa enttäuscht? – erfahren, daß über sie keine Akte zu finden war. Die übrigen warteten noch darauf, daß ihre Anträge bearbeitet wurden. Mir ist keine auch nur im weitesten Sinne wissenschaftliche Methode bekannt, mit der sich die wahren Auswirkungen dieser unglaublichen Operation abschätzen ließen.

Menschen wie Vera Wollenberger, die Frau aus Werners Pfarrgemeinde, die feststellen mußte, daß ihr eigener Ehemann als IM über sie berichtet hatte, haben entsetzliche Entdeckungen gemacht. Sie allein können sagen, ob es besser ist, daß sie jetzt Bescheid wissen. Einige von denen, die von der Stasi als IM geführt wurden, sind von den Medien an den Pranger gestellt worden: Unverantwortliche, sensationsgierige Journalisten waren da am Werk, die keinen Moment lang innehalten, um die Motive oder den Kontext oder die mögliche Unzuverlässigkeit der Quellen zu berücksichtigen. Und man sollte in der Tat sehr vorsichtig sein.

Ein Bekannter erzählt die Geschichte eines Mannes, der irgendwann in den achtziger Jahren zu ihm kam und ihm sagte: »Mensch, sie haben von mir verlangt, daß ich über dich berichte, und ich kann nichts dagegen tun, aber sag du mir, was ich denen erzählen kann.« Gemeinsam berieten sie darüber, was in den Berichten stehen sollte. Doch wenn mein Bekannter tot wäre und die Berichte des IM in den Akten gefunden würden, wer würde ihm jemals Glauben schenken, wenn er sich mit dieser Erklärung zu rechtfertigen versuchte? Die starke Faszination der Stasi-Akten und die Obsession mit den IM haben außerdem viel zu sehr von den Parteiführern und -funktionären abgelenkt, die tatsächlich die Verantwortung für das gesamte System trugen.

Ironischerweise hat die Öffnung der Akten, die von ehemaligen Dissidenten aus der DDR gefordert wurde, die neokolonialen Einstellungen vieler Westdeutscher zu den »Ossis« verstärkt. Westdeutsche, die selber nie die qualvollen Entscheidungen der Menschen treffen mußten, die unter einer Diktatur lebten, fällen jetzt vorschnelle, selbstgerechte Urteile und sehen in der ehemaligen DDR nur lauter Stasi-Spitzel. In einer Reaktion darauf haben sich viele Ostdeutsche um Männer wie Manfred Stolpe geschart, trotz oder gerade wegen seiner Stasi-Aktenkundigkeit als IM »Sekretär«. Mein dunkler Doppelgänger Lutz Bertram, der blinde Rundfunkredakteur, der als IM »Romeo« für die Stasi arbeitete, ist heute für die PDS tätig. Man will es kaum glauben, er ist sogar ihr »Medienbeauftragter«.

Diese Öffnung der Stasi-Akten hat die ostdeutsche Gesellschaft, es kann da keinen Zweifel geben, nicht in der Weise gespalten, wie manche es befürchtet hatten. In einem Anfall von Verzweiflung nach seiner Entlarvung als Stasi-Spitzel soll ein Professor Heinz Brandt seine einmalige Sammlung von Gartenzwergen, unter der sich auch das einzige bekannte Exemplar einer Gartenzwergin befunden haben soll, mit eigenen Händen zertrümmert haben. Irgendwie ein perfektes Bild für das Ende der DDR. Es gibt Fälle, in denen Menschen nach einer Überprüfung bei der Gauck-Behörde auf ziemlich unfaire Weise aus ihrer Stellung entlassen wurden oder in Panik einen Auflösungsvertrag unterzeichnet haben, statt Berufung einzulegen, wozu sie gesetzlich berechtigt wären. Doch selbst im öffentlichen Dienst haben viele von denen, deren Diagnose »Gauck-positiv« lautete, ihre Stelle behalten. Und nicht wenige von denen, die entlassen wurden, mußten später auf Weisung der Arbeitsgerichte wiedereingestellt oder zumindest entschädigt werden. Es hat schmerzhafte Konfrontationen gegeben, zerbrochene Freundschaften und Ehen; den einen oder anderen Stein, der durch die Fensterscheibe geworfen wurde, wohl gelegentlich auch Prügel. Am schlimmsten waren einige Selbstmorde, die wahrscheinlich zumindest teilweise auf eine Enthüllung durch die Gauck-Behörde oder durch die Medien zurückgingen.

Dem muß man aber die vielen, vielen Fälle gegenüberstellen, wo die Lektüre der Akten den Menschen Erleichterung gebracht, zu einem vertieften Verständnis verholfen und ihr gegenwärtiges Leben auf eine festere Grundlage gestellt hat. Als es eine öffentliche Debatte darüber gab, ob man die Akten wieder schließen sollte, wurde die Gauck-Behörde von einer Flut neuer Anträge – täglich bis zu tausend – überschwemmt. Frau Trümpelmann, die bis jetzt etwa 500 Fälle bearbeitet hat, betont nachdrücklich, nach ihrer Erfahrung hätten die meisten Antragsteller nach der Akteneinsicht das Gefühl gehabt, es habe eine Hilfe für sie bedeutet. Ein alter Mann hatte ihr gesagt: »Endlich kann ich mein Testament machen. Ich dachte, mein Schwiegersohn hätte über mich berichtet. Und ich habe mir gesagt, dem werde ich doch nicht mein Haus vererben! Jetzt kann ich es.« »Wenigstens weiß ich jetzt Bescheid« ist die allgemeine Reaktion. Das ist auch mein Eindruck: Es gibt eine Katharsis und ein besseres Fundament, auf dem man weiterleben kann. Doch das kann nur ein persönlicher Eindruck sein.

Zwei alte Weisheitsschulen stehen sich im Tal der Akten gegenüber. Auf der einen Seite vernehmen wir die uralte Weisheit der jüdischen Tradition: Das Geheimnis der Erlösung heißt Erinnerung. Und den berühmten Satz von George Santayana, der immer wieder im Hinblick auf den Nationalsozialismus zitiert wird: »Wer die Vergangenheit vergißt, ist dazu verurteilt, sie zu wiederholen.« Auf der anderen Seite steht die tiefe Einsicht des Historikers Ernest Renan, daß jede Nation eine Gemeinschaft der gemeinsamen Erinnerung, aber auch des gemeinsamen Vergessens ist. »Das Vergessen«, schreibt Renan, »und, wie ich meine, auch der historische Irrtum sind wesentliche Elemente in der Geschichte einer Nation.« Und es gibt die alltägliche Erfahrung, die »vergeben und vergessen« zusammenbindet. In der Geschichte finden wir zahlreiche und bemerkenswerte Befürworter des Vergessens. Sie reichen von Cicero, der im Jahr 44 v. Chr., nur zwei Tage nach der Ermordung Caesars, gefordert hat, das Gedächtnis vergangener Zwietracht dem »ewigen Vergessen« zu überantworten, bis hin zu Churchill, der sich zweitausend Jahre später in seiner Züricher Rede Gladstones Appell zu einem »gesegneten Akt des Vergessens« zwischen den Feinden von gestern zu eigen gemacht hat.

Aus den Argumenten beider Seiten spricht Weisheit, und die beiden Weisheiten lassen sich nicht miteinander vereinbaren. Die beste Annäherung scheint mir in einem Grundsatz zu liegen, der einen zeitlichen Prozeß beschreibt: herausfinden – festhalten – nachdenken – weitergehen. Das ist wohl die am wenigsten unbefriedigende mir bekannte Formel für Wahrheit *und* Versöhnung: zwischen verschiedenen Völkern (Polen und Deutschen, Engländern und Iren), zwischen den Angehörigen desselben Volkes (zwischen Südafrikanern und Südafrikanern, Salvadorianern und Salvadorianern), zwischen einzelnen Männern und Frauen und mit uns selbst. Zwischen uns und ihnen, uns und uns, ihm und ihr – und mir und mir selbst.

Es muß recht und billig sein, daß die Deutschen, und nicht nur die Deutschen, ein wirkliches Verständnis davon gewinnen, wie in der zweiten Hälfte des 20. Jahrhunderts auf deutschem Boden abermals ein totalitärer Polizeistaat errichtet wurde, zugegebenermaßen weniger brutal als das Dritte Reich, weit weniger zerstörerisch für seine Nachbarn und schon gar nicht mit der Schuld eines Völkermords beladen, dafür jedoch allgegenwärtiger und durchdringender in der Kontrolle seiner Bürger. Ein Verständnis davon, wie dieser Staat sich einige derselben Denk- und Verhaltensmuster zunutze gemacht hat, auf die sich bereits der Nationalsozialismus gestützt hatte, und auch dieselben verhängnisvollen »Sekundärtugenden« – Pflichtgefühl, Treue, Pünktlichkeit, Sauberkeit, Fleiß. Wie all dies so lange weitergehen konnte, während so viele Deutsche es kaum wahrnahmen. Wie die deutsche Sprache, dieses wunderbare, fast übermächtige Instrument, noch einmal dazu diente, das Böse als das Gute zu verkleiden. Kurzum, wie Deutschland noch immer im Schatten der Goethe-Eiche lag.

14

Stephen Vizinczeys Roman *Lob der erfahrenen Frauen* enthält eine unvergeßliche Szene: Flüchtlinge aus Ungarn sehen 1956 auf dem Marktplatz eines kleinen österreichischen Dorfes eine Phalanx nagelneuer, chromblitzender Busse mit gelben, handgemalten Schildern, auf denen ihr Aufnahmeland angegeben ist: Schweiz, USA, Schweden, England, Australien. »Wo sollte man den Rest seines Lebens verbringen? Ein Ehepaar mit einem Kleinkind, das bereits den Bus nach Belgien erklommen hatte, stieg wieder aus und eilte zu dem Fahrzeug, auf dem ›Neuseeland‹ geschrieben stand.«

Im Leben der meisten Menschen sind die Entscheidungen, vor die sie gestellt werden, weniger dramatisch. Doch in der Rückschau kann jeder von uns Augenblicke erkennen, in denen unser ganzes Leben eine völlig andere Richtung hätte nehmen können:

> »Den Gang entlang, den wir niemals beschritten,
> Gegen das Tor zum Rosengarten hin,
> Das wir nie geöffnet.«

Jede Entscheidung im Berufsleben. Jede Freundin, die man hätte heiraten können. Für General Kratsch, den Chef der Stasi-Abwehr, war es diese Anzeige in *Der Eisenhändler.* Wäre er doch nur Eisenhändler in Südafrika geworden! Was mein eigenes Leben angeht, so hatte ich wohl mehrere Busse zur Auswahl: einen zum diplomatischen Dienst, einen zu einer konventionellen, wissenschaftlichen Laufbahn, einen dritten zu einer Festanstellung als Auslandskorrespondent und einen, versteckt hinter einer Hausecke und ohne Angabe des Ziels, zu dem offiziell gar nicht existierenden speziellen Dienst.

Statt dessen habe ich als Augenzeuge die allmähliche Emanzipation und wundersame Befreiung Mitteleuropas von der sowjetischen Herrschaft festgehalten. Als der Kalte Krieg beendet war, griff ich auf die traditionelleren Methoden der Geschichtsschreibung zurück und studierte die Ereignisse, die ich gerade erst miterlebt hatte, arbeitete mich durch Stapel von Gedrucktem, verbrachte ermüdende Stunden in den Archiven und las Politbüroprotokolle, die bis gestern noch streng geheim waren. Würden mich diese Dokumente, die traditionellen Quellen des Historikers, näher an Rankes Maxime »wie es eigentlich gewesen« heranbringen? Unterwegs fiel mir meine eigene Stasi-Akte in die Hände, und ich begann, über diesen anderen Weg der Erkundung der jüngsten Vergangenheit nachzudenken, die Geschichte zu erforschen, indem ich mich selbst erforschte. Vielleicht lag hier ein dritter Weg, um sich der großen Frage zu nähern: Was können wir wissen?

Während dieser ganzen Zeit dachte ich kaum an unsere eigene britische Geheimwelt. Den Zeitungen konnte ich entnehmen, daß unsere Geheim- und Sicherheitsdienste, MI6 und MI5, anscheinend vorsichtig aus dem Schatten heraustraten. Mit dem Ende des Kalten Krieges ließ sich eine pauschale offizielle Geheimhaltung noch schwerer rechtfertigen, und diese Organisationen mußten eine neue Begründung für ihre fortdauernde Unentbehrlichkeit – und ihr Budget finden. So las ich von der ersten öffentlichen Namensnennung der Chefs der beiden Dienste, von Gesetzen, die ihnen zum erstenmal eine klare rechtliche Basis gegeben hatten, vom allerersten öffentlichen Vortrag eines Generaldirektors von MI5 und von der Einberufung eines parlamentarischen Ausschusses zur Aufsicht dieser Dienste. Außerdem bekam ich mit, daß MI6 eine neue Zentrale bezogen hatte. Das große, postmoderne Bürogebäude mit grüner Glasfassade am südlichen Themseufer war kaum zu übersehen. Nichts hätte weniger geheim sein können. Aber ich glaube nicht, daß ich auch nur beiläufig Kenntnis davon gehabt habe, daß auch unser »Verfassungsschutz« MI5 in ein neues Hauptquartier auf dem gegenüberliegenden Flußufer umgezogen war: ein imposantes, weißes, neokoloniales Gebäude namens Thames House, nur ein paar Schritte von den Houses of Parliament entfernt. Ich muß des öfteren daran vorbeigefahren sein, ohne zu wissen, wer darin saß.

So weit war ich von meiner einstigen jugendlichen Faszination durch den Secret Service entfernt, daß ich sogar meinen eigenen Anlauf, in ihn einzutreten, schon fast vergessen hatte. Doch etwa um die Zeit, als ich die Arbeit über meine Stasi-Akte in Angriff nahm, erhielt ich einen Hinweis darauf, daß sie mich jedenfalls noch nicht ganz vergessen hatten. Eines Tages erhielt ich einen mysteriösen Anruf von einem Herrn, der erklärte, er arbeite für dieselbe nirgendwo verzeichnete Abteilung des Foreign Office, die mich zum erstenmal 1976 angesprochen hatte. Es gab etwas, über das er gern mit mir sprechen wollte, falls ich die Zeit erübrigen könne. Wir verabredeten uns zu einem Tee in einem Londoner Hotel.

Er kam schnell zum Thema. Es gebe ab und zu Studenten oder Besucher in Oxford, die sie verdächtigen, für ausländische Mächte zu arbeiten. Ob es für mich in Betracht komme, ein Auge auf sie zu haben? Ich sagte sofort nein. Obwohl ich den guten Sinn ihrer Tätigkeit erkannte, wollte ich vor meinen Freunden, Kollegen oder Studenten keine derartigen Geheimnisse haben.

Sobald man darüber nachdenkt – was normalerweise die wenigsten von uns tun –, versteht man, daß sie wohl so arbeiten müssen. Natürlich muß es Menschen geben, in Oxford, an anderen Universitäten und in anderen Bereichen des täglichen Lebens, die dieser zweiten, zusätzlichen Beschäftigung nachgehen, dieses kleine Stück Geheimleben führen. Alle Geheimdienste in allen Ländern sind auf ihre Kontaktleute und Informanten angewiesen. Und wenn eine dieser Informationen zur Verhaftung einer Gruppe von IRA-Terroristen oder eines auf Salman Rushdie angesetzten Attentäters aus dem Nahen Osten führen sollte, dann hätte der Informant etwas Gutes und wahrscheinlich auch Mutiges vollbracht.

Dennoch fand ich dieses Ansinnen an mich beunruhigend, weil es zeigte, daß sie mich nach all diesen Jahren noch immer im Auge behielten, und weil es zugleich erkennen ließ, daß sie mich nicht besonders aufmerksam beobachtet hatten. Hätten sie sich eingehender mit meiner Arbeit beschäftigt, dann hätten sie sofort sehen müssen, daß ich für dieses Geschäft nicht zu haben war. Oder vielleicht nahmen sie einfach an, man könne durchaus das eine schreiben und dennoch das andere tun. Womit sie natürlich in vielen Fällen auch recht hätten.

Damals war das kaum mehr als eine unangenehme Viertelstunde mitten in einem vollen Tag. Doch jetzt lasse ich diesen Vorfall noch einmal Revue passieren, während ich über die Notwendigkeit nachdenke, unsere eigene Geheimwelt etwas näher zu untersuchen. Was haben die Unseren da angestellt? Was hätte ich selbst wohl getan, wenn ich den unbeschilderten Bus genommen hätte? Gibt es auch nur eine Spur von Wahrheit in all den Argumenten, die Markus Wolf mir gegenüber angeführt hatte, während wir mitten im vereinigten Berlin spazierengingen? Worin besteht denn der wesentliche Unterschied zwischen dem Sicherheitsdienst eines kommunistischen Staates wie der DDR und dem eines demokratischen Regimes wie in Großbritannien?

Die Lektüre von Büchern über Spionage ist in England ein überaus beliebter Zeitvertreib. Die Anzahl von Büchern zu diesem Thema wird höchstens noch von der Menge an Publikationen über Sex oder Gartenarbeit übertroffen. Enthüllungsjournalismus, Memoiren, wissenschaftliche Untersuchungen, Zweitverwertungen von Dokumentationssendungen in Funk und Fernsehen, ganz zu schweigen von den unzähligen Reißern und Romanen. Seite 106 meiner Stasi-Akte enthält einen Vermerk von Abteilung XX/4: »›Romeo‹ vermittelte am 25. 2. 80 Zusammenkunft von ›Buche‹ mit dem Korrespondenten in Warschau Timothy Sebastian.« Freunde sagen mir jetzt, ich müsse unbedingt Tim Sebastians Stasi-Spionagethriller *Rote, lange Schatten* lesen.

Das Problem mit dieser Masse von Gedrucktem zum Thema Spionage ist: Wie kann man wirklich wissen, was von alledem wahr, was frei erfunden und was unserem Wissen noch immer gänzlich verborgen ist? Um mir hier größere Klarheit zu verschaffen, muß ich woanders weitersuchen. Nachdem ich ins dunkle Meer des Gedruckten eingetaucht bin, spreche ich deshalb mit den Experten, die vernünftig über unsere britische Geheimwelt geschrieben, mit einigen, die sie inzwischen mehr oder weniger glücklich verlassen haben, und auch mit den Politikern, die während des Kalten Krieges für die Geheimdienste verantwortlich waren.

Meine Untersuchung führt mich nach Cornwall, zu einem Spaziergang mit David Cornwell (Deckname John Le Carré) und einem unvergeßlichen Abendessen, bei dem der russische Botschafter dem größten Spionageautor zur Zeit des Kalten Krieges seine Referenz erweist. Ich begebe mich dann in säuberlich gejätete englische Landgärten, wo distinguierte, im Ruhestand lebende Herren meine neugierigen Fragen mit verhaltener Offenheit beantworten. Ich finde in dieser Welt ein eigenartiges Reservat englischer Lebensart, wie es von Gentlemen alter Schule gepflegt wird: Knickerbocker, Karohemden, Westen, säuberlich zusammengefaltete Schirme, perfekte Manieren und Rasenflächen. Ästhetisch ganze Lichtjahre entfernt von den mit Nippessachen vollgestopften Bungalows, den Bierbäuchen und Synthetik-Trainingsanzügen ihrer Gegenspieler von der Stasi. Statt eines geheimen Staates finde ich einen geheimen Garten. Und ich treffe auch den Mann wieder, der mich 1979 bei einem Mittagessen im »South of the River« unabsichtlich vor dem Eintritt in den Secret Service hatte zurückscheuen lassen: noch immer hoch kultiviert, witzig, voller guter Geschichten und mit diskretem Charme. Doch dann entführt mich meine Suche aus diesen heimlichen Gärten in das strahlendweiße Foyer von Thames House, vorbei an einem prächtigen Wappen mit einem zum Kampf aufgerichteten Löwen mit dem Schwanz einer Meerjungfrau über dem stolzen Wahlspruch *Regnum Defende* und durch einige automatisch gesteuerte Hochsicherheitstüren, die irgendwie an *Star Trek* erinnern. Um das letzte Wegstück meiner Reise hinter mich zu bringen, erkläre ich mich widerstrebend einverstanden, daß die Gespräche »off the record« geführt werden – keiner meiner Gesprächspartner darf also mit Namen genannt werden.

Die Ergebnisse sind frustrierend. Der große Vorteil eines toten Geheimdienstes besteht darin, daß seine Geheimnisse nicht mehr geheim sind. Das Problem mit noch lebenden Geheimdiensten ist, daß sie noch geheim sind. Mein damaliger Gastgeber im »South of the River« vergleicht seine Erfahrungen beim Spionieren gegen die Sowjetunion mit denen eines Mannes, der im Finstern mit einer kleinen Taschenlampe einen Elefanten erkundet. So komme ich mir jetzt vor. Diejenigen, die bereit sind, mit mir zu sprechen, wollen mir tatsächlich ihre Erfahrung und ihre Sicht der Dinge vermitteln, doch Offenheit und Geheimhaltung bleiben Gegensätze, und noch während wir miteinander reden, sind sie zwischen beidem sichtlich hin- und hergerissen. Alles, was ich erhaschen kann, sind demnach einige Elefantenpartien im Lichtkegel einer Taschenlampe: hier eine aufschimmernde Flanke, da ein schwieliger Rüssel.

Ja, die DDR war »eine harte Nuß«, sagen die Herren von MI6 – »die Freunde«, wie sie, so erzählt man mir, in Whitehall manchmal genannt werden. Im übrigen Ostblock waren sie dagegen erfolgreich. Die Polen hatten sie »fast völlig im Griff«. Aber von den politischen Veränderungen im Osten wurden sie genauso überrascht wie alle anderen. Als Journalist vor Ort wüßte ich vermutlich mehr als sie. Andererseits gelangten sie an einige der wichtigen, vor allem militärischen Geheimnisse der anderen Seite. Und das machte für die britische Außenpolitik einen kleinen, aber wichtigen Unterschied. (Drei ehemalige Außenminister stimmen mit Vorbehalten zu.)

Sie traten dem Dienst aus all den Gründen bei, die zu erwarten waren: der Mythos, Neugier, Abenteuer- und Reiselust und auch der Wunsch, »etwas für das Land zu tun«, wie der Vater es im letzten Krieg getan hatte. Der Job konnte sehr langweilig sein. Während man die Seitenstraßen der soundsovielten Stadt auf der Suche nach sicheren Treffpunkten und potentiellen »toten Briefkästen« abklapperte, drängte sich zuweilen die Frage auf: »Was zum Teufel mache ich eigentlich mit meinem Leben?« Und es gab die üblichen Streitereien und Rivalitäten. Doch ein Großteil der Arbeit machte einfach einen Heidenspaß. Dieses jungenhafte Wort »Spaß« (fun) kehrt in diesen Unterhaltungen immer wieder. Ein hoher Herr des Dienstes im Ruhestand erinnert sich: »Bei uns hieß es oft: ›Ich kann es einfach nicht glauben, daß sie mich dafür auch noch bezahlen.‹« So viel Spaß und Spiel!

Hatten sie mehr Skrupel als die andere Seite? Jedenfalls gab es bei uns keine Morde oder Entführungen, sagen sie, und Erpressung nur in seltenen Fällen. Es war so wichtig für die Stimmung, sagt der hohe Geheimdienstherr a. D., daß unsere Methoden *moralisch einwandfrei* waren. »Moralisch einwandfrei« – große Worte für diese zwielichtige Welt. Ich erinnere mich, daß Oberst Eichner von der Stasi den britischen Secret Service als »gentlemanlike« beschrieb – doch das meinte er im Gegensatz zur CIA und zum BND. Wenn man an die Aktivitäten der CIA in Lateinamerika denkt, dann wird der moralische Unterschied zwischen Methoden (West) und Methoden (Ost) noch verschwommener.

Eine Wanze ist eine Wanze, ob Ost oder West. Ein britischer Sicherheitsdienstler im Ruhestand beschreibt mir einen legal genehmigten heimlichen Einbruch in die Wohnung eines Verdächtigen in London – »hat enormen Spaß gemacht«, sagt er –, während ein uniformierter Polizist unten auf der Straße Wache stand. Sein Bericht erinnert auf unheimliche Weise an die Schilderung einer heimlichen Wohnungsdurchsuchung der Stasi, die ich gerade von Dr. Warmbier in Leipzig gehört hatte. Die aus dem aktiven Berufsleben ausgeschiedenen Geheimdienst-Offiziere beider Seiten unterstreichen, daß ihre besten Agenten grundsätzlich die Freiwilligen waren: Leute, die ihre eigenen – persönlichen, politischen oder sonstigen – Gründe hatten, und nicht diejenigen, die sie gekauft oder erpreßt hatten. Die gemeinsame Weisheit dieser Branche. Beide schildern mir in fast identischen

Begriffen die einzigartige Qualität der persönlichen Beziehung zwischen Agent und Führungsoffizier. »Es ist eine wunderbare Beziehung«, sagt der pensionierte hohe Herr von MI6. »Sie können über alles sprechen, Ihren Beruf, Ihre persönlichen Probleme, Ihre Frau, und sich völlig darauf verlassen, daß nichts davon nach außen dringt.« Ich erblicke die Paradoxie im Herzen jeder Spionage: Der Schlüssel zum Verrat ist das Vertrauen. Und der höchste Stolz des pensionierten Stasi-Offiziers liegt darin, daß er seine Agenten nicht verraten hat.

Waren es also nur unterschiedliche Zwecke, die dieselben Mittel rechtfertigten? Gut, wenn es für ein freies Land geschah, schlecht, wenn für eine Diktatur? Richtig für uns, falsch für sie. Nun, sie sind nicht unbedingt der Meinung, daß das Spionieren im Ausland für ein anderes Land etwas ganz und gar Unrechtes war, wenigstens nicht bis zu einem gewissen Punkt. Für sie war es von Berufs wegen »die Opposition« und nicht »der Feind«. Doch über diesen Punkt hinaus kam es tatsächlich darauf an, für wen.

Hier begeben wir uns auf moralisch gefährliches Terrain. Wie viele Verbrechen des 20. Jahrhunderts, die des Kommunismus ganz obenan, hat man mit dem Satz gerechtfertigt, »Der Zweck heiligt die Mittel«! Dennoch kann das Argument nicht einfach vom Tisch gewischt werden. Nehmen wir den Extremfall. Der Versuch, Hitler zu ermorden, den Stauffenberg 1944 unternommen hatte, war eine große und noble Tat. Der Versuch, Churchill zu ermorden, wäre verbrecherisch und gemein gewesen – auch wenn der Mann, der ihn unternommen hätte, nicht weniger Tapferkeit und Mut als Stauffenberg bewiesen hätte und vielleicht ebenso tief von der Richtigkeit seiner Tat überzeugt gewesen wäre. Dieselbe Tat, ein umgekehrter Wert.

Freilich genügt es nicht, daß der Zweck gut ist, die Mittel müssen diesem Zweck auch angemessen sein. Es gibt keine einfache Regel, welche Zwecke welche Mittel rechtfertigen. Jeder Fall ist anders, in jedem gibt es eine unsichtbare Linie. Haben britische Spione die falsche Seite dieser Linie betreten? Natürlich haben sie das. Doch wie weit und wie oft? Ohne die Akten einzusehen, können wir es von außen nicht einschätzen. Und selbst diejenigen, die einmal drinnen waren oder noch dort sind, werden bestimmte Dinge vergessen oder sich »umerinnert« haben, wo sich das Kaleidoskop der Erinnerung doch ständig weiterdreht.

Wenn die ethische Linie während des Kalten Krieges häufiger und weiter überschritten wurde, als sie es heute gern annehmen möchten, dann kann ich mir dafür ein paar Gründe gut vorstellen. Noch in meiner Generation der Engländer waren Menschen beseelt von kollektiven und Familienerinnerungen an den Krieg und von literarischen Vorbildern des heimlichen Soldaten. Selbst wenn man nicht mehr viel vom »Kalten Krieg« redete, waren viele immer noch überzeugt, daß zwischen Ost und West tatsächlich noch eine Art Krieg im Gange war – was, um die Sache noch komplizierter zu machen, in gewisser Weise sogar stimmte. Manche Dinge sind im Krieg gerechtfertigt, nicht aber im Frieden. Aber was ist, wenn wir uns irgendwo zwischen Krieg und Frieden befinden? Außerdem gab es im Unbewußten irgendwie noch die alte Maxime »My country, right or wrong« – »Recht oder unrecht, mein Land!« Doch wenn das Land nicht im Recht war? Oder zwar generell im Recht, aber in diesem Fall im Unrecht?

Zuviel moralische Feinheit kann auch lähmend sein. Man kann nicht mitten in einem Kampf ein philosophisches Seminar abhalten. Doch danach muß man mit den Konsequenzen leben.

Was immer man über unsere – oder fremde – Spione im Ausland sagen kann, der viel schwierigere Fall ist der Sicherheitsdienst oder »Verfassungsschutz« im eigenen Land. Hier sind Mittel und Zwecke kaum voneinander zu trennen. Das Bespitzeln der eigenen Bürger ist ein unmittelbarer Eingriff gerade in jene Freiheiten, die dieser Dienst eigentlich verteidigen soll. Der Widerspruch ist real und unvermeidlich. Doch wenn der Eingriff zu weit geht, beginnt die Zerstörung dessen, was er bewahren soll. Und wer befindet darüber, was »zu weit« geht?

Um es gleich zu sagen: Nichts vom dem, was ich bislang über den britischen »Verfassungsschutz« – MI5 – erfahren habe, reicht auch nur entfernt an einen Apparat wie das DDR-Ministerium für Staatssicherheit heran. Nicht in der Anzahl der Mitarbeiter. (MI5 hat rund 2000 Angestellte. Rechnen wir noch 2000 für den »Special Branch« der Polizei und 16000 Agenten und Informanten dazu – indem wir großzügig ein Verhältnis von 4:1 gegenüber der Rate 2:1 bei der Stasi unterstellen. Selbst dann gelangt man nur zu einer Quote von etwa einem Geheimdienstmitarbeiter auf jeweils 4000 erwachsene Einwohner in Großbritannien gegenüber der Quote von 1:50 in der ehemaligen DDR.) Nicht im Umfang der Einsatzbereiche. (Die Stasi mußte keine irischen Terroristen bekämpfen: Im Gegenteil unterstützte sie Terroristen fast mehr, als daß sie sie bekämpfte.) Nicht in den Methoden, Menschen zu einer Mitarbeit zu nötigen. (Eines der Hauptmotive der IM in meiner Akte war einfach der Wunsch nach einer Westreise. Man stelle sich das in Großbritannien vor: »Nun, Mr. Evans, bevor wir Sie in Ihren Sommerurlaub an die Costa Brava fliegen lassen, erzählen Sie uns vielleicht erst einmal ein paar Dinge über Mr. Jones ...«) Nicht im Hinblick auf die Angst, die verbreitet wurde. (Vergewissern wir uns in einem Lokal erst einmal, was für Leute an den Nachbartischen sitzen? Hat irgend jemand in Großbritannien – außer, wie ich doch hoffen möchte, Terroristen und ausländische Spione – wirklich Angst vor MI5? Als mein englischer IM »Smith« versuchte, mir zu erklären, für wie klein und relativ harmlos er die Stasi gehalten habe, sagte er: »so was wie MI5«.)

Nicht in den Konsequenzen für diejenigen, die beobachtet werden. (In der ehemaligen DDR: Verlust des Arbeitsplatzes wie bei Jung-Brecht oder Eberhard Haufe, Repressalien gegen die Kinder wie bei Werner Krätschell, und Gefängnishaft wie im Fall von Dr. Warmbier, wobei das Urteil von der Staatsanwaltschaft schon vorher festgelegt wurde.) Auch nicht in den politischen Systemen, denen die Sicherheitsdienste dienen sollten. (Die Stasi wurde offiziell als »Schild und Schwert der Partei« bezeichnet, und ihre oberste Aufgabe war es, diese eine Partei für immer an der Macht zu halten. Auch wenn manche MI5-Offiziere einen gewissen oder sogar extremen Rechtsdrall gehabt haben, so hat dieser Umstand doch nicht den demokratischen Machtwechsel zwischen zwei Parteien, Konservativen und Labour Party, verhindert, die sodann die Regierung bildeten, denen sie dienten.) Auch die Rolle innerhalb des Systems war völlig unterschiedlich. (Die Stasi war nicht nur eine allgegenwärtige Geheimpolizei, in den letzten Jahren versuchte sie auch, das ganze ökonomische und politische System funktionsfähig zu machen.)

Die rhetorische Gleichsetzung mit der Stasi ist sehr verlockend: unheimlich, faszinierend und gut verkäuflich. Ich erinnere mich an eine Diskussion in den achtziger Jahren mit ein paar »meiner linken Freunde«, wie »Michaela« mich zitierte, die ihrer Initiative für politische Reformen in Großbritannien den Namen »Charter 88« gaben, in Anlehnung an die tschechoslowakische Menschenrechtsbewegung Charta 77, oder ihre Zeitschrift *Samizdat* tauften. Das war in meinen

Augen eine unzulässige Aneignung der Ehre von Menschen, die für ihre Überzeugungen ihre Freiheit und sogar ihr Leben aufs Spiel gesetzt hatten. Es war, als würde man sich ein Abzeichen mit der Aufschrift »Held« an die Brust heften. Zur gleichen Zeit saß Václav Havel wieder im Gefängnis, und Pater Jerzy Popiełuszko von der Solidarność war auf schreckliche Weise von Agenten des polnischen Sicherheitsdienstes umgebracht worden. Vielleicht ist eine semantische Entwertung das unausweichliche Schicksal aller dieser Begriffe. In einer englischen Tageszeitung lese ich gerade, daß die Einpeitscher der Regierungspartei im Unterhaus als »diese Stasi-Truppe« apostrophiert werden.

Es gibt jedoch auch den gegenteiligen Trugschluß: unsere eigenen Verhältnisse in einem besseren Licht erscheinen zu lassen, indem man sie mit etwas vergleicht, das weitaus schlimmer ist. »Mami, diese Suppe schmeckt eklig.« »Aber Schatz, viele Kinder in Afrika wären froh, wenn sie überhaupt etwas zu essen hätten.« Ich habe mit Interesse vermerkt, daß die Generaldirektorin von MI5 in ihrem Vortrag selbst das Beispiel der Stasi heranzieht. Wenn ein Grauton weiß wirken soll, muß man ihm einen schwarzen Hintergrund verpassen. Gemessen an der Stasi wirkt fast alles andere harmlos. Doch der adäquate Vergleich ist der mit anderen westlichen Ländern.

Wenn ich nun diesen Maßstab anlege, stoße ich auf beunruhigendere Dinge. Nach der offiziellen Broschüre über den britischen »Verfassungsschutz«, die im Geist der neuen Offenheit nach Beendigung des Kalten Krieges erschienen ist, wurden lediglich drei Prozent des Budgets von MI5 im Haushaltsjahr 1995/96 zur Bekämpfung von »Subversion« verwendet. Doch von pensionierten wie von aktiven Offizieren habe ich gehört, daß in den siebziger Jahren auf diese Ausgaben mindestens 30 Prozent des Budgets entfielen. Die interne Definition von »Subversion« lautete »alle Handlungen in der Absicht, die parlamentarische Demokratie mit politischen, die Industrie unterwandernden oder gewaltsamen Mitteln zu untergraben«. Doch wie kann man wissen, in welcher »Absicht« die Leute handeln, wenn man sie nicht vorher bespitzelt?

Sie warfen das Netz ziemlich weit aus. Nicht nur über jedes einzelne Mitglied der Kommunistischen Partei Großbritanniens – einschließlich wohl meinen IM »Smith« –, sondern auch über Gruppen der äußersten Linken, die aus unserer britischen Version der Achtundsechziger hervorgegangen sind: Trotzkisten zum Beispiel. Und sie hatten Akten über führende Mitglieder der Friedensbewegung und des National Council for Civil Liberties, einer führenden, unabhängigen Gruppe zur Wahrung der Bürgerrechte.

Zugegeben, sagen sie, doch in den meisten Fällen hatte das keine negativen Folgen für die Observierten. Selbst als MI5 stichhaltige Beweise dafür vorlegte, daß ein Unterhaus-Abgeordneter ein bezahlter Informant des tschechoslowakischen Geheimdienstes war, sprach das Gericht ihn frei. Das ist wohl wahr, und es ist eine wichtige Wahrheit. Aber doch nicht die ganze Wahrheit. Da gab es noch beispielsweise diese leidige Sache, die als »negative« oder »normale« Sicherheitsüberprüfung bezeichnet wurde. Das bedeutete, daß Leute, die sich auf bestimmte Stellen beworben hatten, ohne ihr Wissen anhand der MI5-Akten überprüft wurden. Wenn MI5 sagte, sie stellten ein Sicherheitsrisiko dar, dann ging ihre Bewerbung so gut wie sicher schief – ohne daß man ihnen jemals den Grund dafür nannte. Ein normales Vorgehen in vielen westlichen Ländern für Stellen, bei denen Staatsgeheimnisse eine Rolle spielen, oder auch bei sicherheitsempfindlichen Positionen in der Rüstungsindustrie. Doch offenbar haben auch Organisationen wie die BBC ihre Stellenbewerber regelmäßig einer Sicherheitsprüfung durch MI5 unterzogen.

Jetzt erinnere ich mich daran, daß in den siebziger Jahren einmal eine Freundin, Isabel Hilton, eine Zeitlang keine Anstellung als Reporterin bei der BBC Schottland bekam, weil, wie der *Observer* später herausfand, ihre Sicherheitsüberprüfung negativ ausgefallen war. Ich rufe Isabel an, und sie erinnert sich daran, daß die BBC sogar einen festangestellten Verbindungsoffizier hatte, ein gewisser Brigadekommandeur a. D. Ronnie Stonham, der in Zimmer 105 im alten Rundfunkhaus der BBC saß und die Anfragen an MI5 weiterleitete. Ausschlaggebend für die negative Bewertung war anscheinend der Umstand, daß sie Sekretärin eines recht harmlosen Vereins war, des sogenannten Schottland-China-Verbandes mit vermutlich weniger Kommunismus-Sympathisanten als jene Gesellschaft für anglo-chinesische Verständigung, der ich selbst damals angehörte. Das negative Ergebnis der Überprüfung schadete Isabels beruflichem Fortkommen letztlich kaum. Der Punkt ist jedoch der: Sie wurde nie darüber unterrichtet, daß dies der wahre Grund für die Behinderung bei ihrer Bewerbung war, und hatte nie die Möglichkeit, zu den Vorwürfen

Stellung zu nehmen oder gegen die Beurteilung Einspruch einzulegen.

Sie müssen aber bitte bedenken, sagen die anonymen Herren, daß MI5 lediglich einen Rat erteilte: Die Entscheidung mußte die Personalabteilung selber treffen. Auch das ist richtig. Die Kritik richtet sich ebensosehr gegen die Leute von der BBC, die sich an die Empfehlung von MI5 gehalten haben und Isabel keine Chance gaben, dazu Stellung zu nehmen. Warum haben sie sich darauf eingelassen? Lag es daran, daß »die Dinge halt so erledigt wurden« im postimperialen England mit seinen vielen ungeschriebenen Regeln und den Establishment-Gewohnheiten einer diskreten Zusammenarbeit mit dem Staat? Oder vielleicht auch daran, daß irgendwo in ihrem Unbewußten immer noch die Überzeugung herrschte, daß ein Krieg im Gange war? Schließlich ging Großbritannien fast bruchlos vom Zweiten Weltkrieg zum Kalten Krieg über. Systematische Sicherheitsüberprüfungen wurden Ende der vierziger Jahre eingeführt, zu einer Zeit, als selbst George Orwell bereit war, ohne formelle Verpflichtung die Namen kommunistischer Parteigänger einem nahen Freund weiterzugeben, der damals in einer halbgeheimen Abteilung des Foreign Office arbeitete. Doch die Praktiken einer geheimen Sicherheitsüberprüfung schliffen sich immer tiefer ein und hatten sich in den siebziger Jahren zu derart lächerlichen Extremen ausgeweitet.

Auch wenn MI5-Offiziere nie ernsthaft gegen die Labour-Regierung Harold Wilsons »konspiriert« haben, wie der verdrießliche ehemalige Offizier Peter Wright in seinem Buch *Spycatcher* behauptet hat, sind sich alle darin einig, daß es in den siebziger und zum Teil noch in den achtziger Jahren bei MI5 einige deutlich rechtsgewirkte, häufig aus den Kolonien kommende Typen gegeben hat. Es fällt sogar das Wort »tollwütig«. Was hat sie daran gehindert, ganz außer Kontrolle zu geraten? Na ja, sagen meine namenlosen Gesprächspartner, es gab doch »das ganze Ethos des Dienstes«, »unsere Einstellungen«, »Leute vom selben Schlag wie wir«. Außerdem unterstanden sie der strengen Überwachung durch das Innenministerium; Genehmigungen für das Anzapfen von Telefonleitungen, das Abfangen von Briefen und für Wohnungseinbrüche mußten vom Innenminister persönlich abgezeichnet werden. Das Innenministerium ließ nicht mit sich spaßen, da können Sie ganz sicher sein.

Das mag schon stimmen, selbst der überaus kritische Peter Wright bezeugt an manchen Stellen die Wachsamkeit der Beamten vom Innenministerium. Dennoch denke ich mir: Ist das wirklich alles, wovon es abhing? Davon, was einige Herren für »vernünftig« und »anständig« hielten, überprüft von einigen anderen Herren im Innenministerium und gelegentlich vom Innen- oder vom Premierminister persönlich – die doch auch Parteipolitiker waren. Ein ziemlich dünner Faden, selbst wenn er aus bester britischer Wolle gesponnen war.

Diese Gewohnheiten und Einstellungen spielen eine gewichtige Rolle. Gesetze und parlamentarische Kontrollen reichen ohne sie nicht aus. Aber warum konnten wir nicht beides haben?

Die Dinge haben sich auch hier geändert, seit die Welt sich 1989 geändert hat, im Jahr der Wunder. Endlich gibt es Gesetze zur Regulierung der einzelnen Dienste, Sonderbeauftragte und Tribunale, an die man sich mit Beschwerden wenden kann, und den parlamentarischen Ausschuß. Es gibt eine gewisse verhaltene Offenheit. Nach den neuen Bestimmungen sollen die Betroffenen stets darüber informiert werden, wenn bei ihnen eine Sicherheitsüberprüfung vorgenommen wird. Ich habe den Eindruck einer besseren Führung, einer größeren fachlichen Kompetenz. Ich bin überzeugt, daß der größte Teil der Tätigkeit von MI5 der Abwehr ernsthafter Bedrohungen gilt: Bombenleger der IRA, andere Terroristen, Spione aus dem Ausland und jetzt auch das organisierte Verbrechen. Hier besteht auch die echte Gefahr einer liberalen Heuchelei: Wir kritisieren unsere Spitzel und Spione und genießen gleichzeitig die Sicherheit, zu der sie mit ihrer Tätigkeit beitragen.

Doch nachdem die Stasi-Erfahrung mich hellhörig – vielleicht übertrieben hellhörig – gemacht hat, finde ich immer noch Dinge, die mich beunruhigen. Ich spreche mit einem ranghohen aktiven Offizier über diese neuen gesetzlichen und parlamentarischen Formen der Kontrolle. »Sie gebrauchen das Wort Kontrolle«, sagt er. »Ich ziehe es vor, von Bestätigung zu sprechen.« Die Leute von MI5 befinden darüber, worin die hauptsächlichen Bedrohungen der nationalen Sicherheit bestehen; andere bestätigen ihre Prioritäten. Kann dies richtig sein?

Diese Herren sind umgeben von einer Aura heimlicher Macht: einer Macht, die aus Geheimwissen kommt, schon immer aus Geheimwissen gekommen ist und auch in Zukunft aus Geheimwissen kommen wird. Diese Macht muß durch neue technische Entwicklungen verstärkt werden. Während wir reden, erspähe ich einen großen Computerbildschirm in der Ecke des Büros mit einer Phalanx von Symbolen, die noch beeindruckender ist als die auf dem Schirm des Power Mac, den meine Kinder daheim benutzen. Unsere Symbole tragen die Bezeichnungen von Computerspielen: Disworld, SimCity2000, Lemmings. Ich frage mich, was hier gespielt wird.

Sehr bald werden wohl alle Informationen im Computer gespeichert sein. Was wird dann mit den alten Papierakten geschehen, die früher – wie wir lesen – fröhlich von hübschen jungen Debütantinnen durchgemustert wurden, die in der alten MI5-Registratur herumschlenderten? Überhaupt möchte ich mehr über ihre Akten wissen, jene Schätze des Historikers und des Geheimdienstoffiziers gleichermaßen.

Zunächst einmal, wie viele Personalakten haben sie?

Antwort: »Einige hunderttausend.«

Das erscheint mir für ein freies Land ein bißchen viel. (Und hier sind noch nicht einmal die Personaldaten mitgerechnet, die vom Special Branch der Polizei gespeichert sind und angeblich bis zu zwei Millionen Menschen betreffen.)

Warum so viele?

Bedenken Sie bitte, daß sie während des Kalten Krieges jeden Kommunisten und fast jeden Russen in diesem Land im Blick behalten haben. Das waren eine Menge Leute. Daneben gibt es irische und andere Terroristen. Und außerdem betrifft etwa ein Fünftel der Akten »nichtgegnerische« Personen, freundliche Kontakte verschiedenster Art.

Außerdem wird nur ein ganz kleiner Teil dieser Akten aktiv bearbeitet. Sie haben strenge Vorschriften, wann eine Akte eröffnet werden und wie lange sie geöffnet bleiben darf. Sie haben sogar ein Verkehrsampelsystem: Grün für aktive Ermittlung; Gelb bedeutet, daß nicht aktiv ermittelt wird, die Akte jedoch durch nachträgliche Informationen ergänzt wird; rote Akten sind geschlossen.

Schön, aber die roten Akten werden deshalb noch nicht vernichtet, oder?

Nein.

Und werden sie gegebenenfalls bei Sicherheitsüberprüfungen herangezogen?

Ja, schon. Doch die Eintragung eines politischen Kavaliersdelikts vor langer Zeit hätte nicht zur Folge, daß man Sie heute als Sicherheitsrisiko einschätzen würde.

Können außenstehende Organisationen noch immer kommen und Stellenbewerber durchleuchten lassen?

Ja, aber nur Organisationen, die auf einer staatlichen »Kundenliste« stehen.

Ist die BBC noch auf dieser Liste?

Die Herren werden in diesem Augenblick merkwürdig vage.

Das sind nur flüchtige Eindrücke, ich wiederhole, flüchtige Eindrücke im Lichtschein einer kleinen Taschenlampe. Hier weiß ich von vornherein, daß ich nie wirklich wissen kann – es sei denn, der britische Staat erlebt einen Zusammenbruch wie die DDR, was ich nicht wünsche. Aber es gibt eine kleine Entdeckung, die ich nur für mich selbst mache. Nachdem ich aufgrund meiner Stasi-Akte hierhergelangt bin, möchte ich natürlich wissen, ob MI5 ebenfalls eine Akte über mich führt. Ich rechne eigentlich nicht damit, eine Antwort zu bekommen, aber nun sitze ich einmal da, also schieße ich los:

»Haben Sie eine Akte über mich?«

Eine leichte Pause. Atemholen. Ein Mann schwankend zwischen Offenheit und Geheimhaltung. Dann: »Ja, wenn Sie so fragen, wir haben eine. Wir haben eine sogenannte ›weiße Karten-Akte‹ über Sie.« Das bedeutet »nichtgegnerisch«.

Sie führen mich als jemand, der den »SIS unterstützt hat«.

Na hören Sie mal, sage ich, den SIS habe ich nie *unterstützt*. Ich wäre in jungen Jahren beinahe eingetreten und habe mich dann anders entschieden, das war alles.

Ich erwähne die kleine Anfrage bei mir kürzlich. Ging es dabei um MI5? »Nein, um die da drüben«, sagt er und nickt in die Richtung, wo jenseits der Themse die grün verglaste Zentrale des SIS (MI6) steht. Dennoch würde darüber auch etwas in der Akte stehen, zusammen mit Vermerken über ein paar Gespräche, die ich auf dem Weg hierher geführt hatte.

Aber wissen Sie, sagt er, das ist hier überhaupt das erstemal, daß er jemandem erzählt hat, daß sie eine Akte über ihn haben. Und anscheinend ist er bereits besorgt darüber, daß er es erzählt hat. Ist er mit der neuen Offenheit zu weit gegangen?

Übrigens zitiere ich hier aus den Notizen, die ich mir gleich anschließend gemacht habe – so wie ich es mit meinen Gesprächen mit »Michaela« und General Kratsch und all den anderen auch getan habe. In diesem Fall jedoch vertraue ich fest darauf, daß meine Gesprächspartner eine wortgetreue Aufzeichnung von unserem Gespräch haben, auch wenn auf ihrem fleckenlosen Kaffeetisch kein Tonbandgerät zu sehen war. Aber zurück zum Gespräch ...

Ich sage: Nehmen wir einmal an, es gäbe eine Akte über mich als möglichen »Gegner«. (Schließlich hatte man Isabel Hilton negativ eingestuft, weil sie Sekretärin des Schottland-China-Vereins war, und ich gehörte damals der Gesellschaft für anglo-chinesische Verständigung an.) Hätten sie mir das gesagt?

»Nun, das teilen wir doch keinem mit ...« Ein trockenes, angedeutetes Lachen. »Ausgenommen Ihnen, in diesem Augenblick.«

Aber wenn ich US-Amerikaner wäre, könnte ich Einsicht in meine Akte entsprechend dem Freedom of Information Act beantragen. Warum nicht hier?

Na ja, zunächst einmal würde sich dadurch das Budget von MI5 auf einen Schlag verdoppeln. Die Amerikaner haben festgestellt, daß es eine Riesenmenge Arbeit ist. (Das ganze Sichten und Kopieren, das Schwärzen der Namen – und ich denke an die über 3000 Angestellten der Gauck-Behörde.)

Aber die Amerikaner haben das Geld dafür. (Ein leichter Unterton des Ressentiments an dieser Stelle.)

Außerdem wäre es sehr schwierig, weil die IRA, Terroristen aus dem Ausland und andere Feinde auch aus den Akten anderer Personen wertvolle Hinweise über die Arbeitsweise von MI5 erhalten würden. (Ich denke: Ja, das trifft wahrscheinlich zu.)

Wie steht es mit den wesentlich älteren Akten, ich meine für die Historiker?

Selbst das ist schwierig. Schafft Präzedenzfälle. Liefert Hinweise auf operative Methoden. Trotzdem bemühen sie sich, behilflich zu sein. Sie hoffen, demnächst einige Akten aus dem Ersten Weltkrieg zugänglich machen zu können.

Später, nachdem wir einige allgemeinere Fragen erörtert haben, frage ich ihn rundheraus: Kann ich meine Akte einsehen?

Nein.
Warum nicht?
Weil sie das Eigentum der Krone ist.
Es gibt wohl kaum ein Land, in dem jemand die laufende Akte einsehen kann, die der Sicherheitsdienst über ihn angelegt hat, aber wo sonst in der Welt würde man dafür eine solche Begründung erhalten? Die Krone!
Sie führen noch einige weitere Argumente an. Auch hier könnte ein Präzedenzfall geschaffen werden. Die Offenlegung könnte verdeckte Quellen gefährden. Doch wer um Himmels willen könnte das sein – verdeckte Quellen, über mich? Doch nicht etwa Kollegen oder Freunde von mir?
Hatten möglicherweise jene freundlichen britischen »Diplomaten« einige Berichte beigesteuert? Oder vielleicht steht ja auch überhaupt nichts in meiner Akte zwischen, sagen wir 1979, als ich den Entschluß faßte, nicht einzutreten, und 1994, als sie mich erneut ansprachen?
Außerdem, setzt der andere Herr hilfreich hinzu, ist die Anlage von Akten über freundliche Kontakte eine Sache der schlichten *Höflichkeit*. Wäre es nicht schrecklich, wenn jemand bei ihnen anriefe, und sie könnten sich nicht daran erinnern, wie er hieß? Wie furchtbar englisch: »Ja, wir haben eine Akte über Sie angelegt, old man – nur eine Frage der Höflichkeit.«

Im Zug zurück nach Oxford befrage ich mich selbst. Was empfinde ich? Zunächst einmal Befriedigung über eine wider Erwarten erfolgreiche Nachforschung. Wenn man dem Mann Glauben schenken darf, bin ich vielleicht sogar der erste in Großbritannien, der jemals durch bloßes Nachfragen herausgefunden hat, daß es über ihn eine Akte gibt. Und gleichzeitig bin ich verärgert. Verärgert, weil sie mich noch immer beobachten, wenn auch nur so ganz delikat. Außerdem empfinde ich eine leichte Irritation. Es wäre doch wesentlich hübscher gewesen, wenn sie eine Akte über mich als »Gegner« angelegt hätten. Dann hätte man sagen können: »Sieh mal an, sowohl die Stasi als auch MI5 hatten mich im Visier, was muß ich doch für ein furchtloser Dissident sein!« (Mit solchen Akten kann man sich ganz schön brüsten.) Doch das wahre Leben ist anders, viel komplizierter. Die Vergangenheit ist niemals ganz vergangen. Jahre später kommt irgendeine halbvergessene Sache, die man in jungen Jahren getan hat, ans

Tageslicht. Vielleicht lebt irgendwo dein eigenes Kind und wächst mit einem anderen Vater auf. Oder es gibt eine Akte, die ebenfalls wächst. Und du hättest doch die ganze Zeit keine Ahnung.

Wie viele Briten würden eine gelinde Überraschung erleben, wenn die britischen Akten jemals geöffnet würden? Die Anleger von Geheimakten sehen die Dinge in ihrem eigenen besonderen Licht. Ich habe nie in meinem Leben MI6 bewußt »unterstützt«, doch jetzt erfahre ich, dies sei die allgemeine Kategorie, unter der ich abgeheftet bin. Und ich denke an die ehemaligen DDR-Bürger, die nach Öffnung der Akten entdeckt haben, daß die Stasi sie als freundliche Kontakte oder sogar als IM geführt hatte. Einige von ihnen gaben lediglich vor, sie hätten nichts gewußt. Oder sie haben ihr Tun verdrängt. Doch es gab auch einige, die wirklich keine Ahnung hatten; sie sind unschuldig.

Für einen Augenblick stelle ich mir »Michaela« vor, die sich zu mir herumdreht und sagt: »Na sehen Sie mal, Ihr eigener Sicherheitsdienst hat Sie als britischen IM geführt!« Das wäre natürlich Unsinn. Was sie getan hat, war eine regelmäßige, ausführliche und detaillierte Berichterstattung über Kollegen, Freunde und Angehörige gegenüber jemandem, von dem sie wußte, daß er Stasi-Offizier war. Ich habe nichts dergleichen getan. Und selbst wenn ich MI6 »unterstützt« hätte, wäre es nicht dasselbe. Die Unterstützung des Geheimdienstes einer Demokratie wie Großbritannien gegen eine Diktatur wie die DDR ist nicht dasselbe wie das Bespitzeln der eigenen Mitbürger für die Geheimpolizei dieser Diktatur. Doch wenn ich diese Geschichte nun ehrlich niederschreibe, lade ich andere auch noch zu diesem absurden Vergleich ein.

Während ich meine Selbstbefragung im Fünf-Uhr-zwanzig-Zug nach Oxford fortsetze, frage ich mich: Aber wäre es dir denn wirklich lieber gewesen, in den Akten als ehemaliger »Gegner« geführt zu werden? Hättest du im Ernst lieber die Ansichten haben und das Engagement aufbringen wollen, die dich dann zu einem mutmaßlichen »Gegner« gemacht hätten, anstelle der liberalen Einstellung, die du damals hattest und heute noch hast? »Bürgerlich-liberal«, wie der Eröffnungsbericht zur Akte »Romeo« zutreffend vermerkt hat. Schließlich unterstützt du doch dieses System, oder nicht? Die parlamentarische Demokratie, trotz all ihrer Schwächen. Ja, kommt sofort die stille Antwort, aber ich unterstütze sie auf meine eigene Weise.

Man sagt uns, daß viele Spione etwas von einem Schriftsteller an sich haben, und viele Schriftsteller haben zweifellos etwas von einem Spion an sich. Die Agenten des Sicherheitsdienstes in einem freien Land leben diese berufliche Paradoxie: Sie greifen in unsere Freiheiten ein, um sie zu beschützen. Doch wir haben eine andere Paradoxie: Wir unterstützen das System, indem wir es kritisch befragen. Da stehe ich.

15

Dezember 1996, und ich sitze wieder daheim in meinem Arbeitszimmer. Ende der Reise. Aus dem altmodischen Aktenordner auf dem Tisch von Frau Schulz ist eine hübsche WORD-Datei im Computer vor mir geworden. Rechts steht eine Tasse Kaffee, gleich neben der Maus. Wintersonnenlicht fällt schräg durch die Jalousien. Ich wende mich auf meinem Drehstuhl um und denke nach.

Meine Untersuchung der Stasi-Untersuchung über mich hat mich auf merkwürdigen Nebenstraßen und dornigen Wegen weit in viele Vergangenheiten zurückgeführt: in die anderer Länder, in die anderer Menschen und in meine eigene. Jahrelang habe ich mich gewundert über die scheinbar grenzenlose Fähigkeit von mitteleuropäischen Gedächtnissen, die Fähigkeit zu vergessen. Immer wieder staunen wir ungläubig, wenn ein Mensch wie Kurt Waldheim sich an ganze Abschnitte seiner Vergangenheit einfach »nicht erinnern« kann, bis er nach und nach durch neue Dokumente oder Zeugenaussagen schmerzhaft daran »zurückerinnert« wird.

Nun muß ich feststellen, wieweit ich selber mein eigenes Leben vergessen habe. Selbst heute, da ich diese detaillierten Aufzeichnungen vor mir habe – die Akte, das Tagebuch, die Briefe –, kann ich nur tastend nach einer Rekonstruktion dieses vergangenen Ich suchen. Denn jedes individuelle Ich wird ähnlich wie Renans Nationen durch diese kontinuierliche Umschichtung des Erinnerns und Vergessens gebildet. Doch wenn ich nicht einmal herausfinden kann, wie ich selbst vor 15 Jahren war, welche Chance habe ich dann, die Geschichte irgendeines anderen zu schreiben?

Wer war er, dieser junge Romeo, der damals in seinen schweren Oxforder Schuhen in Berlin herumstapfte? Nicht nur Frau Schulz mußte bei diesem Decknamen kichern. Westdeutsche Journalisten bezeichneten normalerweise jene Stasi-Agenten als »Romeos«, die von Markus Wolf in die Bundesrepublik geschickt wurden, um einsame Sekretärinnen in Bonn zu verführen. Doch das ist eine Travestie von Romeo. Der wahre Romeo, Shakespeares Romeo, ist kein Don Juan oder Casanova und schon gar keine kitschige DDR-Version von James Bond. Er ist kein zynischer Frauenheld, sondern ein junger Romantiker: hitzköpfig, wohlmeinend, idealistisch und verwirrt.

Insofern war mein Deckname – der wahrscheinlich nur von meinem Alfa Romeo abgeleitet war – merkwürdig passend. Denn romantisch war ich und nicht nur in der Liebe. Romantik kann gefährlich sein, wie Laurenz Demps selbstkritisch bemerkte. Der Romantiker kann sehr leicht anderen Leid zufügen, wenn er ihnen zu helfen versucht, so wie Romeo seinem Freund Mercutio nur geschadet hat, als er versuchte, in den Kampf mit Tybalt einzugreifen. Oder er kann auf der Suche nach Abenteuer Schaden anrichten oder sich auch einer schlechten Sache verschreiben.

Obwohl ein DDR-Staatsanwalt zweifellos hätte behaupten können, ich sammelte Nachrichten für »ausländische Organisationen«, wie es in § 97 DDR-Strafgesetzbuch bewußt vage formuliert war, riskierte ich vermutlich zu keiner Zeit eine »Freiheitsstrafe nicht unter fünf Jahren« und schon gar nicht die Todesstrafe, die »in besonders schweren Fällen« vorgesehen war. In den achtziger Jahren wurden unbedeutendere Feinde als ich in der Regel einfach des Landes verwiesen. Doch anderen, mit denen ich zusammenkam, hätte ich durchaus größeren Schaden zufügen können. Gegen Werner Krätschell zum Beispiel wurde nach § 100 ermittelt, dem zufolge sich jeder strafbar machte, der zu Tätern nach § 97 – in seinem Fall war ich das – Verbindung aufnahm. Hier konnte auf eine Freiheitsstrafe zwischen ein und zehn Jahren erkannt werden.

Was meine Unterstützung der Solidarność und der antikommunistischen Dissidenten in Mitteleuropa anging, so ist die Geschichte des 20. Jahrhunderts übersät mit den moralischen Überresten von Männern und Frauen, die durch romantische Verwicklung in politische Kämpfe entfernter Länder entgleist sind – ob ihr Eifer nun den Guerillakämpfern Che Guevaras, dem Vietcong, einer der beiden Seiten im Spanischen Bürgerkrieg oder dem kommunistischen Kampf gegen den Faschismus in Europa galt. Man denke nur an den jungen Kim Philby, der von Lizzy in Wien angeführt wurde, oder an Frau R., die am Ende als IM für die Stasi arbeitete. Am Anfang stand jugendlicher Idealismus.

Ich hatte einfach sehr viel Glück. Glück mit dem Land meiner Geburt. Glück mit meiner privilegierten Herkunft, meinen Eltern, meiner Bildung. Glück mit treuen Freunden wie James und Werner.

Glück mit meiner Julietta. Glück bei der Wahl meines Berufs. Und ich hatte auch Glück mit der Sache, der ich mich verschrieb. Denn der mitteleuropäische Kampf gegen den Kommunismus war eine gute Sache. Wäre ich ein paar Jahre eher zur Welt gekommen, hätte ich vielleicht die Roten Khmer gegen die Amerikaner unterstützt. Als Sohn armer Eltern in Bad Kleinen geboren, wäre ich vielleicht ein Leutnant Wendt.

1939 schrieb Thomas Mann einen großartigen Essay mit dem Titel »Bruder Hitler«. Mann entdeckte an dem Möchtegern-Künstler Adolf Hitler manche Elemente von dem, was er an sich selbst als »Künstlertum« erkannt hatte. In diesem Sinne, schrieb er, müsse er in Hitler widerwillig doch einen »Bruder« wiedererkennen. Ich kann mich nicht ganz dazu durchringen, in dem Mann, der der Stasi als IM »Romeo« Berichte lieferte und heute Medienbeauftragter der PDS ist, meinen »Bruder Romeo« zu sehen. Aber ich kann jeden der IM in meiner Akte verstehen, auch die Stasi-Offiziere – sogar Kratsch. Denn wenn sie ihre Lebensgeschichten erzählen, kann man ganz deutlich sehen, wie sie dazu gekommen sind, das zu tun, was sie getan haben: zu einer anderen Zeit, in einem anderen Land, in einer anderen Welt.

Was man hier in den Akten findet, ist die Einsicht, wie tief unser Verhalten durch unsere Lebensumstände beeinflußt ist. Wie *groß* ist doch von all dem, was Menschenherzen erleiden, der Teil, den Gesetze oder Könige verursachen oder heilen können. Was man findet, ist viel weniger Bösartigkeit als menschliche Schwäche, eine umfassende Anthologie menschlicher Schwäche. Und wenn man mit den Beteiligten spricht, entdeckt man nicht so sehr bewußtes Lügen, sondern einfach unsere fast unbegrenzte Fähigkeit zur Selbsttäuschung.

Wenn ich doch bei dieser Suche auch nur einem einzigen unzweifelhaft bösen Menschen begegnet wäre. Aber sie waren allesamt einfach nur schwach, geformt von den Umständen, sich selbst betrügend; menschlich, allzumenschlich. Doch die Summe all ihrer Handlungen war ein großes Unheil. Es stimmt, was oft gesagt wird: Wir, die wir nie vor solchen Entscheidungen standen, können nicht wissen, wie wir in ihrer Lage gehandelt hätten oder unter einer anderen Diktatur handeln würden. Wer sind wir, zu verurteilen? Doch andererseits: Wer sind wir, zu vergeben? »Und übe keine Vergebung«, schreibt der polnische Dichter Zbigniew Herbert, »wahrlich, es liegt nicht an dir, Nachsicht zu üben / im Namen derer, die in der Frühe verraten wurden.« Diese Stasi-Offiziere und IM hatten Opfer. Nur die Opfer haben das Recht zu vergeben.

Die Akte ist ein Geschenk. Indem ich sie schließe, behalte ich eine neue Version des Prinzips des Als-ob für mich zurück. Das Als-ob-Gebot der Dissidenten besagte: Versuche in dieser Diktatur so zu leben, als ob du dich in einem freien Land befändest! Als ob die Stasi nicht existierte. Mein neues Als-ob-Gebot ist genau das Gegenteil: Versuche in diesem freien Land so zu leben, als würdest du ständig von der Stasi überwacht! Stell dir vor, deine Frau oder dein bester Freund könnte eines Tages in deiner Stasi-Akte lesen, was du am letzten Samstagabend einem anderen Freund über ihn gesagt oder was du letzte Woche in Amsterdam getan hast. Kannst du so leben, daß dich das nicht in Verlegenheit bringt? Ich meine: nicht ernsthaft in Verlegenheit. Ein bißchen Verlegenheit wird es immer geben. »Aus so krummem Holz«, sagt Kant, »als woraus der Mensch gemacht ist, kann nichts ganz Gerades gezimmert werden.«

Was ist es, was den einen zu einem Stauffenberg und den anderen zu einem Speer macht? Zwanzig Jahre später bin ich einer Antwort kaum nähergekommen. Ein klares Wertesystem oder ein fester Glaube? Verstand und Erfahrung? Rein körperliche Stärke oder Schwäche? Tiefe Verwurzelung in einer Familie, einer Gemeinschaft, einer Nation? Es gibt keine einfache Regel, keine isolierte Erklärung. Doch während die Mitarbeiter der Stasi mit mir über ihr Leben sprechen, habe ich immer wieder das Gefühl, daß der Schlüssel in ihrer Kindheit liegt. Ich glaube beispielsweise, daß Major Risse als Mensch durch die Liebe jener Mutter gerettet wurde. Doch was mich, als Vater, besonders anrührt, ist die Rolle der Väter.

Diese ist im Nachkriegsdeutschland nur allzu offensichtlich. Es gibt den abwesenden Vater: weit weg im Krieg, an der Front gefallen oder irgendwo in einem Kriegsgefangenenlager. Es gibt den Vater, der ein Nazi war, oder den Vater, der ein Opfer der Nazis war. Das psychologische Erbe von Nationalsozialismus und Krieg bringt die Anwärter für die nächste Diktatur hervor. Und dann, in diesen anfälligen Jahren zwischen Kindheit und Erwachsensein, in den Romeo-Jahren, werden sie eingefangen.

Manchmal, recht häufig sogar, spielt die Stasi die Rolle des fehlenden Vaters. Man bittet dich in das Büro des Schulleiters. Er macht dich bekannt mit einem älteren Herrn, würdevoll, beeindruckend, ein Kriegsveteran. Der alte Herr appelliert an deinen Patriotismus, deinen jugendlichen Ehrgeiz und deine Abenteuerlust. Dein Führungsoffizier ist der Vater, den du nie gekannt hast. Doch das Böse gibt sich nicht mit einer einzigen Melodie zufrieden. Wie der Erlkönig in Schuberts wunderbarer Vertonung des Goethe-Gedichts wirbt das Böse mit so vielen Künsten, mit bunten Blumen, güldenen Gewändern und schönen Spielen.

Jetzt bin ich der Vater. In nur noch wenigen Jahren, wenn unser Jahrhundert zu Ende geht, werden meine eigenen Söhne sich auf diese gefahrvolle Reise zwischen Kindheit und Erwachsensein begeben, jeder nach seinem eigenen Berlin. Wenn sie Glück haben, werden sie nie vor solch extremen Entscheidungen stehen, wie sie von so vielen in Europa im Lauf dieses verdorbenen 20. Jahrhunderts verlangt wurden: ein Stauffenberg sein oder ein Speer. Aber sie werden vor zahlreiche kleinere Entscheidungen gestellt sein, und der Erlkönig wird im Nebel am Wegesrand auf sie warten.

Wie soll man sie für diese Reise rüsten? Anders als bei den verlorenen Kindern, die die Stasi eingefangen hatte, werden Taschen voller Liebe an ihrem Sattel hängen, die der Mutter an der einen, die des Vaters an der anderen Seite. Aber wird das reichen? Sie werden außerdem eine gute Erziehung erhalten haben, Kenntnisse von anderen Zeiten, Ländern und Glauben. Meine Stasi-Offiziere, die in einem verarmten, besetzten Land kärglich großgezogen wurden und dann hinter der Mauer lebten, hatten so wenig von all dem, was nötig gewesen wäre, um die Weltanschauung in Frage zu stellen, die ihnen von oben verordnet wurde.

Natürlich ist es möglich, daß jemand über breitere Kenntnisse verfügt und dennoch andere verfolgt, weil sie andere Überzeugungen haben oder sich anders verhalten als er. Doch das ist zumindest weniger wahrscheinlich. Hier ist die Lektion meines anderen Berlin: des Philosophen, nicht der Stadt. Indem wir die Mannigfaltigkeit menschlicher Kulturen anerkennen, indem wir auch feststellen, daß Menschen nach Zielen streben, die miteinander unvereinbar sind, gewinnen wir Einsicht in die Relativität unserer eigenen Lebensweisen und Überzeugungen. Das fördert die Toleranz. Doch in der Schlußpassage seines bedeutendsten Essays zitiert Isaiah Berlin einen anderen Schriftsteller: »Die Relativität der eigenen Überzeugungen einzusehen und dennoch unerschütterlich für sie einzustehen ist das, was den zivilisierten Menschen vom Barbaren unterscheidet.«

Hier liegt der schwierigere Teil. Aus welcher Quelle können wir diese standhaft festgehaltenen Maßstäbe für Recht und Unrecht ableiten, die notfalls unbeirrbar fest genug sein müssen, um das ganze System in Frage zu stellen, mit dem wir groß geworden sind, und der normativen Kraft des Faktischen entgegenzuwirken? Woher können wir den Mut nehmen, diese Werte »unerschütterlich« selbst mit dem eigenen Leben zu verteidigen, wenn wir die ganze Zeit wissen, daß sie nur relativ sind? Und wie können wir unseren Kindern nicht nur die Werte, sondern auch den Mut einpflanzen?

Ich schiebe eine CD in meinen Computer und klicke das Symbol für »Musik« auf dem Bildschirm an. Aus einem Lautsprecher irgendwo hinter dem Text, den ich gerade getippt habe, ertönt die Stimme von Dietrich Fischer-Dieskau – aufgenommen 1958, auf dem Höhepunkt des Kalten Krieges –, der Schuberts großes, düsteres Lied vom Erlkönig singt. Gibt es den Vater, der dieses Lied hören kann, ohne bewegt zu sein?

Ein Vater reitet spät durch Nacht und Wind, mit seinem Kind im Arm. »Er faßt ihn sicher, er hält ihn warm.« Die Stimme des Sängers ist kräftig und fest. Dann kommt der Erlkönig aus dem Nebel und umwirbt den Knaben mit zauberhaften Worten: Er verspricht ihm gar schöne Spiele, bunte Blumen und güldene Gewänder. »Meine Töchter führen den nächtlichen Reihn, / Und wiegen und tanzen und singen dich ein.« Bald aber wird die Stimme hart: »Und bist du nicht willig, so brauch' ich Gewalt!« Gegen das Drängen der Musik ruft das Kind aus: »Mein Vater, mein Vater, jetzt faßt er mich an!« Der Vater reitet geschwind, erreicht den Hof mit Müh und Not. Die Stimme sinkt fast zu einem Flüstern herab: »In seinen Armen das Kind war tot.«

Ich speichere die neue Akte namens Romeo ins Gedächtnis meines Computers und schließe die Tür hinter mir. Ich gehe zu meinen Söhnen.

Dank

Ich bin zu großem Dank verpflichtet Werner Krätschell, Joachim Gauck, Hubertus Knabe, Klaus-Dietmar Henke, Christa Schulz, Frau Duncker, Clemens Vollnhals, Roger Engelmann, Hanna Labrenz-Weiss, Hella Trümpelmann, Eberhard Haufe, Heinrich August Winkler, Stefan Wolle, Ulrich Schröter, Christian Jessen-Klingenberg, Isabel Hilton, Mark Wood, Alexander Chancellor, Jim Reed, Tony Nicholls, Ralf und Ellen Dahrendorf, Graham Greene, James Fenton, Ian McEwan, David Cornwell, Craig Raine, Gill Coleridge, Georges Borchardt, Eginhard Hora, Toby Mundy, Stuart Proffitt, Jason Epstein und einer Reihe von Männern und Frauen, die, aus verschiedenen Gründen, anonym bleiben möchten.

Timothy Garton Ash

Im Namen Europas

Deutschland und der geteilte Kontinent

Aus dem Englischen von Yvonne Badal

Band 12567

Garton Ash hat ein halbes Jahrhundert deutscher Außenpolitik dargestellt. Er benutzte für sein monumentales Werk alle erreichbaren Materialien bis hin zu den Geheimakten, die er in den SED- und Stasi-Archiven gefunden hatte; er konnte Einblick nehmen in die persönlichen Aufzeichnungen und Korrespondenzen von Brandt, Schmidt, Bahr, Kohl, Genscher sowie von Breschnew und Gorbatschow. Außerdem führte er ausführliche Gespräche mit fast allen damals beteiligten Persönlichkeiten – auch mit Honecker im Moabiter Gefängnis. Immer ging es um die entscheidende Frage: Hat die deutsche Ostpolitik die Vereinigung und die Wende im Osten mit herbeigeführt? Ja, weil sie geholfen hat, die monolithische Teilung der Welt zu lockern. Nein, weil sie stabilitätsorientiert bis zum Schluß vieles getan hat, um den sicheren Status quo zu erhalten; die »Bewegung von unten«, der Aufstand der Osteuropäer und der Ostdeutschen, hat diese Politik überrannt.

Fischer Taschenbuch Verlag

fi 1508 / 4